Lehr- und Handbücher der Politikwissenschaft

Herausgegeben von
Dr. Arno Mohr

Bisher erschienene Werke:

Bellers, Politische Kultur und Außenpolitik im Vergleich
Bellers · Frey · Rosenthal, Einführung in die Kommunalpolitik
Bellers · Kipke, Einführung in die Politikwissenschaft, 3. Auflage
Bierling, Die Außenpolitik der Bundesrepublik Deutschland
Braun · Fuchs · Lemke ·Töns, Feministische Perspektiven der Politikwissenschaft
Gabriel · Holtmann, Handbuch Politisches System der Bundesrepublik Deutschland, 2. Auflage
Glöckler-Fuchs, Institutionalisierung der europäischen Außenpolitik
Jäger · Welz, Regierungssystem der USA, 2. Auflage
Lehmkuhl, Theorien Internationaler Politik, 2. Auflage
Lemke, Internationale Beziehungen
Lietzmann · Bleek, Politikwissenschaft – Geschichte und Entwicklung
Maier · Rattinger, Methoden der sozialwissenschaftlichen Datenanalyse
Mohr (Hrg. mit Claußen, Falter, Prätorius, Schiller, Schmidt, Waschkuhn, Winkler, Woyke), Grundzüge der Politikwissenschaft, 2. Auflage
Naßmacher, Politikwissenschaft, 3. Auflage
Pilz · Ortwein, Das politische System Deutschlands, 3. Auflage
Rupp, Politische Geschichte der Bundesrepublik Deutschland, 3. Auflage
Reese-Schäfer, Politische Theorie heute
Riescher · Ruß · Haas (Hrg.), Zweite Kammern
Schmid, Verbände
Schumann, Repräsentative Umfrage, 3. Auflage
Schwinger, Angewandte Ethik – Naturrecht · Menschenrechte
Sommer, Institutionelle Verantwortung
Wagschal, Statistik für Politikwissenschaftler
Waschkuhn, Demokratietheorien
Waschkuhn, Kritischer Rationalismus
Waschkuhn, Kritische Theorie
Waschkuhn · Thumfart, Politik in Ostdeutschland
Woyke, Europäische Union
Xuewu Gu, Theorien der internationalen Beziehungen · Einführung

Angewandte Ethik

Naturrecht · Menschenrechte

Von

Dr. Elke Schwinger

R. Oldenbourg Verlag München Wien

Die Deutsche Bibliothek – CIP-Einheitsaufnahme

Angewandte Ethik : Naturrecht, Menschenrechte / von Elke Schwinger. -
München ; Wien : Oldenbourg, 2001
(Lehr- und Handbücher der Politikwissenschaft)
ISBN 3-486-24553-8

Rosenheimer Straße 145, D-81671 München
Telefon: (089) 45051-0
www.oldenbourg-verlag.de

Gedruckt auf säure- und chlorfreiem Papier
Gesamtherstellung: MB Verlagsdruck, Schrobenhausen

ISBN 3-486-24553-8

INHALTSVERZEICHNIS

NATURRECHT II:

MENSCHENRECHTE UND DIE RECHTSPRECHUNG DER GEGENWART

[illegible]

Olympic [illegible] (1941) [illegible]

[illegible]

[illegible] (THD) [illegible]

[illegible]

[illegible] (2000) [illegible]

[illegible]

Vorwort

Wenn man heute eine Studentin oder einen Studenten jüngeren Semesters nach der möglichen Bedeutung des Begriffes „Naturrecht“ befragt, so gelten die ersten Assoziationen, die man zu hören bekommt, dem Begriffsfeld, das durch ökologische Problemstellungen der Gegenwart umrissen wird. Schwerpunkte der öffentlichen Diskussion machen die jungen Leute mit der Brisanz dieses Themenfeldes vertraut. So gut wie unbekannt hingegen ist die geistesgeschichtliche, insbesondere rechtsphilosophische Dimension des Begriffes „Naturrecht“, der sich die neuzeitliche Errungenschaft der Menschenrechte verdankt, von deren Auswirkungen die Bürger westeuropäischer Staaten jedoch tagtäglich im Gewande des politischen Systems des freiheitlich demokratischen Rechtstaates profitieren. Das vorliegende Buch versteht sich als ein Beitrag, diese verschüttete Traditions- und Herkunftsgeschichte wieder ins Bewußtsein zu rufen. Nicht jedoch in der Absicht, in eurozentristischer Perspektive die Orientierung an einem vernunftzentrierten Menschenbild und der Vorstellung von der abstrakten Gleichheit der Menschen, hinter der doch die nicht zuletzt ökonomisch bedingte Focussierung auf den vermögenden männlichen Familienvorstand als Subjekt von Politik und Gesellschaft stand, zu romantisieren oder gar die Idee der „Gemeinschaft“ durch Beschwörung traditioneller Werte unhinterfragt wieder zum Leben zu erwecken. Es ist im Gegenteil Absicht dieser Arbeit, zu aktiven Beiträgen an der Weiterentwicklung und Kritik der aktuellen Interpretation von Grund- und Menschenrechten und der Subjektgestalt in Politik, Ökonomie und Recht in der modernen Gesellschaft aufzufordern und dem Leser dabei durch Aufweis geistesgeschichtlicher Wurzeln und methodischer Problemstellungen Hilfestellung zu geben. Der zweite Teil des Buches beleuchtet eben diese Notwendigkeit der kritischen Selbstvergewisserung der westeuropäischen Gesellschaften, wie sie beispielsweise in der aktuellen Rechtsprechung beansprucht wird. Sich der eigenen kulturellen Ressourcen bewußt zu werden und auf moralisch-praktischer Ebene einen Beitrag zur Suche der Identität der modernen Gesellschaft zu liefern, ist ein Schritt dazu, sich den kulturellen Herausforderungen der Gegenwart zu stellen.

Sie begegnen uns zum einen in Gestalt des sozialen Wandels und der Suche nach „neuen“ moralischen Handlungsorientierungen im Inneren der Gesellschaft, wie an den Umbrüchen im Verständnis der „Familie“ und den Grenzen des gesellschaftlichen Leitbildes der sog. „Arbeitsgesellschaft“ deutlich wird. Zum anderen begegnen wir diesen Herausforderungen, wie oft beschworen, auf internationaler Ebene durch den Prozeß der Globalisierung in den Bereichen Politik, Recht und Ökonomie, der auch in der alltäglichen Sphäre der Gesellschaft Auswirkungen zeitigt, die im Sinne der praktischen Philosophie nicht unabhängig davon, sondern als interdependent und auch als im Gegenzug konstitutiv und mitwirkend für den Verlauf des Globalisierungsorozesses betrachtet werden müssen. Sollte in diesem Sinne tatsächlich, wie Bassam Tibi („Europa ohne Identität?“ München/1998) betont, „ das okzidentale Europa eine kulturelle Moderne hervorgebracht (haben, i.E. Verfin.) die, eben weil sie von ihrem Denkansatz nicht ethnisch ist, geeignet ist, kulturübergreifend zu gelten“ und als „Leitkultur innerhalb Europas“ zu fungieren, so müssen wir uns darüber bewußt sein, daß es sich bei diesem „Erbe“ um ein offenes Projekt handelt. Wir sind dazu angehalten sind, es verantwortungsvoll weiter zu führen.

Um dieses Buch fertigstellen zu können, konnte ich auf Anregungen durch die kritischen Seminarbeiträge der Studenten der Sozialwissenschaften der Universität der Bundeswehr München zurückgreifen sowie vor allem auch auf das Vertrauen, bzw. den zeitlich und kreativ großzügig bemessenen Freiraum durch meinen direkten Vorgesetzten am Institut für Theologie und Gesellschaft der UniBwM, Prof. Dr. G. Küenzlen. Das Korrekturlesen der wissenschaftlichen Hilfskräfte, die computertechnische Hilfe von Frau Baumann halfen die einzelnen Kapitel druckfertig zu stellen, der spöttische Humor meines Mannes, Jörg Schwinger, trug dazu bei, die notwendige Ausdauer zu zeigen. Ihnen allen möchte ich herzlich danken. Besonders aber fühlte ich mich aufgehoben durch die tatkräftige Unterstützung bei der Betreuung meiner Tochter durch meine liebevollen Schwiegereltern Ingrid und Dr. Freddy Schwinger. Das Buch widme ich den beiden und meinem am 2. Februar 2000 verstorbenen Vater Georg Beck.

NATURRECHT I: EINFÜHRUNG IN DAS NATURRECHTSDENKEN

I. Einleitung: Das Naturrecht und die Idee der Menschenrechte

Die Idee der Menschenrechte als einer Idee von Rechten, die jedem Menschen, gleich welcher natürlichen Eigenschaften wie zum Beispiel Hautfarbe oder Geschlecht, ebenso wie allen Menschen ungeachtet ihrer erworbenen Eigenschaften wie zum Beispiel Nationalität, Religionszugehörigkeit, politischer Überzeugung oder sozialem Status zustehen, entspringt der Tradition des Naturrechtsdenkens. In ihrer modernen Gestalt als "Erklärung der Menschenrechte der Vereinten Nationen" (1948) erscheinen uns die Menschenrechte zunächst als direkter Ausfluß der Aufklärung. Der historischen Verortung als Erbe der französischen Revolution und der amerikanischen Unabhängigkeitserklärung (Bill of Rights)[1] ist jedoch eine lange Entwicklung des Gedankens an natürliche Rechte des Menschen vorauszusetzen, der Gedanke an ein sog. "Naturrecht". Daraus abgeleitete Rechte, wie z.B. das Recht auf Widerstand gegen die Staatsgewalt, werden dem Individuum allein auf der Basis seines Mensch-Seins zugerechnet, nicht etwa durch seine Eigenschaft als Staatsbürger einer bestimmten Nation. Bis zur Antike reichen die Wurzeln der Überzeugung von natürlichen Rechten des Menschen zurück, auch wenn diese inhaltlich historisch und sozial bedingt immer wieder neu und anders definiert werden. Zugrundegelegt sind dabei verschiedene Erkenntnisse und Überzeugungen über die Sonderstellung des Menschen im Vergleich zu anderen Lebenwesen unserer Erde. Die menschliche Spezies unterscheidet sich von Tier- und Pflanzenreich nicht nur biologisch, sondern insbesondere aufgrund der Befähigung zur Reflexion, Sprache und

[1] Siehe dazu den Aufsatz von Georg Jellinek "Erklärung der Menschen- und Bürgerrechte"(in: Schnur, R. ed. "Zur Geschichte der Erklärung der Menschenrechte", Darmstadt/1964, S.3ff), in dem Jellinek die Bill of Rights der Einzelstaaten der nordamerikanischen Union als Vorbild für die Deklaration der Menschenrechte von 1789 analysiert. Kritisch kommentiert wird diese etwas einseitige Darstellung später nicht nur von Gerhard Oestreich "Die Idee der Menschenrechte" Berlin/1963, S.17, sondern auch von Fritz Hartung "Die Entwicklung der Menschen und Bürgerrechte von 1776 bis zur Gegenwart" Göttingen/1964, insb. S.9, 11/12.

sittlichem Urteil. Dies begründet den menschlichen Anspruch auf Freiheit und Würde. Sei es aufgrund der Zugehörigkeit des Menschen zu einer ewigen, göttlichen oder durch die Natur selbst begründeten höheren Ordnung oder, wie es unser Denken noch bis heute bestimmt, aufgrund der Geltung eines säkularisierten Vernunftrechts. Kulturell und historisch bedingt führt das jeweils leitende Menschenbild immer wieder personelle Ausgrenzungen: Anthropologie, die Lehre vom Wesen des Menschen, steht unter zwei besonderen Erschwernissen ihrer Erkenntnisleistungen: Zum einen ist der Mensch dabei selbst stets Subjekt als auch Objekt, und deshalb immer nur im Nachhinein fähig, selbstkritisch oder selbstgefällig das Bild seines Schattens zu erfassen. Zum anderen ist der Mensch als historisch und kulturell beeinflußter Forscher an den sittlich.-moralischen Horizont seiner Lebenszeit gebunden. So läßt sich zu Beginn der folgenden Abhandlungen mit Helmuth Plessner zu bedenken geben:

„Die Verborgenheit des Menschen für sich selbst - homo absconditus - fällt zusammen mit seiner Weltoffenheit. Er kann sich nie ganz in seinen Taten erkennen - nur seinen Schatten, der ihm vorausläuft und hinter ihm zurückbleibt, - einen Abdruck, - einen Fingerzeig auf sich selbst. Deshalb hat er Geschichte. Er macht sie - und sie macht ihn. Sein Tun, zu dem er gezwungen ist, weil es ihm erst seine Lebensweise ermöglicht, verrät und verschleiert sich ihm in einem. Seine Geschichte hat keinen Anfang und kein Ende. Die Deutung der Ereignisse hängt nicht nur von irgend einer Ausgangskonstellation ab, sondern ebensosehr von ihren Wirkungen - offen zu unabsehbarer Zukunft.“[2]

Für Aristoteles zum Beispiel war es - bei all seinen Verdiensten um die Entstehung der praktischen Philosophie - entsprechend der Kultur seiner Zeit selbstverständlich, Sklaven nicht als Menschen zu betrachten: D.h.: "Von einer universellen Menschenrechtsidee (...) war das politische Denken Griechenlands noch weit entfernt. Die Grenze der griechischen Bürgeridee wurde nicht nur durch die räumliche Beschaffenheit der griechischen Stadtstaaten gezogen, sondern sie erfuhr in der legitimen Praktizierung der Sklaverei innerhalb der Polis selbst ihre drastischste Relativierung"[3]. Doch der Gedanke an ein naturgegebenes Maß für Gerechtigkeit war mit den Schriften von Aristoteles zu Politik und Ethik geboren. Die Weiterentwicklung dieses Gedankengutes über die christliche Philosophie zur Vertragstheorie und den Errungenschaften der Aufklärung beinhaltet notwendig Veränderungen nicht zuletzt durch den sozial bedingten Wandel des dieser Idee zugrundegelegten Menschenbildes. Und so nimmt es auch nicht wunder, daß auch anläßlich der Verkündung der Menschen- und Bürgerrechte 1789 in Frankreich ein zeitgenössischer Gegenentwurf "Die Erklärung der Rechte der Frau und Bürgerin" (1791)[4] entstand, in dem Olympe de Gouges das damals nach Maßgabe des männlichen, erwerbstätigen und rechtsfähigen Menschen vorherrschende Menschenbild im Interesse der weiblichen Bevölkerung zu relativieren suchte. Dieser Diskurs wird bis in die Gegenwart in den Bereichen von Politik und Wissenschaft unter denVorzeichen des Feminismus fortgesetzt[5].

So wird zur zentralen Frage der Realisierung der Menschenrechte die Bestimmung des Mensch-Seins selbst im Rahmen einer naturgegebenen vorstaatlichen oder vorsozial angenommenen Ordnung. Diese allein, als Quelle von Vernunft oder Befähigung zu moralisch-sittlichem Handeln, vermittelt die Legitimation der Teilhabe an den sog. natürlichen Rechten, die in der Geschichte der Menschheit unter dem Titel der Menschenrechte immer wieder ihre Gestalt wandeln konnten. Nur so kann es geschehen, daß im Namen der Gerechtigkeit

---

[2] Plessner, Helmuth „Homo absconditus“, S.43 in: Rocek, Roman (ua.eds. „Philosophische Anthropologie heute“ München/1972, S.37ff.

[3] Kühnhardt, Ludger "Die Universalität der Menschenrechte" Bonn/1991, S.41. Die Frage nach den politischen Rechten der Frau wird selbst von Kühnhardt in diesem Kapitel "Menschenbild im antiken Denken" (ebda. S.40ff) nicht gestellt: Auch sie müßte für die damalige Zeit negativ beschieden werden.

[4] In vergleichender, sehr anschaulicher Weise stellt Ute Gerhard "Die Erklärung der Rechte der Frau und Bürgerin" (7.Sept. 1791) von Olympe de Gouges neben die "Erklärung der Menschen und Bürgerrechte" vom 26. August 1789 im Anhang (S.263) ihres Buches "Gleichheit ohne Angleichung" München/1990.

[5] Siehe dazu z.B.: Hassauer, Friederike "Weiblichkeit - der blinde Fleck der Menschenrechte?" S.320ff in: Gerard, Ute (u.a.eds.) "Differenz und Gleichheit - Menschenrechte haben (k)ein Geschlecht" Frankfurt a.M./1990.

stets erneut Gruppen von Mitmenschen explizit - sei es durch offene Agression, sei es in juristisch legitimierter Vorgehensweise - oder unausgesprochen in Form von sozialen Diskriminierungen ausgeschlossen wurden/werden von der Teilhabe an den sog. "qua natura" begründeten Menschenrechten. So gilt, wie Richard Rorty exemplarisch auflistet:

> *"Für die meisten Weißen zählten die Schwarzen bis vor kurzem in dieser Hinsicht nicht.*
> *Für die meisten Christen zählten bis ins siebzehnte Jahrhundert die meisten Heiden in dieser Hinsicht nicht.*
> *Für die Nazis zählten die Juden in dieser Hinsicht nicht.*
> *Für die meisten Männer in Ländern mit einem durchschnittlichen Jahreseinkommen von weniger als viertausend Dollar zählen die Frauen bis heute nicht.*
> *Und immer wenn Rivalitäten zwischen Stämmen und Nationen auftreten, zählen die Angehörigen der anderen Stämme und Nationen in dieser Hinsicht nicht."*[6]

Nur aus dieser Perspektive ist es auch zu verstehen - nicht etwa zu verzeihen -, welche Motive die kriegsführenden Bosnier in der Zeit des aufgeklärten Europas dazu bewegen konnten, neben den Geschehnissen in Ruanda, vor der Jahrtausendwende das aktuellste Beispiel eines Völkermordes, das Beispiel eines krassen Verstoßes gegen die Menschenrechte in der Gegenwart zu liefern.
Die Rolle der Menschenwürde, der Anerkennung des Gegenüber als gleichwertigem Menschen spielt nicht nur auf der Seite der Opfer eine tragende Rolle in

---

[6] Rorty, Richard "Menschenrechte, Rationalität und Gefühl", S.156/157(Auflistung kursiv in Zeilentrennung i.E. Schwinger) in: Shute, Stephen "Die Idee der Menschenrechte" Frankfurt a.M./1996. Für Rorty besteht die Lösung dieses Dilemmas in der Bestimmung dessen, was ein Mensch ist, in der Ablösung durch die Frage, "(...) was wir aus uns machen können (..). Heute denken wir uns als flexibles, wandelbares, sich selbst formendes, denn als rationales oder grausames Tier." (ebda. S.147).

den in der Gegenwart zu beobachtenden Problemstellungen der aktuellen Rechtsprechung. Zentral ist vor allem auch auf der Seite der Täter, die Herausforderung der Konstitution des Einzelnen als sittlich verantwortliche Persönlichkeit, welche die eigenen Handlungsorientierungen und Entscheidungen unvertretbar mit sich selbst und der Stimme des Gewissens in Einklang bringen muß, um die „Einheit“, die eigene Identität als Person nicht zu zerbrechen. Als *Frage des „Gewissens“* und als Frage von Gerechtigkeit im "zwischenstaatlichen" Rahmen stellen die sog. Mauerschützenprozesse im Deutschland der Gegenwart ein Beispiel dar, an dem die genannte Fragestellung zu diskutieren ist. Hier hat die aktuelle Rechtsprechung mit dem Widerstreit von Naturrecht und Rechtspositivismus, mit der Frage des Gewissens als Motiv des Widerstandes in einer autoritär bzw. totalitär geführten Staatsform zu kämpfen. Nach welchem Recht soll der Mauerschütze gerichtet werden? Sind die autoritären Strukturen des Obrigkeitsstaates in Rechnung zu stellen? Denn es gilt zu bedenken, auch ein „(...) Akt der Erzwingung steht am Anfang der modernen Periode internationalen Menschenrechtsschutzes. Erst die Anklage der Naziverbrecher wegen Verbrechen gegen die Menschlichkeit in Nürnberg hat die internationale Gemeinschaft zugleich erklärt, daß alle Staaten auf die Respektierung der Grundrechte verpflichtet sind, und daß die Kraft dieser Rechte von der Sicherheit abhängt, mit der sie in rechtsförmigen Verfahren durchgesetzt werden können.“[7] Diese Fragen verdeutlichen die Parallele zur juristischen Problemstellung der Nürnberger Prozesse, die ohne den Verweis auf die Tradition des Naturrechtsdenkens nicht zu lösen wäre.

An der *Frage der „Gleichheit“* entzündet sich hingegen eine rechtliche Auseinandersetzung, die sich mit der Forderung nach einer Quotenregelung zugunsten von Frauen bei der Bewerbung um Arbeitsplätze in den modernen Gesellschaften Europas auseinandersetzt. Hier geht es nicht um direkte Gewalt oder offene Aggression, sondern um die Wahrung der Chancengleichheit von Menschen, die im Wettbewerb um Arbeitsplätze aufgrund ihres Geschlechtes schlechter gestellt zu sein scheinen als die männlichen Konkurrenten. Der An-

[7] Orentlicher, Diane „Adressing Gross Human Rights Abuses“, S.34 in: Henkin,

spruch auf die konkrete Realisierung des in der Verfassung der meisten europäischen Staaten festgeschriebenen Rechtes auf Gleichheit ungeachtet der Geschlechtszugehörigkeit stößt auf ungeschriebene Gesetze der traditionellen Lebensweise und kulturelle Gepflogenheiten der Bevölkerung, die zu ändern nicht einklagbar sind.

Die aktuelle Rechtsprechung zu den Menschenrechten, die mit diesen beiden Fällen angesprochen sind, hat offensichtlich zwischen kulturellem Hintergrund, der konkreten Sittlichkeit eines Volkes und den rein rechtlichen, formalen Ansprüchen und Kriterien eines zunächst abstrakt, d.h. von realen Lebensgewohnheiten, Sitten und Gebräuchen scheinbar abgehobenen Naturrechtdenkens zu vermitteln. Im ersten Teil des Buches werden wir jedoch sehen, daß das Naturrecht bzw. Menschenrecht, wie es uns in seiner heutigen Gestalt selbstverständlich und unhinterfragbar erscheint, eben auf Basis historischer und kultureller Entwicklungen erst zu dieser uns bekannten Form erwachsen ist. Seine Gültigkeit und der Anspruch auf absolute Wahrheit wird in diesem Licht der historischen Wandlungen ebenso relativiert und vielleicht sogar für neue Ansprüche offen gehalten, wie auch der Sinn für den Wert kultureller Überzeugungen geweckt werden kann[8]: So hat beispielsweise erst nach "(...) den Greueln des Zweiten Weltkrieges und der nationalsozialistischen Herrschaft (...) die Generalversammlung der Vereinten Nationen am 10. Dezember 1948 eine 'Allgemeine Erklärung der Menschenrechte" verkündet. Sie sollte der künftigen Sicherung dieser Rechte (...)"[9], d.h. als Schutz vor Willkürakten staatlicher Gewalt gegen das individuelle Recht auf Freiheit und Würde, gleichsam als Artikulation des Gewissen's der Menschheit dienen. Um die Motive oder geistigen Hintergründe

L. (u.a. eds.) „Human Rhights" Washington/1994

[8] Mit den Worten von Heiner Bielfeldt "Zum Ethos der menschenrechtlichen Demokratie" Würzburg/1991): "Der Hinweis auf den spezifisch neuzeitlichen Charakter der Menschenrechte ist keineswegs gleichbedeutend mit einem diffusen Geschichtsrelativismus. Vielmehr können geschichtliche Erfahrungen zu grundlegenden Einsichten führen, die gewissermaßen irreversibel sind." (ebda. S.40). Bielfeldt wählt als Beispiel die abschreckende Wirkung des Genozids im Nationalsozialismus.

von diskriminierenden Eingrenzungen oder gar massiven Verletzungen der allgemeinen von Natur aus vorgegebenen Rechte des Menschen zu verstehen, die in den beispielhaft angeführten Fällen aktueller Rechtsprechung thematisiert werden, sollen im Folgenden die historische Entwicklung und die methodischen Problemstellungen des Naturrechtsdenkens im Mittelpunkt stehen. Damit wird der Leser ein intellektuelles Instrumentarium gewinnen, das nicht etwa den Anspruch auf Vollständigkeit erhebt, aber zumindest einen Weg für die Diskussion weisen kann, sobald die Fälle nationaler und internationaler Rechtsprechung selbst zum Gegenstand der Betrachtung werden. Bis zur Stufe der Philosophie der Aufklärung, die den entscheidenden Schritt von der Naturrechtslehre zur Menschenrechtsidee geleistet hat und auch heute noch unser leitendes Menschenbild prägt, war es ein weiter Weg. Wir werden versuchen, nach einer einführenden Definition und der Darlegung zentraler Methodenprobleme des Naturrechtsdenkens diese fast zweitausendjährige Entwicklung zumindest ansatzweise und in ausgewählten Beispielen im Folgenden nachzuvollziehen. Der Schwerpunkt in diesem ersten Teil des Buches bleibt auf die geistesgeschichtlichen Linie und die methodischen Problemstellungen des Naturrechtsdenkens beschränkt. Der erweiterte Blickwinkel, der uns kulturelle, historische und ökonomische Hintergründe der Entstehung und Weiterentwicklung von Grundwerten und Schlüsselbegriffen wie „Gewissen" und „Gleichheit" erhellen kann, wird erst im zweiten Teil des Buches anläßlich aktueller Rechtsprechung vertieft: Das Verständnis des Menschen von sich selbst und die Suche nach den Kriterien einer gerechten Gesellschaftsordnung haben uns bereits zu den Errungenschaft von Demokratie und Menschenrechten verholfen, doch angesichts der Endlichkeit des Menschen wird der Fortschritt in der Tradition des Naturrechtsdenkens, wie die Diskussionen zu „Gewissen" und „Gleichheit" dokumentieren, ein unabgeschlossenes Projekt bleiben, um dessen Gelingen wir uns – in Theorie und Praxis - fortwährend zu bemühen haben.

---

[9] Waldstein, Wolfgang "Zur Frage des Naturrechts im Grundgesetz und in der Europäischen Menschenrechtskonvention", S.31 in: "Aus Politik und Zeitgeschichte" (Beilage zur Zeitschrift "Das Parlament") B 33, 9.8.1991, S.31ff.

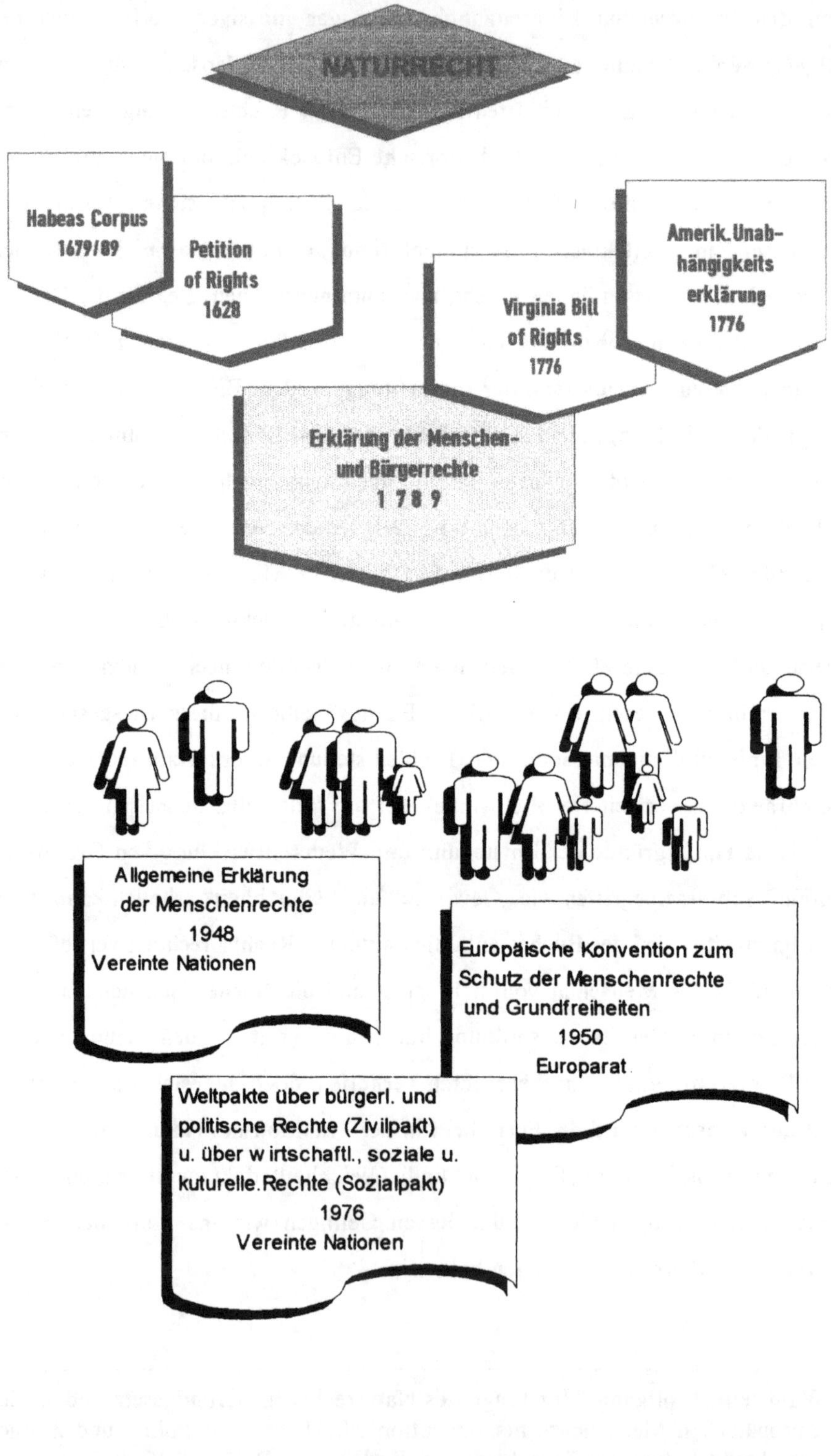
NATURRECHT
Habeas Corpus 1679/89
Petition of Rights 1628
Virginia Bill of Rights 1776
Amerik. Unabhängigkeits erklärung 1776
Erklärung der Menschen- und Bürgerrechte 1789
Allgemeine Erklärung der Menschenrechte 1948 Vereinte Nationen
Europäische Konvention zum Schutz der Menschenrechte und Grundfreiheiten 1950 Europarat
Weltpakte über bürgerl. und politische Rechte (Zivilpakt) u. über wirtschaftl., soziale u. kuturelle.Rechte (Sozialpakt) 1976 Vereinte Nationen

II. Definitionen des Naturrechts

Unter dem Begriff "Naturrecht" hat bereits in der antiken Polis Griechenlands die Suche eines von Natur aus Rechten als Maßgabe für gerechte Herrschaft oder die Bildung einer gerechten Staatsordnung begonnen. Dabei ist besonders der Gedanke des von Natur aus vorgegebenen, unveränderlichen Richtmaßes von Bedeutung für die Bestimmung des Naturrechts als eines Rechtes, das dem Menschen in seiner spezifisch humanen Kompetenz und Macht der Gestaltung seiner sozialen und politischen Lebensumstände entzogen bleibt: Das Naturrecht gilt als nicht historisch machbar oder aufhebbar. Doch nicht nur dem Einzelnen bleibt dies unerreichbar, sondern speziell auch der jeweiligen staatlichen Verfügungsgewalt über Recht und Ordnung. Aus dieser Eigenschaft zieht das Naturrecht seinen Charakter als Schutz des Individuums vor staatlicher Willkür, wenn auch oft nur in appellativer Form:

> *"Vorstaatlich, vorsozial den Menschen immer schon zukommend, können die mit dem Menschen selbst gewachsenen und so natürlichen Rechte in das Gewebe von Natur überhaupt eingebunden werden.*
> *Der Mensch wird als Mensch nicht von einer Institution, also beispielsweise vom Staat geschaffen, sondern von der Natur. In diesem Sinne ist es ein aus Natur mitgegebenes und mitwachsendes Recht selbst"*[1].

Ada Netschke-Hentschke bezeichnet, diesen Gedanken weiterführend, selbst die Suche nach einem von Natur Rechten als ein "menschliches Existential"[2], das dem biologischen Risikowesen Mensch die Orientierung für Überlebensfragen erleichtert. Doch besteht gerade darin einer der Problemaspekte des Naturrechts-

[1] Baruzzi, Arno "Einführung in die politische Philosophie der Neuzeit" Darmstadt/1983, S.137

[2] Neschke-Hentschke, Ada "Politischer Platonismus und die Theorie des Naturrechts", S.55ff in: Rudolph, Enno (ed.) "Polis und Kosmos" Darmstadt/1996

denkens, daß seine Normen nicht als unmittelbar einsichtig, d.h. evident gelten. In der Geschichte des Naturrechtsdenkens verändert sich deshalb nicht nur die Deutung des von Natur aus Rechten mit dem sozial und historisch bedingten Wandel von Menschenbild und Weltdeutung, sondern es bleibt bis heute die Frage offen, ob es - trotz aller menschlichen Sehnsucht und des spezifisch menschlichen Bedarfs nach einer höheren Ordnung - ein universal verbindliches Naturrecht gibt, und, wie es inhaltlich zu interpretieren ist.[3]. Gerade infolge des geistigen Umbruchs der Aufklärung, nach dem die Menschen mit der Ablösung des Glaubens an göttliches Recht das neuzeitliche Vernunftrecht - und damit den Menschen selbst - als letzte klärende Instanz für die Frage nach Gerechtigkeit einsetzen, wird die Unterscheidung der Geltungsansprüche von Naturrecht und staatlich gesetztem, historisch wandelbarem Recht fragwürdig. Als methodische Konsequenzen aus diesen Problemaspekten des Naturrechts, die nicht zuletzt aus der Interpretationsvielfalt der Begriffsbestandteile "Natur" (siehe Abb.) und "Recht" resultieren, haben sich in der Neuzeit bestimmte Anforderungen an das Naturrechtsdenken wie die Vermeidung des naturalistischen Fehlschlusses und die klare Gegenüberstellung zu der Position des Rechtspositivismus ergeben.

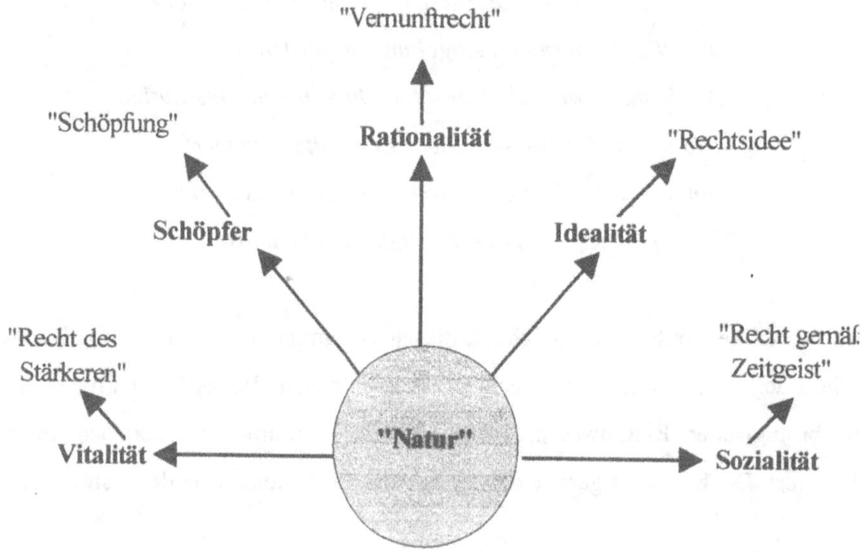

[3] Siehe dazu Ilting, Karl-Heinz "Naturrecht und Sittlichkeit" Stuttgart/1983, insb. S.34

1. Das Problem des naturalistischen Fehlschlusses

Das Naturrechtsdenken der Moderne wird mit dem "metaethischen" Anspruch konfrontiert, methodisch korrekt *zwischen Aussagen über "Sein" und "Sollen" zu unterscheiden, bzw. einen logischen Schluß von einem Tatsachenurteil auf ein Werturteil zu vermeiden.* Die "Metaethik" hat sich dabei zum Ziel gesetzt, nicht die inhaltliche Richtigkeit von Aussagen über menschliche Handlungen oder über das "Gute", bzw. die "Gerechtigkeit" für das menschliche Zusammenleben zu untersuchen, sondern sie konzentriert sich auf die Überprüfung und Konstruktion der formalen Korrektheit der Aussagen und Begründungen, die den Rahmen für das Naturrechtsdenken bilden. Was heißt dies? Es bedeutet zum einen, wie erwähnt, daß der Theoretiker bei seinen Aussagen über Gerechtigkeit zwischen einer Seins- und Sollensordnung zu differenzieren hat. Er hat zunächst klar zu kennzeichnen, ob es sich bei seinen Aussagen um Werturteile, also das, was sein soll, oder um Aussagen über Tatsachen, also das, was empirisch beobachtbar der Fall ist (z.B. ein friedliches oder kriegerisches Zusammenleben der Menschen), handelt. Die Idee der Gerechtigkeit hingegen, die mit dem Naturrecht angesprochen ist, betrifft etwas, das im greifbaren Sinne nicht existiert, bzw. nicht existiert hat oder vielleicht auch, im Falle eines Ideals, nie in umfassender Gestalt existieren wird (z.B. der allumfassende Weltfrieden unter den Menschen). Sie umfaßt den Bereich menschlichen Denkens und Handelns, in dem Normen und Werte, Gebote und Gesetze das menschliche Zusammenleben nach ethischen Maßstäben zu ordnen suchen. Die Begründungen für diese wegweisenden Richtlinien menschlichen Handelns sind von unterschiedlichster Form: deontologische, utilitaristische Ethik oder theologisch abgeleitete Begründungen für die Angemessenheit moralischen Handelns wären Beispiele dafür. Es geht hier, bis auf Grenzfälle, bei denen Argumentationen aus dem Feld der Soziobiologie vorherrschen, nicht um Begründungsformen, die für naturgesetzliche Aussagen gebräuchlich sind. Diese strukturieren den Bereich, der mit der "Idee der Natur" benannt werden kann. Die "Idee der Natur" bezieht sich auf die sog. "Wirklichkeit" als Inbegriff dessen, was eindeutig wahrnehmbar, d.h. intersubjektiv empirisch überprüfbar geschieht und meist den einfachen Kausalgesetzen der Naturwissenschaft entspricht. Allgemein ist bei diesen Unterscheidungen jedoch zu bedenken, daß es sich um eine Differenzierung von Aussagen über die Welt und nicht um die Konstitution der Welt selbst handelt. D.h.: Fragwürdig und unhaltbar wird die Sein-Sollen- Unterscheidung (...) wenn sie absolut gesetzt - und etwa als Zweiteilung der Welt in 'Fakten' und 'Werte' oder 'Tatsachen' und Normen' - ontologisch hypostasiert wird, wodurch eine ontologische Spaltung im Sein selbst vollzogen wird. Daraus würde dann tatsächlich eine metaphysische Zwei-Welten-Lehre resultieren, wie sie Kant von Hegel und anderen zum Vorwurf gemacht wurde"[4]. Der oben angesprochene *Fehlschluß vom Sein auf das Sollen* wurde zuerst von *David Hume* in seiner Schrift "Treatise of Human Nature"[5] formuliert und thematisiert ein formallogisches Problem. Er bezeichnet die Maßgabe an politische bzw. praktische Philosophie, "(...) daß das Seinsollende nicht aus Fakten (induktiv) abgeleitet werden kann"[6]. Noch differenzierter wird dies von Otfried Höffe formuliert: "Beim Sein-Sollen-Übergang handelt es sich einfach deshalb um einen Fehlschluß, weil - unter der semantischen Voraussetzung, daß b nicht in a enthalten ist, - jedes Argument der Form 'ax also bx' nicht schlüssig ist."[7].

[4] Rehbock, Theda "Warum und wozu Anthropologie in der Ethik" S.104) in: Jean-Pierre Wils "Anthropologie und Ethik" Tübingen/1997,.S.64ff. Rehbock spricht hier auch von der "primären Realität" menschlichen Lebens und handelns als eine "Realität vor und diesseits aller abstrakt begrifflichen Unterscheidung in Aspekte des faktischen Seins und des moralischen Sollens, die immer nur nachträglich und *re*flexiv *an* dieser Realität hervorgehoben werden können." (S.105)

[5] Hume, David "Treatise of Human Nature", insb. III, 1,1. (1740), Hamburg/1972

[6] Ellscheid, Günther "Das Naturrechtsproblem. Eine systematische Orientierung." (S.143ff in: Kaufmann, Arthur "Einführung in die Rechtsphilosophie und Rechtstheorie der Gegenwart" Heidelberg,/1989, S.198. Als Besonderheit erwähnt Ellscheid die "wesensphilosophischen" Ansätze von Georg W.F. Hegel und Thomas von Aquin (insb. S.196ff), da diese "Sein" als "Wesenswirklichkeit" verstehen und damit einen "Methodenmonismus" im Gegensatz zu dem hier erläuterten "Methodendualismus" entsprechend dem Dualismus von Sein und Sollen vertreten würden. Doch läßt sich nach Ellscheid von beiden methodischen Positionen sagen, daß sie Fakten als Basis für "Sollens-Aussagen" ablehnen.

[7] Höffe, Otfried "Naturrecht ohne naturalistischen Fehlschluß", S.33 in: ders. (ed.) "Den Staat braucht selbst ein Volk von Teufeln" Stuttgart/1988

"Idee der Natur" *"S e i n"*	**"Idee der Gerechtigkeit"** *„S o l l e n"*
"Wirklichkeit", empirisch,d.h. intersubjektiv nachprüfbarer Bereich der Wahrnehmung.	Richtlinien moralischen Handelns, ethisch zu begründende Normen sozialen Lebens.
Kausalgesetzlich begründbar.	Verstehbar, nicht unmittelbar erklärbar

So kann zum Beispiel in der Gegenwart nicht allein aus einer vermeintlichen "Normativität des Faktischen" die durch traditionelle Orientierungen ("sei es, weil es schon immer so war, oder sei es , weil es historisch konkret beobachtbar so ist") bestärkt wird, begründet werden, daß eine bestimmte geschlechtsspezifische Aufgabenteilung zwischen Mann und Frau allgemeinmenschlich festgelegt wäre, derzufolge eine patriarchalische Rangordnung der "Ungleichheit" in der Familie für die Gerechteste gehalten wird: "Die Frauen leisten die unbezahlte Hausarbeit in der Familie", also: "Frauen haben die unbezahlte Hausarbeit in der Familie zu leisten". Auch zum Grundgedanken des Rassismus gehört die biologistische Überzeugung, daß Menschen genetisch bedingt, d.h. aufgrund bestimmter Hautfarbe oder Abstammung, nicht zu höheren bzw. besser bezahlten sozialen Positionen befähigt wären:"Die Schwarzen stellen die ärmste Schicht der Gesellschaft", also: "Die Schwarzen gehören in die ärmste Schicht der Gesellschaft".

Umgekehrt geht beispielsweise der Sozialstaatsgedanke mit dem Ziel, Chancengleichheit für alle Bürger zu erreichen, davon aus, daß diejenigen Menschen, die in eine Familie niedrigen sozialen Status' hineingeboren sind, nicht von Natur aus, d.h. aufgrund dieser Bedingtheit ihrer Sozialisation, auch auf der Basis ihrer Fertigkeiten und Talente zu diesem bestimmten Niveau der sozialen "Ungleichheit" verdammt sind.

Der "*naturalistische Fehlschluß*", den *G. E. Moore* in seiner Schrift "Principia Ethica" formulierte, lebt ebenso von einer vermeintlichen "Normativität des Faktischen". Überzeugungen, die kulturell überliefert und dem Einzelnen im Laufe seiner Sozialisation als bewährte Grundwahrheiten sozialen Lebens in bestem Glauben der Erziehenden zur Orientierung in der Gesellschaft mitgegeben werden, sind voll von Werturteilen, die scheinbar naturgegebene, jedoch oftmals sozial oder historisch bedingte Lebensumstände und Konventionen umschreiben. Diese Handlungsorientierungen, die sich in Normen und Werten der jeweiligen Gesellschaft kristallisieren, sind für den Menschen als "Mängelwesen"[8] zwar notwendige Stützen im zwischenmenschlichen Verkehr, aber sie beinhalten Werturteile, die revidierbar und jederzeit überprüfbar sein sollten. Das Bewußtsein dieser historischen und sozialen Relativität von kulturellen und auch politischen Überzeugungen kann durch die Überprüfung der jeweiligen Aussagen auf einen "naturalistischen Fehlschluß" hin, gewahrt bleiben. Der Dualismus von Sein und Sollen ist deshalb auch die Basis für das von G. E. Moore aufgestellte wissenschaftliche Gebot der Vermeidung des naturalisitschen Fehlschlusses, d.h. *der semantischen Differenzierung zwischen Aussagen über objektive Merkmale eines Gegenstandes, eines Vorganges und dessen subjektiver wertender Beurteilung.* Mit einem "naturalistischen Fehlschluß" arbeitet demzufolge eine Theorie, die zum Beispiel die moralische Qualifikation "gut" als eine bestimmte Eigenschaft eines natürlichen Objektes oder für eine Anzahl von natürlichen Objekten (Moore, S.39f) benennt. Vorausgesetzt ist die Begrenzung der allgemeinen Gültigkeit der Aussagen in folgender Unterscheidung: "Wir wissen nicht, was *gut* ist, aber wir wissen, *was* gut ist"[9]. Es handelt sich wie bei Hume um ein Kriterium *über* den Begriffsgebrauch ethischer Kategorien, das insbesondere für das Naturrechtsdenken von Belang ist. Wie Hans Kel-

---

[8] Siehe dazu Arnold Gehlen "Der Mensch, seine Natur und seine Stellung in der Welt" Frankfurt a.M./1970 (7.Aufl.)

[9] Wisser, Bernd "Nachwort" zu den "Principia Ethica" der Ausgabe Stuttgart/1970

sen treffend bemerkt, muß es angesichts dieses scheinbar prinzipiellen Gegensatzes als eine Paradoxie des Denkens angesehen werden, daß die Vorstellung einer gerechten Ordnung des menschlichen Verhaltens als die einer natürlichen Ordnung aufgetreten ist[10]. Denn aus wahren oder empirisch überbrüfbar richtigen Aussagen über die Menschen und die Welt, in der wir leben, kann allein keine Richtschnur politischer Gerechtigkeit abgeleitet werden. Hier unterscheidet sich der rein beschreibende Sprachgebrauch[11] des "Deskriptiven" in der Sphäre der Wirklichkeit vom wertenden Sprachgebrauch des "Präskriptiven" in den Sätzen von Moral und Recht. "Dann muß auch die philosophische Theorie der Gerechtigkeit ein Stück autonomer normativer Philosophie enthalten. (...) Für ein Naturrechtsdenken, das dem zeitgenössischen Methodenbewußtsein gerecht werden will, folgt daraus die Aufgabe, zwischen Seinssätzen und Sollenssätzen zu unterscheiden, die Unterscheidung zuverlässig zu ziehen und sich bei der Begründung von Gerechtigkeitsprinzipien auf eine genuin sittliche Komponente und eine autonom ethische Argumentation zu stützen."[12] Dies bedeutet, daß auch das im ersten Kapitel benannte Menschenbild des jeweiligen Theoretikers des Naturrechtsentwurfs, die sog. anthropologische Grundkonstante, allein nicht eine Idee politischer Gerechtigkeit begründen kann, sondern durch eine unabhängig ethische Argumentation ergänzt werden muß. Dies ist auch für die folgenden Ausführungen zur Funktion des Naturrechtsdenkens zu bedenken.

---

[10] Kelsen, Hans "Staat und Naturrecht", insb. S.73ff, München/1989

[11] Hier ist auf die Problemstellung des "Positivismusstreit" in der deutschen Soziologie in den 60er Jahren und die Problemstellung des "Konstruktivismus" in der Gegenwart zu verweisen, die diese Möglichkeit des "rein Deskriptiven" in Frage stellen.

[12] Höffe, Otfried "Den Staat braucht selbst ein Volk von Teufeln" Stuttgart/1988, S.46

2. Aspekte der Sozialanthropologie

Das Naturrechtsdenken hat im theoretischen, d.h. im wissenschaftlichen, und im praktischen Bereich des menschlichen Lebens verschiedenste Bedeutungsinhalte und Funktionen. Nicht zuletzt die Bedeutungsvielfalt des Begriffbestandteils "Natur", ebenso wie die des "Rechts" ermöglichen diese Einsatz- und Interpretationsvielfalt. So kann im praktischen Bereich der Anwendung des Naturrechtsbegriffs das Naturrecht für den Juristen eine Leitlinie für Gerechtigkeit, im konkreten Fall: für Rechtsprechung oder Gesetzgebung darstellen. Für den Soziologen kann das Naturrechtsdenken eine aufklärende Bedeutung als Regulativ für ökonomische oder soziale Prozesse besitzen. Demzufolge wird für den Praxisbezug die Bedeutungsvielfalt des Begriffsbestandteils "Recht" relevant. Die folgende Graphik verdeutlicht diesen Zusammenhang:.

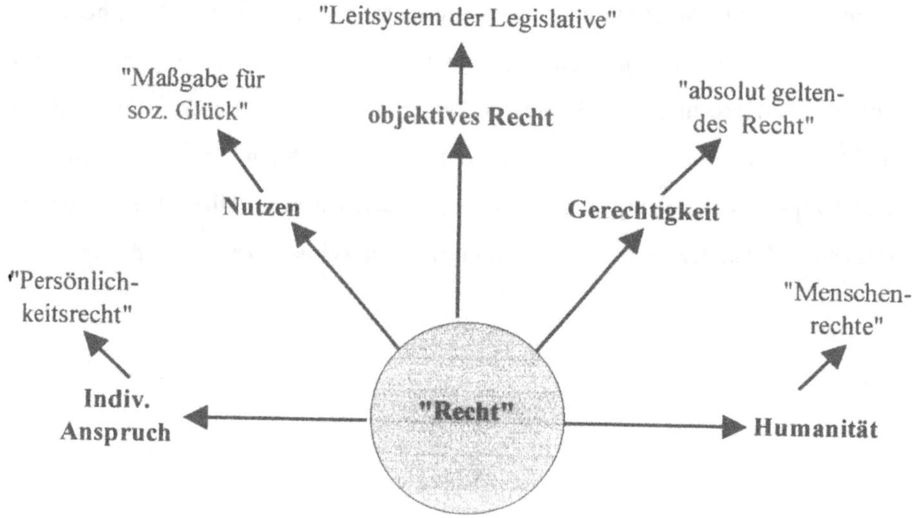

In der obenstehenden Graphik zur Definition des Naturrechts sind die zentralen Variationen des Bedeutungsinhaltes "Natur" beispielhaft als Endpunkte der Pfeilverbindungen aufgelistet. So kann das Naturrecht für einen Theologen die metaphysische "Geschöpflichkeit" des Menschen charakterisieren, andererseits im philosophischen Denken auf eine zentrale conditio humanae, auf die Möglichkeit sittlicher Handlungsorienterung mittels praktischer Vernunft abzielen, oder in der Geschichtswissenschaft auf geschichtsphilosophische Weise Zukunftsordnungen menschlichen Zusammenlebens bezeichnen, die diese These vorausgesetzt, in Traditionsnormen und Gegenwartsregeln bereits verkörpert sind. Für die naturwissenschaftliche Betrachtung des Menschen und der Gesellschaft hingegen geht es bei naturrechtlichen Erwägungen um physiologisch verankerte Verhaltensformen der menschlichen Spezies, die prägenden Einfluß auf unsere Sozialformen nehmen.

Bei all diesen Beispielen ist natürlich immer vorausgesetzt, daß es auch Fachvertreter gibt, die an die wegweisende Kraft[1] oder gar an die Existenz eines "Naturrechts" nicht glauben können und die es aus der Position eines radikalen Skeptizismus oder Relativismus sogar für unwissenschaftlich oder realitätsfremd halten, anzunehmen, daß ein "Naturrecht" überhaupt existiert "Das Naturrecht wird grundsätzlich abgelehnt vom Rechtspositivismus, von einem offenbarungstheologischen Ansatz der Ethik (Dialektische Theologie), vom kritischen Rationalismus und Positivismus (Ernst Topitsch's Vorwurf, das Naturrecht sei eine 'Leerformel') und von einem historischen Relativismus"[2]. Die Ausführungen des theologischen Einwandes richtet sich gegen ein allzu optimistisches Bild vom Menschen, bzw. seiner Fähigkeiten und Kompetenzen, Prinzipien der Gerechtigkeit zu erkennen und zu realisieren.. Der historische Einwand wendet sich gegen den Anspruch auf zeitüberdauernde Gültigkeit des Naturrechts kontra

---

[1] Siehe z.B. Ernst Tugendhat ("Vorlesungen über Ethik" Frankfurt a.M./1993, S.71), der die Naturrechtslehre aus dem Grund verwirft, weil sie nach seinem Urteil einen Zirkelschluß beinhaltet,da die Naturrechtsdenker in die Begriffsbestandteile "Natur" und "Recht" jeweils das hineinprojezieren, was sie dann im Nachhinein als Richtlinie aus dem Naturrechtsverständnis wieder ableiten. Es ist jedoch mit Norbert Brieskorn gegen diesen Vorwurf einzuwenden, daß entscheidend für die Berechtigung des Naturrechtsgedankens das ethisch-sittliche Bedürfnis der Menschen ist, die jeweiligen Begriffsinhalte von "Natur" und "Recht" so und nicht anders zu verstehen. ("Menschenrechte" Stuttgart/1997, S.148f).

[2] Honecker, Martin "Einführung in die Theologische Ethik" Berlin/1990, insb. §7 Das Naturrecht, insb. S.121f).Die erkenntniskritische Kritik am Naturrechtsdenken ist in Fußn.1 mit der Argumentation Tugendhat's verdeutlicht.

historisch-sozialem Wandel der menschlichen Lebensformen und -bedingungen. Und der juristische Einwand thematisiert die mangelnde konkrete Umsetzbarkeit der abstrakten Richtlinien des Naturrechts, die Interpretation und Auslegung zum Angelpunkt von "Gerechtigkeit" machen und durch diese Voraussetzung selbst wieder in den Verdacht der Ideologieabhängigkeit oder des Machtmißbrauchs („Recht des Siegers") geraten. Die vorliegende Arbeit schließt sich jedoch der folgenden Annahme von Hans Kelsen ("Die Idee des Naturrechts", 1928) an:

> *"Seitdem die Menschen über ihre gegenseitigen Beziehungen nachdenken, seitdem die Gesellschaft überhaupt zum Problem geworden ist - und dieses Problem ist älter als jeder andere Gegenstand der Erkenntnis, auch als jener, den man 'Natur' nennt hat die Frage nach einer gerechten Ordnung der menschlichen Beziehungen nicht aufgehört zu brennen"*

Das Naturrecht kann bei dieser spezifisch menschlichen Suche, deren Lösung noch immer offen geblieben ist, und in diesem Ringen um Gerechtigkeit, das so lange Menschen miteinander leben, nie beendet sein wird, sowohl kritische, als auch konservative Positionen einnehmen. Nicht zuletzt entscheidend, wenn auch nicht allein ausreichend, wie im vorangegangenen Abschnitt mit Hilfe von Otfried Höffe geklärt, wird für diese politische Ausrichtung das Menschenbild, das hinter dem jeweiligen Entwurf einer Gesellschaftstheorie steckt: die sog. "Sozialanthropologie". Anthropologie hat als Spezialdisziplin der Philosophie mit zwei grundlegenden Problemstellungen sozialwissenschaftlicher Erkenntnis zu kämpfen: So ist der Mensch hier zum einen Subjekt als auch Objekt der wissenschaftlichen Erkenntnis, d.h. er ist subjektiv befangn in seiner Selbsterkenntnis, und zum anderen ist der Mensch eingebunden in die Geschichte von Einzelnem und Gesellschaft. Mit dem Begriff des „homo absconditus" hat Helmuth Plessner diese Besonderheit anthropologischer Forschung zu erläutern versucht. In einer aktualisierten Bestandsaufnahme äußerst sich dazu Jean-Pierre Wils („Anmerkungen zur Wiederkehr der Anthropologie" in ders. ed. „Anthropologie und

Ethik", S.9ff) der zu dem kritischen Resumee gelangt: „Alle anthropologischen Aussagen bleiben also *tentativ*" Denn: „Was der Mensch *ist*, bleibt immer das Produkt von Ansichten, die sich *im Laufe der Zeit*, nämlich im Laufe der *historischen* Zeit, haben durchsetzen können." Aber: „Was uns die historische Erfahrung lehrt bzw. *ob sie uns überhaupt etwas lehrt*, ist höchst umstritten (S.35/36). Und: „Die europäische Moderne hat ohnehin die Semantik überlieferter historischer Erfahrung gesprengt. Es gibt nicht die *eine* Geschichte mit ihren dominanten Erfahrungen, sondern es existieren statt dessen *disparate* Erfahrungen *disparater* Historien mit jeweils *disparaten* Geschwindigkeiten. Die Polysemie dieses Erfahrungstypus läßt sich nicht länger in das Prokustesbett des alteuropäischen Geschichjtskanons pressen." (ebda., S.36). In diesem Sinne kann und konnte das Menschenbild sozialphilosophischer Betrachtungen stets unterschiedliche Gestalt gewinnen, z.B. optimistische oder auch pessimistische Züge tragen, aber auch geschlechtsspezifische Kategorisierungen oder die Ausrichtung am vernunftorientierten Wesen „Mensch" grenzen die Aussagekraft der generalisierten Betrachtungen zur Natur des Menschen – bewußt oder unbewußt ein. So beurteilt beispielsweise Richard Rorty die von Platon bis Kant reichende Tradition des vernunftorientierten philosophischen Denkens, den Menschen vornehmlich nach seiner Erkenntnisfähigkeit zu bemessen und zu definieren, äußerst kritisch. Durch die Errungenschaft der Menschenrechte sind wir nach seiner Meinung „(...) heute in der Lage, die letzten Spuren des Gedankens zu tilgen, wonach der Mensch sich eher durch die Fähigkeit zur Erkenntnis auszeichnet als durch die Fähigkeit zu Freundschaft und gruppenüberschreitenden Verbindungen; eher durch eine strenge Rationalität als durch ein flexibles Gefühlsleben. Wenn wir das tun, werden wir auch den Gedanken hinter uns lassen, die sichere Erkenntnis einer Wahrheit über unsere Gemeinsamkeiten sei die Voraussetzung für die moralische Erziehung, und dasselbe gilt für die Idee einer spezifischen Motivation im Bereich der Moral"[3]. In der Diskussion zur Notwen-

[3] Rorty, Richard „Menschenrechte, Rationalität und Gefühl", S.164 in Shute, Stephen (u.a.eds.) „Die Idee der Menschenrechte" Frankfurt a.M./1996, S.144ff. Rorty verweist in diesem Zusammenhang vor allem auf den Beitrag

digkeit einer Erklärung der Menschenpflichten und im wissenschaftlichen Beitrag des Feminismus zu Politik und Ethik bestimmt eben diese kritische Ausrichtung Rorty's - wie wir auch später in diesem Buch noch sehen werden -, die Diskussionen der Gegenwart zur Voraussetzung einer „Sozialanthropologie" in politischen und geistes-bzw. sozialwissenschaftlichen Diskursen. Im Falle des Naturrechtsdenkens und seiner Geschichte kommt man um die kritische Hinterfragung dieser oft implizit bleibenden Grundaussagen zum Menschen nicht herum. Mithin gilt aufgrund des universalen Anspruches des Naturrechtsdenkens zu untersuchen: „Jedes Denken des Rechts ist in sich bereits das Denken eines bestimmten Menschen" und: „In jedem Denken des Rechts bleibt ein solches Bild des Menschen verborgen."[4]. Einige Grundmodelle sozialphilosophischer Ansätze sollen im Folgenden ungeachtet der spezifischeren Betrachtung von eurozentristischen und geschlechtsspezifischen Einengungen der Perspektiven aufgezeigt werden.

Ein optimistisches Bild des Menschen und seiner Sozialfähigkeit ergibt sich beispielsweise aus der Grundannahme, daß der Mensch von Natur aus frei und gleich und nicht zu einem sozialen Zustand der dauernden Konfliktregulierung verdammt ist, sondern daß auch gerechtigkeitsorientierte und friedensgarantierende Bestrebungen naturgemäß das Sozialleben regulieren. Konflikte werden aus dieser Perspektive als Fehlentwicklungen oder Entfremdung des Menschen von seinen eigentlichen Möglichkeiten und seiner wahren Bestimmung gedeutet: "Diese Sozialanthropologie wird auch dazu neigen, von Recht und Staat die Wiederherstellung des 'natürlichen' Zustandes der menschlichen Verhältnisse zu verlangen. Das führt zu einem revolutionären, zumindest kritischen Naturrecht, zu einer kompromißlosen Lehre vom richtigen Recht"[5]. Auch für Aristoteles mit seiner Definition des Menschen als ein von Natur aus staatenbildendes oder politisches Lebewesen ("anthropos physei politikon zoon")[6] ist in der metaphy-

---

von Anette Baier „Hume, the Women's Moral Theorist?" in Kitay, Eva (u.a.eds.) „Women and Moral Theory", Towota N.J./1987.

[4] Broekman, Jan „Recht und Anthropologie", S.56 München/1979

[5] Naucke, Wolfgang "Rechtsphilosophische Grundbegriffe", S.83, Frankfurt a.M./1982

[6] Aristoteles "Politik" (Übs. u. ed. Gigon, Olaf) München/1978

sisch begründeten Teleologie des menschlichen Wesens Ewiges und Veränderliches versöhnt. Die Gerechtigkeit als größtes Glück für die Gemeinschaft findet ihre Wurzel und ihr Pendant im Individuum selbst als Ausrichtung an einem gerechten Leben als Maßgabe der größten Glückseligkeit für den Einzelnen und die Gemeinschaft[7]. Bei der Kapitalismusanalyse von Karl Marx als weiterem Beispiel für eine optimistische Ausrichtung des Menschenbildes handelt es sich zwar um eine materialistisch ausgerichtete Gesellschaftstheorie, die nicht von einem "richtigen Recht", sondern vermittelt über die historische Entwicklung der Produktionsverhältnisse von einer entsprechenden Veränderung im sog. Überbau der Gesellschaft ausgeht, doch im Kern ist das genannte Muster eines kritischen Naturrechtsgedankens enthalten. Denn der Begriff des Ökonomischen hier"(...) subsumiert (..) infolge seiner zentralen Relevanz überhaupt alle Elemente menschlicher Lebensbetätigung unter sich und verliert gerade dadurch das Spezifische seiner Bedeutung."[8] So begründet sich für Marx das Auseinanderfallen von persönlichen und gemeinschaftlichen Interessen in einem ökonomisch bedingten Klassenantagonismus der Mitglieder der Gesellschaft. Dieser führt nach Marx zu "(...) zahl-und facettenreichen Abweichungen vom Menschen als einem gesellschaftlichen Beziehungswesen (...), deshalb zu einer Entfremdung des Menschen von seinem gesellschaftlichen bzw. sozialen Charakter"[9]. Das Eigentum an den Produktionsmitteln gilt hier als der Wegweiser für die menschliche Gesellschaft auf dem materialistisch, nicht politisch interpretierten Weg zu einer friedfertigen Existenz und gerechten Gesellschaft: "Die Produktionsweise des materiellen Lebens bedingt den sozialen, politischen und geistigen Lebensprozeß überhaupt"[10]. Ergänzend zu erwähnen wäre hier auch

[7] Aristoteles "Die Nikomachische Ethik" (Gigon, Olaf übs. u.ed.) München/1986

[8] Landshut, Siegfried "Der Begriff des Ökonomischen", S.135 in ders."Kritik der Soziologie und andere Schriften zu Politik"Darmstadt/1969, S.131ff.

[9] Petersen, Thieß "Anthropologie und Ökonomie" Frankfurt a.M./1997

[10] Marx, Karl "Zur Kritik der Politischen Ökonomie", S.LV (Kautsky, Karl ed.), Leipzig/1919

die in stoischer Linie stehende theologische Tradition der Überzeugung von der sog. „Gottesebenbildlichkeit“[11] des Menschen.
Doch auch diese Auffassung vom Menschen, „(...) der zufolge der Mensch als Vernunftwesen ‚imago dei‘ ist, konnte nie für sich beanspruchen, eine konkurrenzlose Perspektive einzunehmen. Im Gegenteil – die Lehre von der Erbsünde hat immer wieder die Korrumpiertheit der menschlichen Natur betont und in pessimistischer Antithese deren Rationalität fundamental bestritten.“[12] Eine pessimistische Sozialanthropologie sieht die Funktion des Naturrechts im Negativen, d.h. im Schutz des Bestehenden, in der Abwehr von Gefährdungen des sozialen Friedens. In der Annahme naturbedingt sozial-feindlicher Triebe im menschlichen Verhalten besitzt das Naturrechtsdenken hier eine konservative Funktion. Als Beispiel für diese Orientierung wird meist Thomas Hobbes mit der klassischen Schrift "Leviathan"[13] und der Charakterisierung des Menschen als „homo homini lupus“[14], angeführt. Dabei ist zu beachten, daß bei Hobbes die anthroplogischen Grundannahmen ohne jegliche moralische Wertung benannt sind, als Interessen der Selbsterhaltung, die unter dem Umstand des knappen Gutes, also materiell bedingt, zu einem friedlosen Zustand unter den Menschen führen, in einen "(...) Krieg jedes gegen jeden"[15]. Und so gilt es auch hier als Ziel, nicht nach einer ideell zu bestimmenden Form von Gerechtigkeit in der Gesellschaft zu streben, sondern ein Ende der durch die menschliche Natur bedingten, andauernden Auseinandersetzungen durch sog. "Naturgesetze" zu erreichen.

---

[11] Siehe dazu auch: Lorenz, Kuno „Einführung in die Philosophische Anthropologie“ Darmstadt/1992, insb. Kap. 1.2. Die Doppelnatur des Menschen, S.31ff.

[12] Wils, Jean-Pierre „Anmerkungen zur Wiederkehr der Anthropologie“, S.23 in: ders. ed. „Anthropologie und Ethik“ Tübingen/1997

[13] Hobbes, Thomas "Leviathan oder Stoff, Form und Gewalt eines bürgerlichen und kirchlichen Staates" (Fetscher, Irving ed.) Frankfurt a.M./1976

[14] Hobbes, Thomas "De Cive" (eingel., übs. Gaslick, G.), S. 59, Hamburg/1977

[15] Hobbes, Thomas "Leviathan" (s.o.) S. 96. Weitere Ausführungen ebda 13.Kap.

ARISTOTELES	HOBBES
Die tugendgemäßen Tätigkeiten, auch die des gerechten Verhaltens, sind hingeordnet auf das Endziel menschlichen Lebens, die Glückseligkeit. Streben nach Tugend, Autarkie und Muße zur philosophi- Tätigkeit sind Elemente dieses Ziels. Das praktische Handeln ist zielbestimmt, das Begehren wird vom Ziel her beurteilt.	Es gibt kein letztes Ziel des menschlichen Lebens. Glück entspricht nicht einer Seelenruhe, sondern gilt als be ständiges Fortschreiten des Verlangens von einem Gegenstandes Begehrens zum andern. Das "gute" Handeln selbst ist kein Ziel, Handeln ist nur Resultat des Begehrens.

Eine interessante Variante der "pessimistischen" Sozialanthropologie im Vergleich zu Hobbes bietet die Philosophie von Immanuel Kant. Hier werden die negativen Sozialantriebe ("ungesellige Geselligkeit"[16]) der Menschen zum Motiv für die Gründung einer Rechtsgemeinschaft. Diese Rechtsgemeinschaft, die gemäß den Kriterien von Freiheit und Gleichheit konstituiert wird, findet nach Kant in der Staatsform der Republik ihren entsprechensten Ausdruck. Auf der Basis der Ambivalenz der menschlichen Natur findet die Freiheit und Moralität des Einzelnen im Rahmen einer rechtlichen Freiheit äußeren Schutz vor Übergriffen. Doch durch "(...) die Entkoppelung von formalen Prüfungsverfahren sittlicher Normen, wie sie die kantischen Ethiken enthalten, von inhaltlichen, ‚natürlichen Vorgaben' in rebus morum, vermeidet Kant die (...) Zirkularität

[16]Kant, Immanuel "Idee zu einer allgemeinen Geschichte in weltbürgerlicher Absicht" (in: Weischedel, Wilhelm ed. "Immanuel Kant. Schriften zur Anthropologie, Geschichtsphilosophie, Politik und Pädagogik I" Frankfurt a.M./1977, S.31ff): "Der Mensch will Eintracht; aber die Natur weiß es besser, was für seine Gattung gut ist: sie will Zwietracht" (ebda. S.38/39).

einer Ethik, die das Gesollte aus einer metaphysischen Wesensnatur des Menschen meint ableiten zu können“[17].

Eine weitere Möglichkeit, aus diesem Entweder-Oder von pessimistischen oder optimistischen Prämissen in der Sozialanthropologie herauszukommen, bietet auch das Naturrechtsdenken, das Jean-Jacques Rousseau in seinen Schriften entwickelt hat. Bei der Frage nach der Entstehung der Ungleichheit unter den Menschen hat Rousseau den Menschen im Naturzustand zwar eine positive Natur unterstellt, doch durchläuft der Mensch nach Rousseau vorerst das Stadium einer negativen Entwicklung, in dem ihn Neid und Profitsucht treiben und die soziale Harmonie zerstören[18]. Ein optimistischer Ausblick auf die Entwicklung der menschlichen Gesellschaft eröffnet sich jedoch durch die Kultur-Fähigkeit des Menschen, d.h. durch seine positiven Entwicklungsmöglichkeiten: „Nicht mehr von einer ursprünglichen Identität von Naturgesetz und Vernunftgesetz ist die Rede, sondern von einer Reetablierung der verlorenen Natur auf neuer Grundlage und durch Vernunft"[19]. So spielen Naturanlage und Kulturfähigkeit des Menschen zusammen, um den Ausblick auf eine friedfertige Gesellschaft zu eröffnen: Eine Selbstregierung der Freien und Gleichen, die Rousseau in seiner Schrift "Contract Sociale"[20] konstruiert. Dieser Rekurs auf die sog. „Sonderstellung“ des Menschen unter den Lebenwesen der Erde, begründet die Hoffnung, die immer wieder in die wegweisende Kraft des Naturrechts für das Zusammenleben der Menschen gesetzt wurde und noch immer in sie in Gestalt der Menschenrechte mit der Bemühungen internationaler Organisationen um Frieden und Gerechtigkeit gesetzt wird. Bereits Aristoteles wies dem Menschen einen besonderen Platz zwischen Tier und Gott an, der insbesondere auf die menschliche Sprach- und Vernunftfähigkeit rekurrierte. Der Mensch als im

[17] Wils, Jean-Pierre „Anmerkungen zur Wiederkehr der Anthropologie“, S.16, in ders. ed. „Anthropologie und Ethik“ s.o.

[18] Rousseau, Jean-Jacques "Über den Ursprung der Ungleichheit unter den menschen", S.61ff in: Weigand, Kurt (ed.) "Schriften zur Kulturkritik" Hamburg/1971

[19] Forschner, Maximilian "Rousseau" München/1977, S.68.

[20] Rousseau, Jean-Jacques "Contrat Sociale" in: Weigand, Kurt (ed.) Staat und Gesellschaft München/1971

Vergleich zur Tierwelt organisches „Mängelwesen“ (Johann G. Herder[21]) ist also nicht nur ein durch diese intellektuellen Begabungen zur Kultur fähiges, sondern auch als ein der Kultur bedürftiges Wesen (Stichwort der „Weltoffenheit“ bei Arnold Gehlen[22]). Die eigenverantwortliche Bestimmung und Gestaltung dieser „zweiten Natur“ des Menschen bildet das Grundthema politischer Philosophie und Theorie

Abschließend möchte ich deshalb diese grobe Differenzierung von klassischen Naturrechts-Entwürfen mit Otfried Höffe's Bemerkung zur Funktion des Naturrechtsdenkens im politischen Bereich des menschlichen Lebens zusammenfassen: "Insofern sich das Naturrechtsdenken zuerst auf allgemeine Grundsätze der politisch-sozialen Gerechtigkeit richtet, bedarf es noch der Spezifizierung und Konkretisierung. So bezeichnet das Naturrecht nicht nur die der Willkür und Hybris der herrschenden Individuen, Gruppen und Gesellschaften entzogene Unbeliebigkeit politisch-rechtlicher Ordnungen und Gesetze. Zum Naturrechtsdenken gehören auch Maßstäbe, die als solche für die von den verschiedenen Verhältnissen und Bedingungen des menschlichen Handelns abhängige geschichtliche Konkretion offen sind."[23] Damit benennt Höffe die positive Seite der Eigenart des Naturrechts, durch die es seine legitimatorische Kraft und Funktion behält. Gerade diese droht das Naturrecht aber dadurch zu verlieren, daß aber gerade seine Maßgabe für Recht und Unrecht nicht kodifizierbar ist. Durch seine klare Gegenüberstellung zum positiven Recht behält das Naturrecht zum einen seine Funktion als leitende Richtschnur für Gerechtigkeit, die Umsetzung dieser normativen Kraft scheitert aber - insbesondere im internationalen Bereich des politischen Lebens - an eben diesem Entgegensetzung zur Positivierung in Gestalt von Rechtsnormen: eine unabdingbare Handhabe für die Gerichtsbarkeit. Die Gegenüberstellung von Naturrecht und Rechtspositivismus soll im folgenden Kapitel näher erläutert werden.

---

[21] Herder, Johann Gottfried „Der Ursprung der Sprache“ Hamburg/1960

[22] Gehlen, Arnold „Der Mensch, seine Natur und seine Stellung in der Welt“ Frankfurt/1962

[23] Höffe, Otfried "Den Staat braucht selbst ein Volk von Teufeln"Stuttgart/1988, S.46

III. Rechtsphilosophische Problemstellungen des Naturrechtsdenkens

1. Legalität und Legitimität

Die Renaissance des Naturrechtsgedankens in der Zeit nach dem 2. Weltkrieg hatte einen historischen Anlaß, der für die internationalen Besatzungsmächte und die deutsche Bevölkerung selbst in der Notwendigkeit der rechtlichen und bewußtseinsmäßigen Aufarbeitung der entsetzlichen Menschenrechtsverletzungen des nationalsozialistischen Regimes bestand. Die Frage von Legalität und Legitimität nicht nur von Gewaltherrschaft, sondern auch von Einzeltaten unter einer selbst gewählten, zum Großteil freiwillig und aktiv mitgetragenen Herrschaft, die sich explizit gegen ganze Bevölkerungsgruppen mit vernichtenden Auswirkungen richtete, stand 1946 zur Debatte. Schlüsselproblem war und ist für die juristische Bewältigung des Nationalsozialismus in Deutschland die Differenzierung zwischen der äußeren Rechtsmäßigkeit der Handlungen und der "inneren", moralisch-sittlichen Handlungsmotivation der deutschen Bürger in dieser Zeit des Unrechts. Im Rahmen des totalitären Systems wurde die Vielzahl von Einzelhandlungen und Einzelentscheidungen der Individuen getragen zum einen von überzeugtem, vorauseilendem Gehorsam oder zum anderen von unfreiwilligen, durch Sanktionsandrohungen und die Furcht vor dem Nächsten als potentiellem Diener des Herrschaftsapparates erzwungenen Handlungen. Wie Max Weber in seiner Abhandlung zu Geltungsgründen einer legitimen Ordnung[1] (siehe Abb.) aufweist, kann eine Ordnung nicht nur vom naturrechtlichen,

[1] Weber, Max "Soziologische Grundbegriffe", insb. §7, S.62f, Tübingen/1984. In der Weber-Interpretation von Volker Heins ("Strategien der Legitimation" Münster/1990) wird dieser Legitimitäts-Begriff von Weber als Grundlage einer "Schwachen Legitimationshypothese" verstanden, d.h. die Anerkennung des Staates wird nicht als unabdingbar für die Existenzberechtigung von Herrschaft angesehen, sondern der "(...) Begriff der Anerkennung wird durch den des 'Legitimitätsglaubens' ersetzt. Dieser Legitimitätsglaube *konstituiert* nicht die politische Herrschaft, die er legitimiert, sondern optimiert und *steigert* sie" (S.10). Verstanden wird Legitimität demzufolge als eine "zusätzliche und irrationale Hingabe politisch relevanter Bevölkerungsgruppen an einen bürokratisch organisierten und daher von Legitimationsnöten entlasteten Herrschaftsverband" (S.10 ebda.).

wertrationalen Standpunkt Anerkennung als gerechte Ordnung gewinnen, sondern auch von affektuellen Antrieben aus.

Nach Max Weber finden sich drei unterschiedliche Quellen der legitimen Geltung einer Ordnung, die er im Titel des Paragraphen 7 „Geltungsgründe der Ordnung"[2] kurz mit den Stichworten „Tradition", „Glaube" und Satzung" benennt. Das Phänomen der Fügsamkeit des deutschen Volkes zur Zeit des Nationalsozialismus ist sicherlich teils dem affektuellen Glauben an eine neue, ideologisch vermittelte Ordnung zuzuschreiben, teils dem Glauben an die Legalität der nationalsozialistischen Herrschaft.

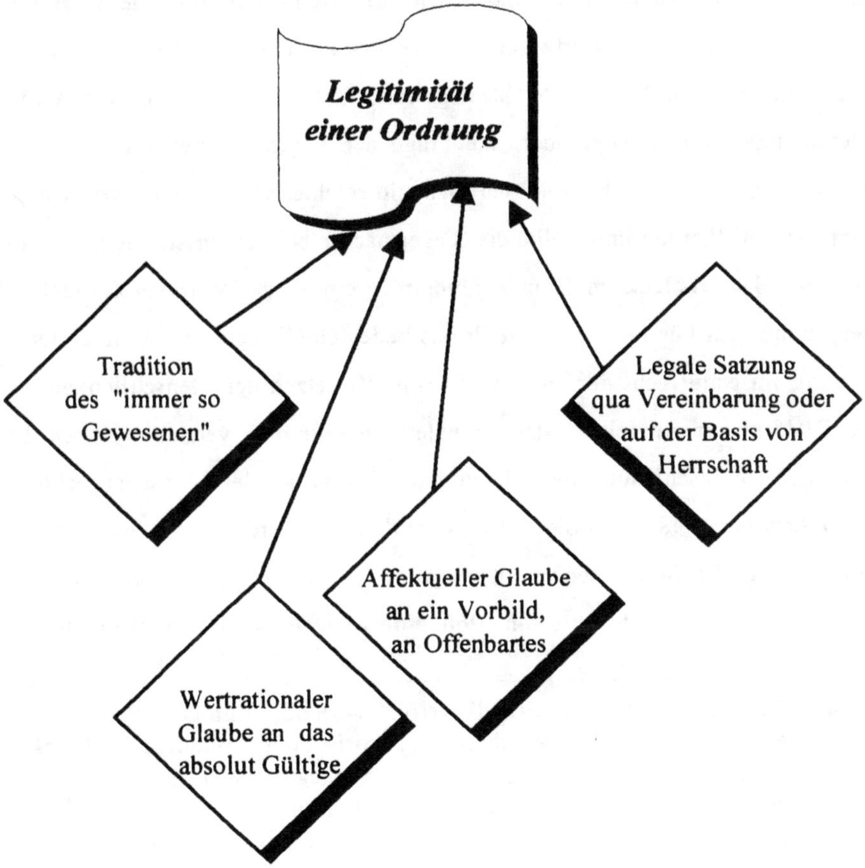

Der Bezug zwischen den Quellen und der Anerkennung der Legitimität einer Herrschafts- Ordnung wird in unterschiedlichen Weber-Interpretationen entweder als direkt motivationell bedingt oder als durch politische Steuerung, Ideologie, Propaganda etc vermittelte Motivation zum Gehorsam gegenüber einer politischen Ordnung interpretiert[3] .

Die Rechtsbestimmungen des Nationalsozialismus können deshalb aus einer bestimmten Perspektive als ebenso "legitim" gelten wie die im Nachhinein angewandten Maßgaben des Naturrechtsdenkens, - waren sie doch vermittelte Willensäußerungen einer für legitim gehaltenen Herrschaft. Die Bestätigung und Reproduktion der Regeln und Gesetze eines Unrechtsregimes wurde auf diese Weise, durch Überzeugung oder Fügsamkeit der Menschen selbst implizit oder explizit geleistet. Sich dem damaligen Regime entgegenzustellen stieß im deutschen Volk sicherlich nicht zuletzt auch auf psycho-soziale Hindernisse, denn insbesondere das "(...) Fortwirken obrigkeitsstaatlichen Denkens, das Widerstand gegen eine begründete Staatsgewalt ausschloß, war ein nachhaltiger Hemmungsfaktor[4]. Insbesondere die Frage der Verantwortlichkeit für das geschehene Unrecht, das bis hin zum Genozid reichte, verschwamm vor den Augen der Bevölkerung und stellte die Siegermächte bei der juristischen Aufarbeitung vor das Problem, im Grunde genommen ein ganzes Volk vor Gericht stellen zu müssen. Für die juristische Praxis bedeutete dies eine notwendige Orientierung am Naturrechtsdenken, an den sog. "Gesetzen der Menschlichkeit", die vor 1945 keiner offiziellen internationalen Anerkennung versichert waren. Erst die „(...) Verabschiedung der Allgemeinen Erklärung der Menschenrechte am 10. Dezember 1948 durch die Vollversammlung der vereinten Nationen, der fast gleichzeitige Beschluß über eine Konvention gegen den Völkermord, die beiden großen Menschenrechtspakte von 1966, eine Vielzahl weiterer völkerrechtlicher

---

[2] Max Weber „Soziologische Grundbegriffe“, §/, S.62, Tübingen/1984

[3] Siehe dazu: Münch, Reinhard „Theorie des Handelns“ Frankfurt a.M./1982,insb. S.555, und Heins, Volker „Strategien der Legitimation“ Münster/1990, insb. S.24/25. Siehe dazu auch Anmerkung.1

[4] Mommsen, Hans "Widerstandsrecht und totalitäre Diktatur" S.141, in: Hutter, Franz-Josef (u.a.eds.) "Menschenrechte in Deutschland" München/1997, S.134ff. Mommsen betrachtet differenziert den Wirkungszusammenhang des äußeren legalen Handlungsrahmens der Machtübernahme durch Hitler und die NSDAP im Zusammenspiel mit den inneren Motiven der konservativbürgerlichen Kräfte, die deren Widerstand vor 1938 verhindern konnten: "Faktisch war die deutsche Oberschicht nicht in der Lage, sich auf die Bedingungen totalitärer Herrschaft einzustellen." (ebda , S.140)

Abkommen und nicht zuletzt die beharrliche Arbeit der UN-Völkerrechtskommission schufen durch eine immer klarere Definition der Menschenrechtsverbrechen eine wichtige Grundlage (...)"[5] dafür, daß heute, fast ein halbes Jahrhundert nach den Nürnberger Prozessen die internationale Kontrolle von Menschenrechtsverbrechen und der Gedanken an einen ständigen internationalen Gerichtshof zum Zwecke der völkerrechtlich begründeten Verfolgung von Verstößen realisierbar erscheint. Doch zum Zeitpunkt der Nürnberger Prozesse konnten die Gesetze der Menschlichkeit über alle sozial-historischen Bedingtheiten des menschlichen Handelns hinweg ihre Gültigkeit nur in der kulturellen Selbstvergewisserung des christlichen Abendlandes bzw. gemeinsamer kultureller Wurzeln der Nationen finden. Dies bedeutete notwendig eine Beurteilung der Ereignisse und Entscheidungen vom naturrechtlichen Standpunkt aus, den Max Weber als den "reinste(n) Typus der wertrationalen Geltung einer Ordnung"[6] bezeichnet hat. Die Position des amerikanischen Generalanklägers Jackson beruhte dementsprechend auf der Überzeugung: „Auch wenn die in den Nürnberger Prozessen Angeklagten nach dem im NS-Staat geltenden Recht nichts Unrechtes getan haben sollten, seien sie darum zu verurteilen, weil sie gegen ein naturrechtliches Recht sich vergangen haben"[7]

Der Nürnberger Prozeß sollte exemplarischen Charakter für die Nachwelt besitzen und für künftige Generationen abschreckende Wirkung entfalten. Fünfzig Jahre nach diesem internationalen Tribunal ergibt sich für Deutschland eine ähnliche Problemstellung der Gegenüberstellung von Naturrecht und Rechtspositivismus in den sog. „Mauerschützen-Prozessen". Die Todesschüsse der Grenzsoldaten auf Landesflüchtlinge in der ehemaligen DDR werden nach dem politischen und wirtschaftlichen Zusammenbruch Ostdeutschlands auf dem Boden des vereinigten Deutschlands und unter dem Vorsitz bundesrepublikanischer Richterschaft gerichtlich verhandelt. Thematisiert und vor Gericht gestellt wird mit diesen "Todesschüssen" ein unter den damaligen Umständen befohlenes und

[5] Huhle, Rainer. „Menschenrechtsverbrechen vor Gericht" S.20 in „Von Nürnberg nach den Haag" Hamburg/1996, S.11ff.
[6] Weber, Max, s.o. S.63, Pkt.3.
[7] Honecker, Alfred „Einführung in die christliche Ethik" Berlin/1990, S.108

unter den geltenden Gesetzen des Grenzschutzes „legales“ Handeln von Befehlsabhängigen nach dem Kriterium der Menschenrechtsverletzung. Die Besinnung auf die „jahrtausendalte gemeinsame Weisheit der Antike, des christlichen Mittelalters und des Zeitalters der Aufklärung“[8], die Gustav Radbruch anläßlich der juristischen Aufarbeitung des deutschen Unrechtsregimes nach 1945 beschwor, wird in den Prozessen zu der Bewältigung des „gesetzlichen Unrechts“ der ehemaligen Deutschen Demokratischen Republik wieder aktuell. War es damals 1946 ein internationaler Gerichtshof mit Richtern aus den Vereinigten Staaten, der Sowjetunion, Großbritannien und Frankreich, so wird in der Gegenwart Deutschlands die Problemstellung der Anklage eines "legales Unrecht" in einer ebenfalls brisanten Konstellation von Richtern und Angeklagten, nämlich von West-Deutschen gegenüber Ost-Deutschen verhandelt. Das Naturrecht wird von dieser Instanz als eine über den staatlichen Gesetzen stehende Orientierung für Gerechtigkeit und Menschenrechte zu Rate gezogen, wenn auch durch den Einigungsvertrag das ehemalige Strafgesetzbuch der DDR in einer "gereinigten" Form als Basis der Rechtsprechung anerkannt wurde. Doch schon vor 1946 hatte sich verdeutlicht, daß "(...) die Wiederentdeckung des Naturrechts nicht dem Auffinden einer Zauberformel gleichkam, mit deren Hilfe man alle Probleme spielend zu lösen vermochte. (...) Man konnte sich der Erkenntnis nicht verschließen, daß ein unreflektierter Rückgriff auf ein so nebulöses Gebilde wie es ein in sich nicht abgeklärtes 'Naturrecht' notwendig sein mußte, eine Gefahr heraufbeschwor"[9]. Der aus dieser Vagheit sich speisende Geruch von „Siegerjustiz“ verschärft die Fragestellung, ob eine naturrechtliche Interpretation von Gerechtigkeit von militärischen Siegern gegenüber Besiegten oder, wie im Falle der Gegenwart, von politischen oder ökonomischen Siegern gegenüber einem im Umbruch befindlichen Land legitim sein kann. Zu dieser Problemstellung konkreter Rechtsprechung läßt sich im Licht der Zwiespältigkeit der

[8] Radbruch, Gustav „Die Erneuerung des Rechts“, S.2 in: Maihofer, Werner „Naturrecht oder Rechtspositivismus“ Darmstadt/1972

[9] Schelauske, Hans-Dieter "Die Naturrechtsdiskussion in Deutschland", S.17, Köln/1968

Berufung auf Naturrecht, zum schwierigen Verhältnis von Legitimität und Legalitität grundsätzlich bemerken:

„Den Deutschen ist oft nachgesagt worden, daß sie ein 'rührend legalitätsbedürftiges Volk" sind. Man hat ihnen oft vorgehalten, daß sie keines rechten Widerstandes gegen die Obrigkeit fähig wären. (.....) All dem mag so sein. Aber die Verwandlung des Rechts in die Legalität als einen bloßen Funktionsmodus der Arbeit staatlicher Behörden und das entsprechende Verhältnis der Menschen, die auf solche Behörden angewiesen sind, ist längst kein spezifisch deutsches Problem mehr. Überall herrscht der juristische Positivismus und das bedeutet die Anerkennung des Satzes, daß das Recht von dem gesetzt wird, der sich eben faktisch durchsetzt. Juristischer Positivismus heißt nichts anderes als die Verwandlung des Rechts in eine Setzung von Setzungen"[10].

Damit geraten diejenigen Mächte, die als Interpreten und Verteidiger der Menschenrechte, d.h. die im Sinne von Carl Schmitt als Ankläger in der Auslegung von ex-post-facto-Gesetzen in den genannten Prozessen auftraten und auftreten, durch die historischen Umstände selbst wieder in denVerdacht, Unrecht zu vollziehen. Im Nürnberger Prozeß vor dem Internationalen Militärtribunal beriefen sich die deutschen Verteidiger fünfzig Jahre vor dem gegenwärtigen "Mauerschützenprozeß" vergeblich auf den juristischen Grundsatz

"nullum crimine sine legem, nulla poena sine lege"[11],

[10] Schmitt, Carl „Das Problem der Legalität", S.446 in ders. „Verfassungsrechtliche Aufsätze" Berlin/1958. Schmitt im Anmerkungsapparat S.448ff einen Überblick über die Geschichte des Verhältnisses von Legalität und Legitimität, der sehr aufschlußreich verdeutlich wie sich der Begriff der Legalität seit 1815im Interesse von politisch entgegengesetzten Kräften wie der kommunistischen revolutionären Bewegung und der Hitlerschen Machtergreifung (Ermächtigungsgesetz 1933) im jeweils eigenen Interesse instrumentalisieren ließ.

[11] Ausführlicher zu der Radbruchschen Formel (1946): De Zayas, Alfred-Maurice „Der Nürnberger Prozeß vor dem internationalen Militär-Tribunal (1945-1946)" insb S.318ff in: Demandt, Alexander „Macht und Recht. Große Prozesse in der Geschichte" München/1996, S.311ff.

der prägnant die rechtspositivistische Position wiederzuspiegeln vermag. Es bleibt jedoch aus dieser Perspektive die Frage offen, auf Basis welcher Werte eine Verurteilung des Geschehenen, des systematischen Genozids von Juden und der Ermordung oder Sterilisation von Behinderten unter dem Vorwand der Euthanasie Rassenhygiene wie auch der vielen anderen unzählbaren Unrechtstaten gegen "Andersdenkende", gegen vermeintlich Kriminelle im eigenen Volk im Nachhinein überhaupt möglich gewesen wäre. Es stellt sich die Frage, ob das Geschehene ungesühnt bleiben konnte oder ob vor der innerstaatlichen und internationalen Bühne nicht zumindest ein symbolischer Akt der Abrechnung notwendig ist, um einem Volk, das unter einem totaliären Regime gelebt hat, einen Neuanfang, einem Entfliehen aus der zunächst umfassenden Schuld zu ermöglichen. Die Konfrontation mit der Problematik von Legalität und Legitimität in diesem Zusammenhang führt direkt zu der Gegenüberstellung zweier Rechtspsitionen, die sich als Antwort für die Bewältigung dieser Fragen ergeben: Naturrechtsdenken und Rechtspositivismus. Sie werden im Folgenden in ihren Grundsätzen, den Vor- und Nachteilen beider Positionen dargestellt werden.

2. Naturrecht und Rechtspositivismus

Fünfzig Jahre nach den Nürnberger Prozessen steht in der Gegenwart den internationalen Tribunalen zu den Verbrechen in Ex-Jugoslawien und Ruanda die Berufung auf die Internationale Menschenrechtsdeklaration zur Verfügung, um dem Vorwurf der beliebigen Relativierbarkeit von Prinzipien des Naturrechtsdenkens abzwehren, da die "Menschenrechte" ihrem Selbstverständnis nach bereits darauf abzielen, Rechtsansprüche zu sein.: "Im Unterschied zu anderen humanitären politischen Forderungen zielen sie auf 'Verrechtlichung' in nationalen Verfassungen und internationalen Verträgen. Sie sollen rechtsverbindlich garantiert und im Falle von Verletzungen - unter Inanspruchnahme bestimmter Rechtsmittel in rechtlichen Verfahren - konkret einklagbar sein"[12]. Doch unter Beibehaltung des "fundamental emanzipatorischen Anspruches der Menschenrechtsidee", die das Erbe ihrer naturrechtlichen Wurzel ist, stehen ihre Prinzipien weiterhin vornehmlich als Korrektiv über den positiven Gesetzen. Es bleibt deshalb ein zentrales Grundproblem des Naturrechtsdenkens auch in diesem "verkleinerten" Interpretationsrahmen der Menschenrechtskonventionen weiterhin bestehen: Die Problematik der Konkretisierung, d.h. der Bedarf von Auslegung der abstrakten Prinzipien für den jeweils gegebenen Fall. Als mögliche Problemstellungen treten bei diesem Anwendungsprozeß zum Beispiel die historische und kulturelle Bedingtheit des jeweiligen Interpretationsstandpunktes auf, die durch die hierarchische Struktur der Beziehung zwischen Anklägern und Angeklagten, eventuell Siegern gegenüber Besiegten, nicht gerade vereinfacht wird. Zudem stellt sich die Frage der konkreten Auslegung, der Ausformulierung von Einzelbestimmungen anhand hochabstrakter Gerechtigkeitsprinzipien für den Einzelfall.

Wird die Beziehung zwischen Recht und Moral aus der Perspektive des Naturrechtsdenkens als hierarchisch strukturiert interpretiert, gilt die Moral für das Recht , bzw. den Richter als übergeordnete Leitlinien für die Entscheidung im konkreten Fall, und dessen Prinzipien der Gerechtigkeit beanspruchen universale und absolute Gültigkeit, die per Vernunft einsehbar bzw. durch deren Evidenz überzeugend wirkt: Dazu Hans Kelsen in seiner Abhandlung zu „Staat und Naturrecht“: „Der Idee des Naturrechts als einer ‚natürlichen‘ Ordnung entspricht es, daß deren Normen, weil sie unmittelbar aus der Natur, aus Gott oder der Vernunft hervorgehen, ebenso einleuchtend sind wie etwa die Regeln der Logik; und daß es daher keines Zwanges bedarf, um sie zu realisieren“[13]. Die Anerkennung des positiven Rechtes und die Legitimität der richterlichen Entscheidung ist von der inhaltlichen Kongruenz mit den Grundsätzen des jeweilig als verbindlich angesehenen Naturrechts abhängig. Zu bedenken gilt bei diesen Aspekten der legitimierenden Inanspruchnahme des Naturrechts die Vermeidung des naturalistischen Fehlschlusses, die historische und kulturelle Bedingtheit des zugrundeliegenden Menschenbildes und der ideologiekritische Bezug

[12] Bielefeld, Heiner "Zum Ethos der menschenrechtlichen Demokratie" Würzburg/1991, S.40

[13] Kelsen, Hans „Staat und Naturrecht“ S.79, München/1989

der inhaltlichen Konkretion des Naturrechts auf das Wortbestandteil „Natur“ als letzter Ordnung für die Handelnden. In radikaler Interpretation droht die Orientierung am Naturrecht eher die Rechtssicherheit in der staatlichen Ordnung zu gefährden, anstatt Gerechtigkeit zu ermöglichen., denn – um mit Gustav Radbruch zu sprechen „(...) einen Wert führt schon jedes positive Gesetz ohne Rücksicht auf seinen Inhalt mit sich: es ist immer noch besser als kein Gesetz, weil es zumindest Rechtssicherheit schafft. (...) Wo ein Widerstreit zwischen Rechtssicherheit und Gerechtigkeit, zwischen inhaltlich anfechtbarem, aber nicht in Gesetzesform gegossenem Recht entsteht, liegt in Wahrheit ein Konflikt der Gerechtigkeit mit sich selbst, ein Konflikt zwischen scheinbarer und wirklicher Gerechtigkeit vor“[14]. Mit dieser Aussage wird die Leitfunktion des Naturrechts für das positive Recht noch einmal bekräftigt, aber auch klargestellt, daß das eine das andere nicht zu ersetzen vermag.

Der Rechtspositivismus jedoch bestreitet nicht nur diese zugrundegelegte hierarchische Beziehung zwischen Moral und Recht, sondern negiert im Fall extremer Position die Existenz einer Beziehung zwischen positivem Recht und überpositiven oder vorpositiven Vorstellungen von Gerechtigkeit des Naturrechtsdenkens[15]. Aus dieser Perspektive gelten Rechtsnormen dann als eine „(...) ganz spezifische Klasse von Normen, die sich von allen anderen Normen (vor allem von moralischen Normen) durch die Art ihrer Wirksamkeit und Durchsetzbar-

---

[14] Radbruch, Gustav „Gesetzliches Unrecht und übergesetzliches Recht“ S.15, Heidelberg/1946. Arthur Kaufmann („Die Naturrechtsdiskussion in der Rechts- und Staatsphilosophie der Nachkriegszeit“, S.10 in „Aus Politik und Zeitgeschichte“ B33/91, S.1ff) kommentiert diese Position Radbruchs als reine „Akzent“-Veränderung im Denken Radbruchs, der sich vor dem Zusammenbruch des Nationalsozialismus und dem Offenbarwerden des gesetzlichen Unrechts dieses Regimes dezidiert auf die Seite der Rechtssicherheit durch primären Orientierung am positiven Recht gestellt hatte.

[15] Während Niklas Luhmann (Legitimation durch Verfahren“ Darmstadt/1969) in einer funktionalistischen Betrachtung des Rechts nur die tatsächliche Begründungsfunktion der Moral bezweifelt und ihre Funktion auf reine Absichtserklärung zurückführt, die hinter der Hauptaufgabe des Rechts, der Komplexitätsreduktion der modernen Gesellschaft steht, verwirft der strenge Rechtspositivismus die Verbindung von Recht und Moral überhaupt. Zu diesen zwei Ansätzen der „Entmoralisierung des Rechts siehe: Höffe, Otfried „Kategorische Rechtsprinzipien“ Frankfurt a.M./1991, insb. .51ff

keit unterscheiden. Die Rechtsnormen und deren Zusammenhang, die Rechtsordnung gelten als eine ausschließlich empirische Gegebenheit in der sozialen Wirklichkeit: als die im Rahmen und aufgrund einer staatlichen Ordnung de facto geltenden Normen"[16]. Zu beachten gilt es jedoch, daß mit diesem Zitat von Otfried Höffe eine Position des Rechtspositivismus umschrieben wird, die erst im ausgehenden 19.Jahrhundert entwickelt wurde. So lehrte man zu dieser Zeit in einer radikalen Ausformulierung des Rechtspositivismus, daß jedes Gesetz unter der exklusiven Bedingung seiner formal korrekten Bildung Legitimität beanspruchen könne, d.h. „ (...) daß jedes staatliche Gesetz ohne Rücksicht auf seinen Inhalt, also auch das verbrecherische Gesetz, die lex corrupta, Gültigkeit habe"[17]. Alternierende Positionen des Rechtspositivismus, die mit den Begriffen des „legitimen" und „empirischen" oder wissenschaftlichen Rechtspositivismus erfaßt werden, waren doch eher an einer Modifikation dieser radikalen Orientierung in Form einer Öffnung der rein deduktiven Methode des Naturrechts interessiert: Sei es mit Hilfe des „sittlichen Qualitätsbewußtsein des Gesetzgebers" oder mit Rücksicht auf und unter Einbezug der konkreten sozialen Lebensverhältnissen der Akteure bei der Rechtsprechung im Einzelfall. Entscheidender Punkt der rechtspositivistischen Positionen jedoch bleibt die unabdingbare Anforderung der Formalisierung des Rechts, die scheinbar per Verfahren die Rechtsfindung gegen materiale Wertbegründungen des Rechts wie die der naturrechtlichen Argumentation und gegen diesen innewohnende Tendenzen der Irrationalität (im Weberschen Sinne) zu immunisieren[18] vermag. Gerade die Formalisierung des Rechts (z.B. die Auslegung der in der Regel verwendeten Begrifflichkeiten für die Urteilsfindung) stellt eines der Hauptprobleme des

---

[16] Höffe, Otfried „Recht und Moral – Ein kantischer Problemaufriß", S.2 in:Neue Hefte für Philosophie 17/1987, S.1ff. Höffe geht hier aus von einer begrifflichen Trennung von Moral und Recht als einer Version des Rechtspositivismus. Siehe dazu die Differenzierung von L.A. Hart („Recht und Moral", insb. S.24 Göttingen/1981), die fünf verschiedene Versionen des Rechtspositivismus in der rechtstheoretischen Diskussion ausmacht, die bei unklarer Bestimmung zu Verwirrungen führen.

[17] Kaufmann Arthur „Die Naturrechtsdiskussion in der Rechts- und Staatsphilosophie der Nachkriegszeit", S.4 in: s.o.

Rechtspositivismus dar. In diesem Feld können sich „formalistische Verirrungen“[19] ereignen, die den Einzelfall nicht adäquat erfassen. Weitere Probleme können sich aus verkürzenden Interpretationen des Positivismus ergeben, indem das Recht auf das Moment der wertrelativistischen Machtausübung, d.h. willkürlicher Rechtssetzung - oder sprechung eines Souveräns reduziert oder mit dessen Inkompetenzen identifiziert wird.

In der Rechtstheorie der Gegenwart sind nach L.A. Hart mindestens fünf verschiedene Bedeutungen von „Positivismus“ im Spiel, auf die hier im Rahmen eines einführenden Kapitels in diese Problematik nicht eingegangen werden kann. Zu bemerken ist nur, daß die im Schema „Naturrechtsdenken und Rechtspositivismus“ verwendete Struktur des Verhältnisses der Positionen des Naturrechts und des Positivismus einer Klassifikation entspricht, die mit dem Begriff des „wissenschaftlichen Rechtspositivismus“ gekennzeichnet werden kann. Hier ist die Position von Hans Kelsen einzuordnen, dessen Aufsatz „Idee des Naturrechts“ [20] Grundlage der Inhalte des vergleichenden Schemas bildet. Diese Interpretation der rechtsphilosophischen Aufgabenstellung will die Zuständigkeit der Rechtsphilosophie auf die Überprüfung der logischen Struktur der Rechtsnormen bescheiden und deklariert deren Inhalt als Gegenstand politischer Auseinandersetzungen. In der Folge besteht aus dieser Perspektive der „(...) Unterschied zwischen klassischem Naturrecht und klassischem Rechtspositivismus ‚nur‘ darin, daß dort die höchsten Normen als vorgegeben erachtet werden (im Logos, in der Natur, im göttlichen Gesetz, in der Vernunft), während man hier die ‚Grundnorm‘ als eine menschliche Setzung, als eine Hypothese oder als eine

[18] Siehe dazu: Habermas, Jürgen „Recht und Moral (Tanner Lectures 1986)“ S.561 in „Faktizität und Geltung“ Frankfurt a.M./192,S.541ff

[19] Hart, L. A. „Der Positivismus und die Trennung von Moral und Recht“ S.34 in ders. „Recht und Moral“ s.o., S.14ff. Für Hart stellt dies jedoch in analytischer Perspektive ein Problem der Ergänzungsbedürftigkeit des Rechts und nicht der grundsätzlichen Trennung von Moral und Recht dar.

[20] Kelsen, Hans „Staat und Naturrecht – Aufsätze zur Ideologiekritik“ München/1989, S.73ff. Siehe dazu auch ders. „Reine Rechtslehre“ Wien/1960. Erstauflage 1934

transzendentale Bedingung begreift"[21]. Doch die Überprüfung mit empirischen Fällen der Rechtsprechung zeigt, daß sich das Verfahren der Rechtsanwendung nicht auf eine reine Deduktion aus obersten Normen - sei es nun Naturrecht oder vom Menschen gesetztes Recht -, beschränken kann. Denn die historische Wirklichkeit greift in diesen Prozeß der Rechtsfindung nicht nur ein durch den Umstand, daß Recht immer relational zu verstehen ist, daß also „Recht im eigentlichen Sinne des Wortes (....) weder allein in der Norm noch etwa nur im Fall, sondern in ihrer gegenseitigen Beziehung, in ihrer Relation"[22] steckt. Sie greift auch dadurch ein , daß die jeweiligen in Anspruch genommenen Normen und Ideen der Gerechtigkeit, auch des Naturrechts selbst, von historischem und kulturellem Wandel nicht unberührt bleiben können, sondern im Gegenteil - wie in dem folgenden Abschnitt zu ersehen ist -, geradezu von dieser mit hervorgebracht und immer wieder neu interpretiert werden.

[21] Kaufmann, Arthur „Die Naturrechtsdiskussion in der Rechts-und Staatsphilosophie der Nachkriegszeit", S.12, in „Aus Politik und Zeitgeschichte, s.o.

[22] Kaufmann, Arthur „Naturrechtsdiskussion in der Rechts- und Staatsphilosophie der Nachkriegszeit", S.13 in: „Aus Politik und Zeitgechichte" s.o.

Naturrechtsdenken und Rechtspositivismus

	NATURRECHTSDENKEN	RECHTSPOSITIVISMUS
NORMOBJEKT	Mensch, zwischenmenschliches Vertrauen	Mensch, zwischenmenschliches Vertrauen
GELTUNGSANSPRUCH	absolut	hypothetisch, historisch relativ
RECHTSQUELLE	Offenbarung, ewige Ordnung	menschliche Setzung
LEISTUNG, FUNKTION	allgemeine Richtschnur	Konkretisierung, individualisierte Anwendung
BILDUNG	innere Selbstverpflichtung, Gewissen	Anerkennung als Rechtsnorm
SANKTION	Entzug der Gnade, Verlorenheit	Strafrechtliche Maßnahmen

IV. Kurzer Abriß zur Geschichte des Naturrechtsdenkens

1. Legitimationsbedarf staatlicher Ordnung: Geburt des Subjekts

Grundlegend behandelt das Naturrecht seit seiner Entstehung nicht nur die Frage nach der moralischen Handlungsorientierung des Einzelnen, sondern in Verbindung mit dieser Frage die Problematik der Legitimation von Herrschaft, von staatlicher Ordnung allgemein, die mit Beginn des gemeinschaftlichen Lebens der Menschen zum Zwecke eines friedlichen Zusammenlebens gegeben ist. Denn nur unter der Perspektive der Suche nach einem „guten" und „gerechten" Zusammenleben läßt sich in gewissem Sinne von einer staatlichen Gemeinschaft und von Herrschaft sittlicher Qualität sprechen. Das heißt: „Recht und Staat verlieren erst dort ihren Gewaltcharakter, wo sich ihr Zwang als für das Gemeinwohl notwendig einsehen läßt. Dort, wo diese Einsicht möglich ist, ist der Zwang gerecht, und die entsprechende Rechts- und Staatsordnung verdient die Zustimmung, die freie Anerkennung der Bürger. Dort aber, wo das nicht, und zwar eklatant nicht der –Fall ist, wird Widerstand provoziert"[1]. Doch dieser Reaktion vorausgesetzt ist die Selbst-Ermächtigung des Einzelnen, sich im „Recht" gegenüber dem Herrschenden und den positiven Gesetzen zu sehen. Der Bezug zu einer übergesetzlichen, konsistent ableitbaren Bestimmung von Gerechtigkeit durch eine höhere Instanz wirkt in der Antike entscheidend für die sog. „Geburt des Subjekts", durch die das mythisch-gebundene Individuum als passives Objekt göttlicher, schicksalhafter Bestimmungen zum aktiven mündig Handelnden heranwächst. Allerdings nur in der Gestalt des antiken Helden, der Ausnahmegestalt hinsichtlich der Mehrheit der Menschen bleibt. Mit diesem Akt selbständiger Entscheidung und ethisch-bewußt begründeten Handelns entsteht zugleich ein Legitimationsbedarf staatlicher Ordnung, durch den vorgegebene Autoritätsstrukturen hinterfragt werden. Der Übergang von der Mythologie des klassischen Alterums als Hintergrund von Welt- und Schicksalsdeutung zur literarischen Gestalt der antiken Tragödie, in der ein Mensch in einer unausweichlichen Entscheidungssituation zwischen zwei absoluten, aber widersprüchlichen Forderungen von Göttern oder Mächten steht, d.h. in der sich keine schuldfreie Lösung für sein Handeln finden läßt, eröffnet einen Blick auf diese Entwicklungslinie. Eben hier begegnen wir „(...) dem Erwachen des Subjekts in den Entscheidungen der handelnden Personen, die in verschiedenen mythischen Kontexten abwägen und dann zu einem zunehmend eigenständigen Handlungsentwurf kommen“[2]. Die Antigone-Tragödie von Sophokles, in der sich die Titelfigur Antigone gegen staatliches Recht stellt, um dem göttlichen Gebot, die Verwandten würdig zu bestatten, zu genügen, ist für unser Thema repräsentativ. Mit ihrer Entscheidung zugunsten der ungeschriebenen Gottgebote löst sie den tragischen Konflikt und ist bereit, der staatlichen Macht in Person des Tyrannen Kreon um den Preis des eigenen Lebens entgegenzutreten. Bis heute gilt Antigone als Symbolfigur des Widerstands, die literarisch in vielen Stücken als zeitlose Figur verewigt wurde.

KREON

Und wagtest, mein Gesetz zu übertreten?

ANTIGONE

Der das verkündete, war ja nicht Zeus,
Auch Dike in der Totengötter Rat
Gab solch Gesetz den Menschen nie. So groß
Schien dein Befehl mir nicht, der sterbliche,
Daß er die ungeschriebnen Gottgebote,
Die wandellosen, konnte übertreffen.
Sie stammen nicht von heute oder gestern,
Sie leben immer, keiner weiß seit wann.
An ihnen wollt' ich nicht, weil Menschenstolz
Mich schreckte, schuldig werden vor den Göttern
Und sterben muß ich doch, das wußte ich
Auch ohne deinen Machtspruch. Sterbe ich
Vor meiner Zeit, nenn ich es noch Gewinn.“[3]

[1] Höffe, Otfried „Soll der Philosoph König sein?“ S.14 in ders.:„Den Staat braucht selbst ein Volk von Teufeln“ S.8ff Stuttgart/1988
[2] Flückinger, Felix „Geschichte des Naturrechts“ Basel/1951
[3] Sophokles „Antigone“, Tragödie ca. 450 a.Chr.n.

2. Von der Vielheit der Götter zur Einheit des Naturrechts

Das Naturrechtsdenken findet seine Wurzeln bereits in der Antike. Platon und Aristoteles lösten mit ihren philosophischen Entwürfen das anthropomorphe Götterbild des mythischen Weltbilds der Antike ab zugunsten eines an abstrakten Prinzipien orientierten Denkens im Sinne der sokratischen Leitfrage „Was ist das Gerechte?“. Die Vielheit der göttlichen Forderungen mit absolutem Anspruch, die im mythischen Weltbild oftmals in Widerspruch gerieten, aber für das Schicksal der Menschen bestimmend schienen, wurden durch diesen Entwicklungsschritt philosophisch-systematisch einheitlicher Begründung von Normen und Werten ersetzt. Erst durch diese Überzeugung, den „Glaube(n) an die Einheit des göttlichen Gesetzes“[1] wurde das Naturrechtsdenken in seiner aktuellen Gestalt ermöglicht und die theologische Konzeption des Monotheismus vorbereitet.

Entgegen den Anfängen des philosophischen Denkens in den Entwürfen der Vorsokratiker, die den Anfang und die Bewegungsursache allen Seins noch durch natürliche Prinzipien, Erfahrungstatsachen zu erklären suchten, begründeten Platon und Aristoteles das Sein und das Wesen des Menschlichen mit Hilfe von Metaphysik. Sie suchten nach rational einsehbaren Prinzipien als letztem Wissen vom Wesen des Daseins. Ihre Zeitgenossen die Sophisten, die in den von Platon überlieferten Dialogen Gesprächspartner des Sokrates‘ waren, gingen ebenfalls noch von einem Begriff der Natur aus, der seine Orientierung in der vorgegebenen Vielfalt der Ausstattung der Individuen, in der Physis der Menschen fand. Auch stellten sie ihre Suche nach Wissen und ihre bereits gewonnen Kenntnisse, z.B. der Rhetorik, in den Dienst pragmatischer Bewältigung des täglichen Lebens im Sinne der Suche nach dem vorteilhaftesten Leben für den Einzelnen. So meint z.B. der Sophist Antiphon, Gerechtigkeit bedeute, die gesetzlichen Vorschriften nicht zu übertreten, aber nur so lange man unter Beobachtung ist. Denn: „es wird (...) ein Mensch für sich am meisten Nutzen bei der Anwendung haben, wenn er vor Zeugen die Gesetze hochhält, allein und ohne Zeugen dagegen die Gebote der Natur“[2]. Platon und Aristoteles

[1] Flückinger, Felix „Geschichte des Naturrechts“ s.o. S.84

[2] Antiphon „Fragmente“ 44/A1 in Diels, Hermann (ed.) „Die Fragmente der Vorsokratiker“ 2.Bd. Berlin/1952, S.346. Bekannt ist auch die Äußerung des Kallikles im platonischen Dialog „Gorgias“(Platon Werke Bd.II, Darmstadt/1973), in der Kallikles das „Recht des Stärkeren“ den staatlichen

hingegen begaben sich auf die Suche nach einem überindividuellen „Guten" und nach der Gerechtigkeit für die Menschen allgemein. Mit ihrem systematischen Philosophieren beginnt die Suche nach dem guten Leben in Gestalt einer rational aufgeschlüsselten Wertaxiomatik, die davon ausgeht, daß die richtige Handlungsorientierung durch Evidenz überzeugen kann. Prägnant zusammengefaßt läßt sich die Frontstellung zwischen Sophistik und klassischer antiker Philosophie mit den Worten von Kuno Lorenz („Philosophische Anthropologie" Darmstadt/1992, S.26) durch den Bezug auf das zugrundeliegende Menschenbild der jeweiligen Denkrichtung wiedergeben: „Schon die einschlägigen anthropologischen Auseinandersetzungen der Antike waren seit der Sophistik davon bestimmt, entweder den Nomos in die Physis zu verlagern, mit der Konsequenz, der Mensch solle der Natur, die allein das Notwendige und zugleich ihm Zuträgliche hervorbringt, folgen (-...-) oder den Nomos als die eigenliche Physis des Menschen anzusehen, eine These, die als treibende Kraft insbesondere hinter der Philosophie Platons steht und gegenwärtig zur Formel, *der Mensch ist von Natur aus ein Kulturwesen* geronnen ist."[3]

Aristoteles, der Schüler von Platon, unterscheidet sich hierbei jedoch in der Methode des Philosophierens von seinem Lehrer. Für Platon galt es als wichtig, das „Recht an sich" in seiner Reinheit als Idee zu erkennen und hierbei von der Vielzahl der Erscheinungen des positiven Rechts abzusehen, bzw. dieses nach ersterem zu bemessen. Naturrecht fungiert hier als Ordnungsprinzip[4] für die Polis als geregeltes Verhältnis der Menschen zueinander und für das Selbstverhältnis des Menschen als Einzelnem., - ohne jedoch selbst in seiner idealen Gestalt realisiert zu werden. Erkenntnistheoretisch zugrunde lag diesem deduktiven Vorgehen die Überzeugung Platon's , daß es „(...) mit den gerechten und

Gesetzen entgegenstellt, die nur zum Schutze der Schwachen aufgestellt wurden (ebda., 483/484ff, S.377ff).

[3] Die im Originaltext enthaltenen Literaturangaben werden hier vernachlässigt.

[4] Siehe dazu Netschke-Hentsche, Ada „Politischer Platonismus und die Theorie des Naturrechts", insb. S.62-64. Netschke-Hentschke versteht als „Politischen Platonismus" die „metapositive Funktion des essentiellen Naturrechts" bei Platon, d.h. die Konsequenz, daß nach Platons Maßgabe „(...) kein positives Recht den Namen des Rechts verdient, wenn es nicht das Gerechte bzw. ‚Von-Natur-Rechte' zum Inhalt hat." (S.64)

ungerechten, mit den guten und bösen und allen anderen Begriffen eben so (ist, i.E. E.Schw.), daß jeder für sich eins ist; aber da jeder vermöge seiner Gemeinschaft mit den Handlungen und körperlichen Dingen und den übrigen Begriffen überall zum Vorschein kommt und jeder als vieles erscheint“[5]. Der Vielfalt der Erscheinung läge eine geringe Zahl von Urbildern, Ideen zugrunde, auf die es ankomme in den philosophischen Untersuchungen. Aristoteles selbst charakterisiert den Unterschied der philosophischen Zugangsweise im Vergleich zu seinem Lehrer Platon auch in der Frage nach dem gerechten Leben und der Gerechtigkeit für den Staat mit eigenen Worten vor allem durch den jeweiligen Ausgangspunkt des Philosophierens: „Mit Recht pflegte Platon die Frage zu stellen, ob der Weg von den Prinzipien kommt oder zu ihnen geht, so wie man im Stadion von den Preisrichtern zum Ziel läuft und umgekehrt. Dies aber ist ein Doppeltes: ein Bekanntes für uns und ein Bekanntes an sich. Wir wollen mit dem für uns Bekannten beginnen“[6]. Mit dem Resumée zu den Antworten der verschiedenen Menschen auf die Frage nach dem glückseligsten Leben, die in einem seiner Hauptwerke, der Nikomachischen Ethik, als Leitfrage nach dem höchsten Gut gestellt wird, begründet Aristoteles die sogenannte "praktische Philosophie"[7], bei der als Grundannahme ein unabdingbarer Zusammenhang von Ökonomie, Politik und Ethik vorausgesetzt wird. Das Ziel des einzelnen Lebens und das des Staates werden in eins gesetzt als Ziel menschlicher Vollkommenheit: Gerechtigkeit und ein gerechtes Leben werden im Laufe der Untersuchung als die höchsten Güter für das menschliche Leben analysiert. Zum Verhältnis von Naturrecht und positivem Recht führt Aristoteles aus, „(..) daß letzteres eine Anwendung der (allgemeinen) Rechtsidee auf die besonderen Fälle des Lebens sei. Der Unterschied besteht darin, daß das Naturrecht allgemeinverbindlich und unabänderlich sei (...), daß das positive Recht nur in einem

[5] Platon „Politieia“ (Der Staat) 476a (Übs. Schleiermacher, Friedrich), Hülser, Karlheinz (ed.)Frankfurt/1991

[6] Aristoteles „Die Nikomachische Ethik“ NE 1095a 30, (Übs. Gigon, Olaf) Fuhrmann, Manfred (ed.) München/1991. Dazu Joachim Ritter („Das Naturrecht bei Aristoteles“ Stuttgart/161, S.23): „Es kann für Aristoteles kein abgesondertes und für sich bestehendes ‚Rechtsprinzip‘ geben, weil es für ihn auch keine vom Ethos gelöste Gesetzgebung in der Polis gibt.“

[7] Siehe dazu: Braun, Eberhard „Aristoteles ‚Politik‘ in: Politische Philosophie ders. u.a.eds.) Reinbek b. Hamburg/1984, insb. S.38ff

bestimmten Staate gilt und unveränderlich ist“[8]. Doch in stärkerem Maße relevant als Aristoteles‘ weiterführende Bemerkungen zur konkreten Gestaltung der austeilenden und ausgleichenden Gerechtigkeit in diesem 5. Kapitel der Nikomachischen Ethik ist im Hinblick auf das Naturrechtsdenken die Grundkonzeption seiner politischen Philosophie. In der interdependenten Teleologie vom Menschen als zoon politikon und der staatlichen Gemeinschaft als gerechtem Staatswesen offenbart sich der Ansatz der praktischen Philosophie als eine Möglichkeit, die sophistische Antithese von Nomos und Physis zu unterlaufen. Denn hier spricht Aristoteles von einer Natur des Menschen, die nur in einer gerechten Gemeinschaft zur Vollendung finden kann. So gilt für ihn: „Das politisch Gute ist das Gerechte und dieses ist das, was der Allgemeinheit zuträglich ist. Das Gerechte scheint nun eine Gleichheit für alle zu sein, und bis zu einem gewissen Grade stimmt dies mit den philosophischen Erwägungen der Ethik überein, denn diese stellen fest, was und für wen etwas gerecht sei, und daß Gleiche Gleiches erhalten sollen („Politik“ 1282b, S.16ff). Aristoteles‘ normativer Begriff von der Polis korrespondiert mit seinen ethischen Untersuchungen zu den Bedingungen eines glücklichen Lebens für den Menschen. Ethik und Politik, die Natur des Menschen und das Ziel staatlicher Gemeinschaft sind in Gestalt der Gerechtigkeit aneinandergebunden, begründet durch Aristoteles‘ teleologische Metaphysik, die als Letztbegründung an die Stelle der Platonischen Ideenlehre tritt. Aristoteles blieb in diesem Punkt den Grundgedankens Platons treu: „Er blieb bei der Überzeugung, daß im Begriff das wahre Wesen und Sein der Dinge erkannt sei, nur daß er dieses begrifflich erkannte Sein nicht in der abgetrennten Idee, sondern in den Dingen selbst zu finden suchte“[9]. Problemstellungen, die sich aus diesem Entwurf ergeben, sind zum einen darin zu sehen, daß Aristoteles‘ Philosophieren zum einen auf dem Hintergrund der historisch-kulturellen Bedingungen gesehen, von einer staatlichen Gemeinschaft in der überschaubaren Größe des athenischen

---

[8] Sauter, Johannes, Die philosophischen Grundlagen des Naturrechts“ Frankfurt a.M./1966, S.41/42

[9] Flückinger, Felix „Geschichte des Naturrechts“ s.o., S.164. Präzisiert mit Flückinger’s Worten: „Allen Dingen wohnt demnach eine Zielstrebigkeit inne, die auf Verwirklichung der ihnen vorgegebenen Form hindrängt, die Form ist

Stadtstaates ausgegangen ist, in der auch nur die geringe Zahl der freien, vermögenden und ausschließlich männlichen Bürger als mündige Subjekte politischen Handelns angesehen wurden. Zum anderen findet sich in seinem teleologischen Ansatz das Problem des logischen Zirkels in Gestalt eines naturalistischen Fehlschlusses wieder, das durch die Gleichsetzung von „Natur" und „Zweck" bedingt ist. Aufgrund dieser metaphysisch begründeten Verknüpfung vermag Aristoteles „(...) ein inhaltliches Kriterium für das, was als vernunftgemäß und daher dem Menschen natürlich gelten soll, nicht nochmals durch einen Rückgriff auf die Natur zu erschließen"[10]. Doch stellt die philosophiehistorische Leistung von Platon und Aristoteles – sei es nun, daß sie aus politisch konservativ orientierten Gründen heraus ihre systematische Analyse menschlichen Denkens und Handelns leisteten oder sei es auch nur, daß die damaligen krisenhaften Erschütterungen der Adelsgesellschaft nur ihren Blick für die Begründungsbedürftigkeit bestimmter sozialer Perspektiven öffnen konnten -, einen unverzichtbaren Anstoß für die darauffolgende Wissenschaftsentwicklung dar, von der wir auch noch heute in der Diskussion des Naturrechtsdenkens profitieren.

---

nicht nur Ursprung, sondern auch Zweck oder Zweckursache der Dinge." (S.164 ebda.)

[10] Schockenhoff, Eberhard „Naturrecht und Menschenwürde", S.26, Mainz/1996. Nach Schockenhoffs Urteil steht dadurch Aristoteles in einer Reihe von Beispielen aus der Geschichte der Soziaphilosophie, „die den Verdacht, ihre normativen Werteinsichten beruhten auf Prämissen, die zuvor in die Struktur der Welt oder die Natur des Menschen hineingelesen wurden, eindrucksvoll bestätigen", wie z.B. Platon. Schockenhoff bezieht sich hier auf die Problematik, die im vorliegenden Werk im Kapitel zum Menschenbild anschaulich dargestellt wurde.

3. Vernunfterfüllte Welt und die Gleichheit der Menschen

Auch die nacharistotelische Philosophie der Spätantike lebt nach dem Zusammenbruch der griechischen Stadtstaaten von der intensiven Rezeption hellenischer Kultur: „Die verlorene politische Hegemonie des Griechentums erhält einen Ersatz in der geistigen Hegemonie des hellenischen Intellekts: In Athen, das kulturelles Zentrum bleibt, treffen sich jetzt Denker und Schüler aus aller Welt und tragen ihre Gedanken hinaus in ferne Länder"[1]. Für die Entwicklung des Naturrechtsdenkens wirkt entscheidend die Schule der Stoa, die ca. 300 v.Chr. von Zeno gegründet wurde und zunächst ihren Sitz in Athen hatte. Kann man die Lehre der Stoa auch als eklektizistisch bezeichnen, so hat sie doch Eigenständiges durch das Bemühen um Beantwortung der offen gebliebenen Fragen der Entwürfe Platons und Aristoteles[2] geleistet. Die Stoa verdankt ihre revolutionäre Kraft vor allem ihrem grundlegend demokratischen Anspruch mit der Behauptung, daß allen Menschen von Natur aus Freiheit und Gleichheit zukomme. So kann man die stoische Ethik in ihrer Ausrichtung gar als „Skalvenaufstand", als eindeutiges „Ressentiment gegen die herrschende Macht„[3] charakterisieren, da das stoische Naturrecht gegen die damaligen politisch-

[1] Rode, Karlheinz „Geschichte der europäischen Rechtsphilosophie" Düsseldorf/1974, S.42

[2] Siehe dazu: Sauter, Johannes, „Die philosophischen Grundlagen des Naturrechts", s.o., S.46 und Forschner, Maximilian „Die stoische Ethik" Stuttgart/1981, S.23.

[3] Sauter, Johannes „Die philosophischen Grundlagen des Naturrechts" s.o., S.52. Im extremen Gegensatz zu dieser positiven Interpretation steht die Wertung der geistesgeschichtlichen Leistung der Stoa bei Karlheinz Rode, der das Weltverständnis der Stoiker sogar als „fatalistisch" kennzeichnet. Mit dem Rückzug in die Innerlichkeit bzw. auf das Privatissimum des tugendhaften Lebens würde die Stoa gegebene soziale Mißstände als Ausdruck der Weltvernunft unhinterfragt akzeptieren (Rode, s.o., S.44). Dies trifft sicherlich zu für die Haltung der älteren Stoa, wird aber von Cicero durchbrochen. Der Gedanke einer abstrakten Gleichheit der Menschen der Stoa bildet unabdingbar die Voraussetzung für eine kritische Perspektive auf Herrschaftsordnung und Bürgerrechte, wie sie sich erst in den folgenden Jahrhunderten entwickeln konnte. Diese geistesgeschichtlich revolutionäre Leistung der Stoa allgemein läßt sich nicht bestreiten. So folgten auch in der christlichen Glaubensgemeinschaft, wie Eberhard Schockenhoff (ders. „Naturrecht und Menschenwürde" Mainz/1996, S.28) bestätigt, „(...) die Kirchenväter in diesem Punkt bis hinauf zu Augustinus im allgemeinen den religiösen Gleichheitsvorstellungen der Stoa und interpretierten die Sklaverei als eine der menschlichen Natur ursprünglich fremde Folge der Sünde."

ökonomischen und juristisch abgesicherten Herrschaftsstrukturen mit seinen Grundüberzeugungen aufbegehrt. Der Entwurf einer universalen Ethik und die Überzeugung des vernunfterfüllten Weltalls, an dem alles Leben partizipiert (Pantheismus), bilden in der Wirkungsgeschichte der Stoa später auch die stärksten Anknüpfungspunkte an die Lehren des Christentums: „Denn es ist ein allen Richtungen der Stoa gemeinsamer Glaubenssatz – im Grunde genommen eine religiöse Überzeugung -, daß das Weltall von einer vernunftbegabten Seele erfüllt ist (griechisch logos, ‚das Wort' oder ‚die Vernunft'), die ihrem Wesen nach gut ist. Ein gutes Leben führen, vollkommenes Glück erreichen, heißt mit anderen Worten, durch die eigene Lebensführung versuchen, Vernunft und Gutsein in Handeln und Verhalten umzusetzen: Damit akzeptieren die Stoiker von Anfang an die Idee eines Naturrechts auf religiöser Grundlage."[4] Mit der Problematik, das Gute inhaltlich eindeutig erkennen und definieren zu können, hat sich Marcus Tulius Cicero als einer der – neben Seneca, und Marc Aurel – einflußreichsten Vertreter der stoischen Schule in seinen Schriften beschäftigt. Der Mensch erscheint ihm als das einzige der Vernunft mächtige Lebewesen, begabt zur Tugend, deshalb gottähnlich und auch fähig, Gott und das ewige Gesetz (lex aeterna) als die Quelle des Naturrechts, das uns leitet, zu erkennen[5]. Darin sind wir alle gleich, ungeachtet unseres sozialen Status im realen gesellschaftlichen Leben, und von dieser Besonderheit her erhält nach Ciceros Überzeugung ein jeder Mensch seine Würde (dignitas). Dem menschliche Subjekt als auserwähltem Lebenwesen ist deshalb auch prinzipiell allgemein einsichtig „(...) das einzige Recht, durch das die menschliche Vernunft gebunden ist und das wiederum in einem einzigen Gesetz fundiert ist, in dem Gesetz, das in der rechten Vernunft des Gebietens und Verbietens besteht"[6]. Aus dieser Perpektive ist die Gleichheit der Menschen, wie auch ihr Anspruch auf Würde eng verknüpft mit der Aufgabenstellung, das, was als richtig und tugendhaft erkannt wird, auch praktisch umzusetzen[7]. Die Gefahr des Stoizismus, sich des Glückes durch eigene

---

[4] Strömholm, Stig „Kurze Geschichte der abendländischen Rechtsphilosophie", S.45 Göttingen/1991

[5] Marcus Tullius Cicero, „Der Staat" Reinbek b. Hamburg/1965, S. 80

[6] ders. „Die Gesetze" Reinbek b. Hamburg/1969, S.15

[7] Honnefelder, Ludger „Person und Menschenwürde" S.221 in ders. u.a.eds. „Philosophische Propädeutik" Bd.2 Ethik, Paderborn/1996, S.215ff.

Tugendhaftigkeit zu versichern, im Trotz zu allen Wirren des gesellschaftlichen, politischen Lebens, sich nicht aktiv in die Geschehnisse einzuschalten, ist in Ciceros Philosophie durch diese Verknüpfung von Würde, Tugend und daraus erwachsenden Pflichten gebannt: „Durch dieses Prinzip des Tätigseins bricht Cicero mit der stoischen Maxime, die Gesellschaft, so wie sie nun einmal ist, nicht in Frage zu stellen"[8]. Die Qualität des Guten selbst gilt Cicero als evident und unabhängig von subjektiven Meinungen, das „Gute" gilt als unveränderlich und allumfassend. Das Naturrecht erhält damit eine neue, nicht nur religiös begründete, sondern auch weltumfassende Dimension, die als Quelle völkerrechtlicher Erwägungen dienlich sein kann.

„... alle Völker und zu allen Zeiten wird ein Gesetz , ewig und unveränderlich , umschließen, und nur ein gemeinsamer Lehrer und Gebieter aller sozusagen wird Gott sein. Er ist der Urheber dieses Gesetzes, der Schiedsrichter, der Antragsteller; wer aber diesem nicht gehorcht, wird selbst sich entfliehen und durch Verschmähung der Natur des Menschen eben dadurch schwer bestraft werden, auch wenn er anderen vermeintlichen Strafen entkommen ist." *M.T. Cicero „Der Staat (Reinbek b. Hamburg./1965, S.25)*

Aufgrund ihrer praktischen Ausrichtung erwuchs der Schule der Stoa, die mit ihrem Namen stets auf den Ort ihres Ursprunges (stoa poikilae/vielfarbige Säulenhalle) in Athen hinwies, eine zentrale Rolle als Handlungsorientierung für die Belange des Römischen Weltreiches. „Aus der stoisch-ciceronischen Tradition stammt denn auch die Formulierung der maßgeblichen Prinzipien des Naturrechts: Neminem laedere, suum cuique, honeste vivere, deum colere, pacta sunt servanda"[9] . Die Stoa bleibt auch in den folgenden Jahrhunderten durch diese geistesgeschichtlichen Leistungen einflußreichste Strömung für die Tradition des material-kodifizierten Naturrechts.

[8] Strömholm, Stig „Kurze Geschichte der abendländischen Rechtsphilosophie", S.63, Göttingen/1991

[9] Honecker, Martin „Einführung in die theologische Ethik", S.112, Berlin/1990

4. Teilhabe am ewigen Gesetz: Der Mensch als Person

Auch Thomas von Aquin (1225-1274) greift - wie Cicero in seiner Konzeption der stoischen Weltdeutung - auf Bestandteile der klassischen griechischen Philosophie, insbesondere die des Aristoteles zurück und verbindet dieses mit christlichem Gedankengut zu einer systematischen Lehre. Das Menschenbild, das Thomas von Aquin entwickelt hat, lehnt sich zum einen an die teleologisch gedeutete Natur des Menschen bei Aristoteles an, zum anderen erfaßt es den Gedanken der Teilhabe des Menschen an einem „ewigen Weltgesetz" (lex aeterna), an dem der Einzelne qua Vernunftbegabung partizipieren kann und dadurch befähigt ist, das von Natur aus Rechte zu erkennen. Von Natur aus kommen demnach den Lebewesen bestimmte Neigungen zu, die insbesondere dem Menschen auch ein Vermögen der praktischen Vernunft vorgeben, mit Hilfe dessen er das von Natur aus Rechte erkennen und beurteilen kann. Während die aristotelische Metaphysik sich noch rein mit einer Ontologie der „Dinge" beschäftigt, wird in der Lehre des Thomas von Aquin das Feld der praktischen Vernunft, das mit den Fragen des moralisch-sittlichen Handelns des Menschen betraut ist, als völlig selbständiger Seins-Bereich konstituiert. Zusammenfassend läßt sich dieser Perspektivenwechsel mit den Worten charakterisieren, daß „Thomas von Aquin (...) die antike Kosmozentrik durch eine christliche Anthropozentrik"[1] abgelöst hat. In einer Art "Ontologie des sittlichen Aktes"[2] überwindet Thomas von Aquin mit dieser Konstruktion den bislang in der philosophisch-theologischen Weltdeutung vorherrschenden 'Primat' der spekulativen Vernunft: „Beide sind von nun an gleichberechtigt, schon wegen ihrer Strukturidentität"[3]. Zu bedenken bleibt jedoch, daß die einzelnen Normen, die der praktischen Vernunft zugänglich sind, nicht von der Eindeutigkeit von Naturgesetzen

[1] Zwick, Elisabeth „Der Mensch als personale Existenz", S.116, St. Ottilien/1992

[2] Kobusch, Theo „Die Entdeckung der Person" Darmstadt/1997, S.39. Kobusch verweist dabei auf die Äußerungen des Thomas von Aquin in der Summa theologica I-II, qq 18-21 (London/1964) und warnt vor einer Fehlinterpretation des moralischen Seins im Sinne einer bloßen relatio relationis (ebda.).

[3] Sauter, Johann „Die philosophischen Grundlagen des Naturrechts", s.o., S.73. Sauter bezeichnet diese Weiterentwicklung als großen Fortschritt in der thomistischen Naturrechtslehre (ebda.)

sein können und in Fragen einzelner Normen der Interpretation bedürftig sind. Für Thomas von Aquin gilt:

„Bonum est, quod appetunt. Hoc est ergo primum praeceptum legis, quod bonum est faciendum et prosequendum et malum evitandum: et super fundantur omnia alia praecepta legis naturae, quae ratio practica naturaliter apprehendit esse bonum humana“[4]

Das oberste Prinzip, das die sog. lex naturalis als Richtschnur in Thomas von Aquins Schriften enthält, klingt kurz gefaßt zunächst wie eine Leerformel: „Das Gute ist zu tun, das Böse zu meiden“. Auf der Basis der erkenntnistheoretischen Voraussetzungen des menschlichen Denkens und Handelns bei Thomas von Aquin stellt das „Naturgesetz“ in dieser Form aber ganz bewußt einen ewigen, unveränderlichen und jedem Menschen zugänglichen Leitsatz der praktischen Vernunft dar, der so allgemein formuliert ist, daß es für konkrete Fragen zu Ableitungen bzw. notwendigen Konklusionen durch *den Menschen selbst in seiner Autonomie und Würde als sittlicher Person* kommen *muß (lex humana)*. „Man muß sich die Tragweite und Bedeutung des Beginns dieser Lehre von der Person im 13.Jh. klarmachen. Hier wird zum ersten Mal der Mensch als Person, d.h. insofern ihm die Seinsweise des esse morale zukommt, mithin der Mensch als Wesen der Freiheit, das als solches Würde besitzt, für die Metaphysik thematisch“[5]. Das Bindeglied zwischen der Freiheit des Einzelnen und den Fragen nach den möglichen Irrungen in der Auslegung des lex naturalis ist das Gewissen des Menschen. Das Gewissen stellt den Einzelnen als sittlich Handelnden nicht nur in ein Verhältnis zu den Mitmenschen, sondern auch in ein „Selbstverhältnis“ hinsichtlich der Folgen seines Handelns. Es geht mithin auch um die Frage der Selbstqualifikation, die Pflicht zur Bildung und um die Möglichkeit, im Laufe der eigenen Biographie erst zur *„Person zu werden“*: „Mit der von

[4] Tomas von Aquin „Summa theologica“ I-II, qq 94, a.2, London/1964.

[5] Kobusch, Theo „Die Entdeckung der Person“, s.o., S.27. Vorbereitet wurde dieser Personenbegriff durch Boethius Charakterisierung der „persona“ als „rationalis naturae individua substantia“ („Contra eutychen et Nestorium“ ,c. III in ders. „Die Theologischen Traktakte“, Elsässer, M. ed., München/1988, die den Menschen als unteilbare und nicht reproduzierbare individuelle Einheit im aristotelischen Sinne der ousia erfaßt. Siehe dazu: Honnefelder, Ludger „Person und Menschenwürde“ in ders. (u.a.eds.) „Philosophische Propädeutik“ Paderborn/1996

Thomas von Aquin entwickelten Thematisierung des Gewissens ist die Struktur der notwendigen subjektiven Vermittlung des objektiven moralischen Anspruchs, oder kürzer ausgedrückt, die der moralischen Verantwortlichkeit explizit geworden, die später mit dem Begriff der Person bezeichnet wird und die der Grund für die besondere Würde der Person darstellt"[6]. Dies ist die große geistesgeschichtliche Leistung[7], die Thomas von Aquin auch im Hinblick auf die Selbstverständlichkeiten der gegenwärtigen Ansprüche der Menschenrechte in die Geschichte des Naturrechtsdenkens einbringen konnte. Als potentieller Kritikpunkt zu beachten bleibt jedoch das „Doppelgesicht"[8] z. B. des „ius gentium" bei Thomas von Aquin, in dem Privateigentum und Sklaverei gerechtfertigt werden als historisch bedingte Einrichtungen zum „Nutzen" des menschlichen Geschlechts, obwohl sie primären naturrechtlichen Prinzipien wie Gütergemeinschaft und menschliche Freiheit zu widersprechen scheinen. Doch gilt Thomas von Aquin „(...) das Naturrecht als durchaus etwas Bewegliches, sich mit der historischen Situation Veränderndes", und nicht etwa das Gebilde eines starren Prinzipienrechts. Das heißt: „Erst, wo sich diese allgemeinen und unveränderlichen Prinzipien mit einem konkreten, geschichtlichen , dennoch aber objektiven Sachverhalt verbinden, kommt Naturrecht zustande"[9]. Als Bestandteil eines ewig gültigen Naturrechts sind deshalb die Äußerungen von Thomas von Aquin

[6] Honnefelder, Ludger „Person und Menschenwürde", S.228. Siehe dazu auch Elisabeth Zwick „Der Mensch als personale Existenz (s.o., S.116, Anm.19) mit Verweis auf Thomas von Aquin „Quaestiones disputatae de veritate" 17,4, Zimmermann, Albert (ed.) Hamburg/1986.

[7] Deutlich zu dieser „epochalen Bedeutung" Richard Heinzelmann („Thomas von Aquin", Stuttgart/1994, S.69): „Wenn man etwa (...) bedenkt, daß die Menschenrechte und jede demokratische Verfassung ihre innere Legitimation allein aus diesem Verständnis des Menschen beziehen und darin ihr eigentliches Fundament haben, dann wird die Bedeutung und Aktualität dieser Wende zum Subjekt unmittelbar einsichtig."

[8] Mit der Formulierung von Johannes Sauter bedeutet dies: „Sein nächstes Ursprungs- und Geltungsprinzip wurzelt im menschlichen Konsens (oder in der Gewohnheit), daneben partizipiert es aber auch an der absoluten Gültigkeit des naturgesetzes, da ja seine erste Prämisse im ewigen Gesetz liegt. Es ist also teils hypothetischer, teils absoluter Natur." (ders. „Die philosophischen Grundlagen des Naturrechts", S.77, s.o.)

[9] Kaufmann, Arthur „Rechtsphilosophie im Wandel" insb. „Naturrecht und Geschichtlichkeit" S.7, Frankfurt a.M./1972

sicherlich überbewertet und fehlgedeutet, doch weist diese Kritik auf die Gefahren hin, die in einer Autonomie des Menschen als historisch und kulturell bedingtes Subjekt in einer „entdiviniserten Welt“[10] begründet liegen.

„(...) lex naturalis est quaedam participatio legis aeterna in nobis: lex autem humana deficit a lege aeterna.“[11]

Während im aristotelischen Entwurf auf dem Hintergrund der teleologischen Konzeption von Sein und Welt Ewiges und Veränderliches auch in den Fragen nach dem Gerechten versöhnt sind, verbleibt im Gedankengut des Thomas von Aquin eine nicht überwindbare Kluft zwischen Gott und der sündigen Welt in ontologischer Differenz. Der Mensch kann selbst durch ein tugendhaftes Leben und die adäquate Gestaltung von Institutionen das letzte Ziel, den Gnadenstand, nicht erreichen. Menschliches Werk bleibt auf einer Vorstufe dazu stehen, jedoch erscheint im Licht des Telos gesellschaftlich als legitimierter Zustand, was historisch bedingt und nicht zuletzt auch aufgrund von Sozial- und Machtverhältnissen vom Menschen in Eigenregie erreicht worden ist. Im kritischen Urteil Troeltsch's heißt dies: „Auf diese Weise ist nun die Welt der sozialen Bildungen rationalisiert und christianisiert und zugleich doch dem höheren absoluten Zweck der mystischen Sittlichkeit als Mittel und Voraussetzung eingegliedert. (...) Die katholische Kultur ist das von der Gnadensittlichkeit ‚formierte‘ (relative) Naturrecht des Sündenstandes“[12]. Im Anschluß zu diesem kritischen Urteil noch ein Versuch eines unvermeidlich nur in groben Linien möglichen Vergleiches des aristotelischen, doch eher implizit bleibenden Naturrechtsansatzes mit dem Ansatz von Thomas von Aquin in einem Schaubild, das nur einige entscheidende Vergleichspunkte wie z.B. Weltbild, Menschenbild, geistesgeschichtliche Leistung, nähere Bestimmung des Naturrechts etc. herausheben möchte.

---

[10] Heinzelmann, Richard „Thomas von Aquin“ s.o., S.66: „Die Welt ist eigenständig, ohne sakrale Nischen, durchgehend profan. Für den Menschen bedeutet solche Eigenwirklichkeit des Geschaffenseins gottbegründete Autonomie im theoretischen wie praktischen Bereich seiner Vernunft.“ (ebda.)

[11] Thomas von Aquin „Summa theologica“qq 96 a2, s.o.

[12] Troeltsch, S.271f „Die Soziallehren der christlichen Kirchen und Gruppen“ Bd.1, S.271f (1912) Tübingen/1994

5. Naturzustand und Staatsvertrag: Paradigmenwechsel in der Naturrechtslehre

Das neuzeitliche Naturrecht wird geistesgeschichtlich vorbereitet durch Entwicklungen der Spätscholastik, die sich kritisch mit dem Naturrechtsdenken des Thomas von Aquin auseinandersetzt und die Veränderlichkeit des Naturrechts im göttlichen Willen, nicht im göttlichen Intellekt verankert sieht: „Voluntas est prima regula" (Duns Scotus). Im klassischen, im Unterschied zu Thomas von Aquins Ansatz nominalistisch orientierten Entwurf des Wilhelm von Okham wird die daraus resultierende, potentiell verunsicherende Relativität des Naturrechts abgefedert durch die Annahme, daß auch die menschlichen Erwartungen einer Veränderung unterworfen sind. Der Bruch, der sich durch diese These des sog. „Voluntarismus" zwischen religiösem Glauben und wissenschaftlich begründetem Wissen für die Menschen eröffnet, bereitet das Auseinandertreten von staatlichem Recht und theologisch begründetem Naturrecht vor, das im 16. Und 17. Jahrhundert in der Säkularisierung seinen Höhepunkt fand. Unterstützt wurde diese Tendenz zudem durch die Überzeugungen der Reformation, die die Wurzel des Glaubens in jeweils individueller Verfügung sahen[1]: „Der Übergang vom Theozentrismus, vormals Schlüssel jeglicher menschlicher Erkenntnis, zum Anthropozentrismus, wie er im 17. Jahrhundert sichtbar wird, ist ein echter Paradigmenwechsel. Seit dieser Zeit ist der Mensch selbst der Ausgangspunkt zur Beantwortung aller Fragen. Gestützt auf seine eigene Beobachtung und auf seine Vernunft findet er nunmehr von sich aus die Erklärung des weltlichen Universums"[2]. Begleitet wird diese Perspektivenänderung von einem neuen „Natur"-Verständnis, das für die Menschen nicht mehr die Orientierung für Regeln und Gesetze des menschlichen Zusammenlebens qua Telos oder Schöpfung in sich trägt, sondern „Natur" schrumpft in seiner Bedeutung zum bestimmungslosen Objekt menschlichen Denkens und Handelns. Der Wissenschaftler dieser Epoche erfährt seine Macht und Autonomie in der intensivierten Entdeckung von Naturgesetzen und technischen Erfindungen. Der Fortschrittsglaube wird zum tragenden Gedanken: Der Mensch kann sich nicht nur selbst bestimmen, er vermag auch seine

[1] Dazu Strömholm,Stig „Kurze Geschichte der abendländischen Rechtsphilosophie", s.o. S.138: „Die Menschen hatten ihr religiöses Geschick in die eigenen Hände genommen. Die Kraft einer anonymen Tradition war unwiderruflich gebrochen."

[2] Raes, Jean „Die Säkularisierung", S.15 in: Kerber, Walter (ed.) „Säkulariserung und Wertewandel" München/1986

Lebensbedingungen zu verbessern, sich vielleicht sogar allumfassendes Wissen über die Welt und ihre Gesetze aneignen, sich selbst und die Natur beherrschen. Die geschilderten Umwälzungen und Erneuerungen ereignen sich dementsprechend und bekanntermaßen nicht allein auf der Ebene natur- oder geistesgeschichtlicher Entwicklungen[3], sondern wirken in eins mit wirtschafts-, sozial- und verfassungsgeschichtlichen Phänomenen, die entscheidende Grundlagen für die Entstehung des modernen Staates und die Erklärung der Menschenrechte bildeten. Die Entwicklung von mechanischen Webstühlen, Manufakturen, neuer Formen von Produktion, neuen Arbeitsverhältnissen und die Entstehung einer kapitalistischen Tauschgesellschaft verlangen nicht nur eine Freisetzung von Arbeitskräften aus traditionellen Herrschafts- und Sozialbindungen, sondern ermöglichen auch das Erstarken des Individualismus, die Hoffnung auf Freiheit und Gleichheit für alle. Die explosive Entwicklung von Naturwissenschaft und Technik, die grundlegende Veränderung des ökonomischen Systems in dieser Zeit übt deshalb nicht zuletzt starken Einfluß auf das sich wandelnde Selbstverständnis des Menschen auch im Rahmen der politischen Verhältnisse, der vorgegebenen traditional legitimierten Herrschaftsordnungen des Feudalismus aus. Historisch gesehen ebenfalls ein „(...) sehr bedeutender Faktor für die Zukunft Europas war die Amerikanische Revolution von 1776 und die Entstehung eines neuen Staates mit einer republikanisch föderalistischen Verfassung, der in einigen Hauptprinzipien des reformierten Naturrechtsdenkens (Freiheit und Gleichheit aller Menschen) und der zeitgenössischen verfassungsrechtlichen Konzeptionen (insbesondere denen Montesquieus) seine Grundlage hatte"[4]. Der große Einfluß auf die französischen Eliten, sowie die innerstaatliche, gesellschaftlich-wirtschaftliche Krise Frankreichs begünstigten die 1789 beginnende Französische Revolution, in deren Folge von der Nationalversammlung am 26. August 1789 eine Deklaration der Menschen- und Bürgerrechte verfaßt wurde. Als Leitlinien für die neue Verfassung sollte dieser Katalog von Rechten die erfahrenen politischen und sozialen Mißstände in Zukunft verhindern.

---

[3] Siehe dazu auch Oestereich, Gerhard („Die Idee der Menschenrechte", Berlin/1963), der prägnant in vier Punkten (S.23) die Wandlung des Naturrechtsdenkens in diesem Zusammenhang umschreibt.

[4] Strömholm, Stig „Kurze Geschichte der abendländischen Rechtsphilosophie", S.167, s.o.

Die Entstehung des modernen Staates und des „säkularen" Naturrechts läßt sich nach Böckenförde aber auch noch tiefergehend in Absetzung von diesen konkreten umwälzenden Vorgängen im Feld der Politik in ihren historischen Voraussetzungen bis hin zum Investiturstreit (1057-1122) als Phänomen „prinzipieller Säkularisation" zurückverfolgen: „In ihr wurde die alte religiös-christliche Einheitswelt des orbis christianus in ihren Fundamenten erschüttert und die Unterscheidung und Trennung von ‚geistlich' und ‚weltlich', seither ein Grundthema der europäischen Geschichte gebrochen"[5]. Die zweite Stufe der Säkularisation, die Böckenförde mit der Glaubensspaltung benennt, führte zu der Grundfrage der politischen Rahmenbedingungen des Zusammenlebens der Konfessionen, die Religionsfrage wurde zum Gegenstand der Politik, die Trennung der Politik von der Religion, die Trennung von Kirche und Staat erwuchs als Antwort auf diese Frage. Am deutlichsten spiegelt sich dies in dem Naturrechtsentwurf von Thomas Hobbes (1588-1779) wieder, der in diesem Sinne als revolutionär bezeichnet werden kann: „Nicht daß Hobbes der erste neuzeitlich Denker gewesen wäre, der sich vom Bann des klassischen Denkens gelöst hätte. Schon lange vor ihm hatte Bodin die Lehre von der Souveränität aufgestellt und Grotius das Naturrecht von der Bindung an Gott befreit. Aber während sich alle diese Ansätze auf Teilkorrekturen innerhalb des Systems der klassischen Episteme beschränkten, zielten Hobbes' Überlegungen auf eine Revolutionierung dieser Episteme selbst, weil er in ihr nur mehr eine Ursache des Bürgerkriegs zu sehen vermochte"[6]. Das Naturrecht, das nach Hobbes dem Menschen das Recht auf alles, was seiner Selbsterhaltung förderlich ist, zuspricht, überläßt die Menschen einer permanente Kriegsführung gegeneinander. Ein Zustand, der nur zu beenden ist, indem ein jeder unter Aufsicht einer Kontrollinstanz bereit ist, eben dieses Recht

---

[5] Böckenförde, Ernst-Wolfgang „Die Entstehung des Staates als Vorgang der Säkularisation", S.77 in: Erbracher Studien „Säkuarisation und Utopie" Stuttgart/1967, S.75ff

[6] Breuer, Stefan „Sozialgeschichte des Naturrechts", S.309, Opladen/1983. Breuers Sozialgeschichte zeichnet vor allem auch den Zusammenhang der ökonomischen und sozialen Entwicklungen als verantwortlich für bestimmte geistesgeschichtliche Neuerungen, wie z.B. der Naturrechtsentwürfe der Reformatoren oder eben Thomas Hobbes'. Die vorliegende, wesentlich weniger gründlich arbeitende historische Zusammenfassung geht jedoch von einer Vielzahl und vor allem auch von der Interdependez geistesgeschichtlicher, ökonomischer, sozialer und politischer Entwicklungen aus, bei der jeweils nur bestimmte Perspektiven bewußt hervorgehoben werden.

abzugeben. Im Unterschied zum Tier kann der Mensch sich hier die nur ihm zu eigene Vernunft[7] zunutze machen: Mit dieser Konstruktion einer grundlegend „systematischen und methodischen Bedeutung der Lehre vom Naturzustand“[8] wandelt sich in der Neuzeit das Gesicht philosophischer Begründung des Naturrechts durch Hobbes zur Gestalt der Vertragstheorie, die wir bis hin zu Kant verfolgen können. Im Hobbes‘schen Ansatz entscheiden sich die Menschen auf dieser Basis zur Sicherung eines langfristigen Friedens, gemeinsam einen Vertrag zu schließen, um daraufhin ohne Todesfurcht und ungestört, weil in geregelten Bahnen, ihren eigenen Interessen nachgehen zu können. Die dabei enthaltenen Friedensartikel (articles of peace), repräsentieren keine moralischen Gesetze, sondern nur allgemeine Regeln als „Ausdruck allein der menschlichen Ratio in Anwendung auf das Problem der Friedensstiftung“[9]. Sie eröffnen den Weg aus dem permanenten Krieg der Menschen untereinander. Mit Hobbes‘ Worten:

„So entsteht der große Leviathan oder, wenn man lieber will, der sterbliche Gott, dem wir allein Frieden und Schutz zu verdanken haben. Dieses von allen und jedem übertragene Recht bringt eine so große Macht und Gewalt hervor, daß sie die Gemüter aller zum Frieden sich gern geneigt gemacht und zur Verbindung gegen auswärtige Feinde leicht bewogen werden.“[10]

In diesem vertragstheoretischen Entwurf vertritt Hobbes einen radikalen Positivismus: Nicht etwa sittliche Kriterien, Fragen der Gerechtigkeit sollen das Zusammen-

---

[7] Damit ist jedoch nicht, wie oft irrtümlich dem Hobbes'schen Menschenbild vorgeworfen, festgelegt, daß der Mensch dem Mitmenschen gegenüber grundsätzlich negativ gesinnt ist. Wie Bernd Ludwig („Neuzeitliche Staatsphilosophie und das Erbe des Christlichen Naturrechts“ S.22 in: IfS 4 , München/1997, S.1ff) durch Erläuterung des entscheidenden Momentes dem „maßgeblichen Einsatz der Vernunft“ in Gestalt einer Antizipation des kommenden Guten oder Übels im Hobbeschen Konzept hervorhebt, bleibt hier der „(...) einzelne Mensch (...) ‚charakterlich‘ freigesetzt, es liegt an ihm selbst und insbesondere an den äußeren Umständen, welche ‚dispositions‘ er zukünftig ausbilden wird, d.i. ob er durch den Gedanken an seinen zukünftigen Hunger heute schon hungrig wird, oder ob er auch durch den Gedanken an den leidenden Nachbarn selber leidet.“.

[8] Siehe dazu Hoffmann, Hasso „Zur Lehre vom Naturzustand in der Rechtsphilosophie“, insb. S.20f, in: Brandt, Reinhard (ed.) „Rechtsphilosophie der Aufklärung“ Berlin/1982, S.12ff.

[9] Ludwig, Bernd, S.27, s.o. , d.h..„Hobbes ersetzte (...) das Moment der göttlichen Ratio (bzw. seines Intellekts) in den ‚leges naturae‘ durch die menschliche ‚science of good and evill‘. (S.35 ebda.)

[10] Hobbes, Thomas „Leviathan“ XVII. Kap.

leben der Menschen durch diesen Vertrag regeln, sondern es soll nur der „Krieg aller gegen alle“ („bellum omnium erga omnes“) vermieden werden. Frieden bedeutet in diesem Sinne nur die bloße Abwesenheit von Krieg (negativer Frieden), nicht etwa eine Entwicklung zum Besseren des Menschengeschlechts, wie wir es bei anderen Theoretikern erleben werden. Vor dem Hintergrund der oben ausgeführten politischen und sozioökonomischen Umbrüche dieser Zeit wird diese radikale Ausrichtung bei Hobbes verständlich: „Das Ende der alten theokratischen und legitimistischen Monarchie sowie das Vordringen bürgerlicher Erwerbsinteressen zeigten dem theoretischen Denken, daß die Grundlagen einer traditionellen und zugleich göttlichen Gesamtordnung des weltlichen Lebens brüchig geworden waren. In dieser Lage konnten nicht mehr überpositive Prinzipien, sondern nur noch diesseitige menschliche Ziele und Interessen eine theoretisch überzeugende Legitimitätsgrundlage für die zeitgenössische gesellschaftliche Ordnung und das Recht abgeben“[11]. Das oberstes Naturgesetz bei Hobbes findet sich nicht in einem natürlich vorgegebenen Telos menschlichen Seins, sondern die lex naturalis besteht schlicht in der Vorschrift oder Regel, nichts zu tun, was der Selbsterhaltung des Einzelnen schädlich wäre. An diesem Punkt endet auch die Vorherrschaft der Staatsgewalt gegenüber dem Untertanen, die jedoch des weiteren nicht durch demokratisch orientierte Strukturen und Institutionen, wie etwa die Gewaltenteilung, begrenzt wird. Interessant wird diese Problematik der Übertragung von Rechten an eine absolutistisch gestaltete Staatsmacht, wenn man zum einen bedenkt, daß die vorausgesetzte allseitige Vertragserklärung eine Fiktion bleiben muß und zu einem einnseitigen Herrschaftsverhältnis führt: „Der Souverän selbst ist (...) mit denjenigen, die ihn autorisieren, keine rechtliche Verpflichtung eingegangen; durch seine Handlungen kann er daher nie Unrecht tun. Indem die Konstitution des Souveräns durch die vielen einzelnen von Hobbes als Autorisation bestimmt wird, ist eine kontinuierliche Mitbestimmung ausgeschlossen“[12]. Zum zweiten ist zu bedenken, daß der Naturzustand wie bei allen weiteren Vertragstheoretikern dieser Zeit eine hypothetische Konstruktion darstellt. An diesem Punkt setzt die Kritik von Jean-Jacques Rousseau

[11] Rosenbaum, Wolf „Naturrecht und positives Recht“, S.263 Darmstadt/1978

[12] Maluschke, Günther „Philosophische Grundlagen des demokratischen Verfassungsstaates“ München/1982, S.41. Dazu auch: Adomeit, Klaus „Rechts- und Staatsphilosophie“ Bd II “Rechtsdenker der Neuzeit“, insb. S.46: „Wer sich beklagt, beklagt sich über seine eigene Tat.“

(1712-1778) an Hobbes Entwurf ein. Hier beweist sich, was Panajotis Kondylis mit den „zweideutigen Folgen des Primats der Anthropologie" im Naturrechtsdenken der Aufklärung umschreibt: „Da die anthropologische Problematik bei der Loslösung vom Denk-rahmen der alten Weltanschauung eine so wichtige Rolle spielte, so mußte sich eben deswegen auch die Umwandlung des Rationalisierungsprozesses der neuen in einen neuen weltanschaulichen Kampf in ihrem Zeichen vollziehen. Wenn die Menschenidee im ideologischen Felde vorherrscht, dann müssen sich die weltanschaulichen Kämpfe an ihrer Auslegung entzünden, wie es im übrigen vorher mit der Gottesidee der Fall war"[13].Rousseau nun wirft Hobbes vor, in seiner Umschreibung des Naturzustandes nicht etwa den natürlichen Menschen erfaßt, sondern diesen gemäß seinen Zeitgenossen, also gemäß einem historisch bedingten, durch Zeitumstände bereits geprägten Menschen beschrieben zu haben. Rousseau strebt hingegen in seinen Schriften an, von dem sozial und gesellschaftlich geprägten Menschen allgemein zu abstrahieren. Mit der geschichtlichen Perspektive der Menschwerdung, die an die Stelle eines zeitlos festgeschriebenen So-Sein des Menschen rückt, durchbricht Rousseau folgenreich die bislang theologisch oder philosophisch begründete Identität von Natur- und Vernunftgesetz. Der von Rousseau in der preisgekrönten Schrift „Diskurs über den Ursprung und die Grundlagen der Ungleichheit unter den Menschen"[14] beschriebene autarke und unschuldige Mensch lebt zunächst in glücklicher Harmonie mit seiner Umwelt, doch die Eigenschaften der amour de soi und der pitié sind nicht ausreichend, um im Rahmen des gesellschaftlichen Lebens Handlungsorientierung zu leisten. Der Mensch muß, einmal aus dem Naturzustand herausgefallen und durch die sozial bedingten Haltungen von Eitelkeit und Neid in Zwietracht mit seinen Mitmenschen geraten, erst lernen, sich

---

[13] Panajotis Kondylis „Die Aufklärung im Rahmen des neuzeitlichen Rationalismus" Stuttgart/1986,), S.147. Kondylis demonstriert hier, insb.in Kap.II, 3c „Das Naturrecht des 17. Jahrhunderts und die drei logischen Grundmöglichkeiten des neuzeitlichen Rationalismus" (S.147ff) diese weltanschauliche Auseinandersetzung zwischen radikalem Normativismus (Werte als ontologisch im Menschsein vorgegeben) gemäßigtem Normativismus (Trennung zwischen Geist und wertneutraler Sinnlichkeit) und der Position des Dezisionismus (Werte als inhaltlich veränderliche Produkte menschlicher Setzung), am Beispiel Grotius, Pfufendorf und Hobbes, wobei hier aus redaktionellen Gründen auf die beiden Positionen, die Hobbes' Naturrechtsentwurf gegenübergesstellt werden, nicht weiter eingegangen werden kann.

mit Hilfe von Vernunft und Freiheit zu einer sittlichen Gemeinschaft zusammenzufinden. Die politische Gemeinschaft wird als sittliche Gemeinschaft angestrebt, der die Entwicklungsmöglichkeit des Einzelnen zu einem, reine Eigeninteressen und egoistischen Lustempfinden überwindenden Staatsbürger vorausgesetzt ist. Zu beachten jedoch ist dabei: „Rousseau will mit seiner Lehre vom Menschen und dessen Gesellschaftsvertrag nicht in die Nähe von Kunstakt und künstlichem Vertrag geraten. Der Mensch ist Natur plus Kunst (Kultur). So auch der Vertrag. (...) Die Natur läuft nicht einfach ab. Es liegt keine Teleologie vor. Das Ziel ist nicht vorkonstruiert. Indessen kann der Mensch, insofern er Wille ist, seine eigene Natur hervorbringen"[15]. Damit jedoch die sittlichen Qualitäten des Menschen im Rahmen des Contrat Social an die Stelle des Instinktes treten können, ein Pflichtempfinden an die Stelle der reinen Triebe tritt, muß Erziehungsarbeit durch den Gesetzgeber die Menschen führen. Die Gefahr der Despotie wird scheinbar durch diese „Leitungsfunktion" wieder heraufbeschworen, die dann in Gestalt von ideologisch verbrämten Volksdiktaturen[16] im „Contrat Social", dem Hauptwerk von Rousseau, den Einzelnen dem vermeintlichen Gesamtwillen unterwerfen könnte: „Der Zwang den im Emile der Erzieher im Interesse der Autonomie des vom Gewissen geleiteten Menschen anwendet, findet seine Entsprechung im Contrat Social, in welchem dem Staat (etát) das Recht zuerkannt wird, den als eine moralisch-metaphysische Wesenheit verstandenen Gemeinwillen (volonté générale) auch gegen den Bürger durchzusetzen, der diesem seine Zustimmung verweigert"[17]. Doch Rousseau sieht demgegenüber einen unabdingbaren konstitutiven Zusammenhang von Moral und Politik. So äußert er sich in seinem Erziehungsroman „Emile oder Über die Erziehung" (1762), Buch IV, der zeitgleich mit dem Contrat Social entstand, in einer grundlegenden Feststellung, die durchaus auch gegen den Hobbesschen Positivismus gerichtet ist: **„Man muß die Gesellschaft durch die Menschen und die Menschen durch die Gesellschaft**

---

[14] Eine kritische Ausgabe des Textes(1755) findet sich unter dem Titel „Diskurs über die Ungleichheit" von Heinrich Meier Paderborn/1984.

[15] Baruzzi, Arnold. Einführung in die politische Philosophie der Neuzeit" Darmstadt/1983, S.205.

[16] Siehe dazu Abromeit, Klaus („Rechts-und Staatsphilosophie" Bd. II, s.o., insb. S.87), er wirft Rousseau die „typische totalitäre Illusion und Täuschung" vor: "Die Volksdemokratien, die in diesem Jahrhundert das östliche Europa beherrschen durften, 1945-90, hatten hier ihre Philosophie".

[17] Röhrich, Wilfried „Denker der Politik" Opladen/1989, S.58.

studieren. Wer Politik und Moral getrennt behandeln will, wird keine von beiden jemals verstehen.“
Damit wehrt sich Rousseau gegen eine bloße Instrumentalisierung des Menschen, wie er auch im Contrat Social selbst die Gefährdung der Hauptgegenstände der Gesetzgebung „Freiheit“ und „Gleichheit“ der Menschen mit dem Hinweis auf die unauflösliche Interdependenz von Gemeinwohl und Gesetz verurteilt[18]. Er will diese durch eine gegenseitige Verpflichtung von Öffentlichkeit und Einzelnem, durch Gewaltenteilung abgesichert sehen. Basis ist, „daß jeder Einzelne, indem er sozusagen mit sich selbst einen Vertrag schließt, sich in doppelter Hinsicht verpflichtet findet, nämlich als Glied des Souveräns gegenüber dem Einzelnen und als Glied des Staates gegenüber dem Souverän“[19]. Die reale Umsetzung von Freiheit und Gleichheit in der bürgerlichen Gesellschaft sieht Rousseau durchaus kritisch und ist damit seiner Zeit fast einen Schritt voraus. Doch den entscheidenden Schritt zur Entwicklung einer sittlichen Gemeinschaft hat der Mensch in seinen Augen bereits getan und steht nun in der Verantwortung, seine positiven Möglichkeiten zu realisieren.

„Der Übergang vom Naturzustand zum bürgerlichen Stand und sein Gewinn für den Menschen

„Obgleich er sich in diesem Stand mehrerer Vorteile beraubt, die er von Natur aus hat, gewinnt er dadurch so große andere, seine Fähigkeiten üben und entwickeln sich, seine Vorstellungen erweitern, seine Gefühle erweitern sich, seine ganze Seele erhebt sich zu solcher Höhe, daß er – würde ihn nicht der Mißbrauch dieses neuen Zustandes oft unter jenen Punkt hinabdrücken, von dem er ausgegangen ist – ununterbrochen den glücklichen Augenblick segnen müßte, der ihn für immer da herausgerissen hat und der aus einem stumpfsinnigen und beschränkten Lebewesen ein intelligentes Wesen und einen Menschen gemacht hat.“

Jean-Jacques Rousseau „Contrat Social“

[18] Ulrich Druwe(„Politische Theorie“, Neuried/1995, S.162f) faßt hingegen Rousseaus Staatskonzept „als Ideal oder, auf der Basis eines absoluten Vernunft- und Moralbegriffs, als Modell“ (S.162 ebda.) auf und tritt der vorliegenden liberalen Interpretation des Rousseauschen Naturrechtskonzeptes entgegen. Nach seinem Urteil ist mit dem Modellcharakter auch die Rezeption Rousseaus Werk als Grundlage totalitärer Systeme, die oben erwähnt wurde, obsolet, da hier fälschlicherweise der Status einer empirischen Theorie vorausgesetzt wäre.

[19] Rousseau, Jean-Jacques „Contrat Social“, I. Buch, Stuttgart/1977

6. Friedliche Koexistenz der moralisch selbstverpflichteten Individuen

Als letzten Vertreter des Naturrechtsdenkens in der europäischen Geschichte der Rechtsphilosophie möchte ich Immanuel Kant (1724-1804) vorstellen. Kant als der „Vollender von Hobbes und Rousseau“[1] schuf mit seinen Werken den geistesgeschichtlichen Boden für die Entwicklung des deutschen Idealismus, wie auch für die Entwicklung des freiheitlich-demokratischen Rechtsstaaates und des internationalen Völkerbunds der Vereinten Nationen. „Vernunft“ und „Freiheit“, die Grundpfeiler seines Philosophierens, scheinen sich zu seiner Zeit zunächst als Leitmotiv der Französischen Revolution erfolgreich zu realisieren und ziehen auch andere Gelehrte Deutschlands in ihren Bann. Das 18. Jahrhundert als „Jahrhundert der Philosophie“ bricht emphatisch auf, die Welt als Ganzes mit Hilfe der Vernunft zu erforschen, um der Selbstbestimmung des Menschen in einer vollkommenen Ordnung Wege zu weisen. Auch als die Revolution in Frankreich in Terror umschlägt, hält die deutsche Philosophie an diesem Forschungsprogramm fest, das die Hoffnung auf ein friedliches Zusammenleben der Menschen in einer sittlichen Gemeinschaft widerspiegelt. Kant, der selbst im Laufe seines Lebens kaum aus Königsberg herausgekommen war, widmet sich in kritischer Absicht diesem Projekt. Von Dogmatismus und speziell auch dem erkenntnistheoretischen Sensualismus sich absetzend, vollzieht Kant eine für die Philosophie und Ethik bahnbrechende kopernikanische Wende[2] und erforscht philosophisch-systematisch die Bedingungen der Möglichkeit von Erkenntnis selbst. Auf dieser Basis stellt er seine grundsätzlichen Fragen weltbürgerlicher Philosophie: „Was kann ich wissen? Was soll ich tun? Was darf ich hoffen?“ und „Was ist der Mensch?“. Für das rechtsphilosophische Denken begründet diese radikale Analyse der Erkenntnis entscheidende neue Elemente: „Die Nichterkennbarkeit des Dings an sich setzt den naiven Behauptungen über die eigentliche Beschaffenheit

[1] Siehe dazu den Aufsatz von Geismann, Georg „Kant als der Vollender von Hobbes und Rousseau“ in „Der Staat“ (Zs) 21/1982, S.161ff: Die Basis für die Verbindung beider Ansätze sieht Geismann in der rein rationalen Fassung des Rechts- und Freiheitsbegriffes bei Kant, durch die „(...) der Rousseausche Contrat social mit Hilfe der Hobbesschen juridischen Analyse des Naturzustandes“ das rechtliche Fundament erhält (ebda. S.180).

[2] Bereits René Descartes bricht mit der Annahme, daß das Philosophieren die uns umgebende Welt als tatsächlich gegebene Wirklichkeit voraussetzen kann. Das

der Wirklichkeit, die im Naturrechtsdenken eine so große Rolle gespielt hatte, ein Ende". Zum anderen verdeutlicht sich in Kant's Untersuchungen, daß die Begriffe „Seele", „Welt" und „Gott", die zentrale Positionen in Naturrechtsentwürfen der Vergangenheit innehatten, außerhalb jeder wissenschaftlichen Erkenntnis stehen und „vom Menschen beim Gebrauch seiner geistigen Fähigkeiten nur als Hilfsmittel für die Deutung der Wirklichkeit verwandt werden"[3]. Kant's Perspektive bestätigt jedoch die Idee „(...) einer mit dem natürlichen Rechte der Menschen zusammenstimmende(n) Konstitution: daß nämlich die dem Gesetz Gehorchenden auch zugleich, vereinigt, gesetzgebend sein sollen", die allen Staatsformen zugrunde liege. Kant gibt sogar seiner Hoffnung Ausdruck, daß dieses Recht gemäß der Vernunft, das „ (...) gemeine Wesen, welches ihr gemäß durch reine Vernunftbegriffe gedacht, ein platonisches Ideal heißt (respublica noumenon), (...) nicht ein leeres Hirngespinst" sei, sondern, daß es die ewige Norm für alle bürgerliche Verfassung überhaupt darstelle und sogar in langfristiger Sicht fähig sei, allen Krieg zu entfernen[4]. Im Grunde genommen folgt Kant hier mit seinem ausdrücklich hypothetisch konstruierten Vertrag[5] als Basis des menschlichen Zusammenlebens „(...) Rousseaus Lehre vom Gesellschaftsvertrag und erweitert sie, denn für ihn basiert „ (...) die soziale Übereinkunft (...) nicht auf natürlichen Verpflichtungen zum gesellschaftlichen Handeln, sondern auf der selbstverpflichtenden Kraft praktisch-gesetzgebender Vernunft"[6]. Zugrundeliegend ist das

einzig uns eindeutig erfahrbare Objekt ist das denkende Individuum selbst („Cogito, ergo sum") als Ausgangsbasis aller Untersuchungen.

3 Strömholm, Stig „Kurze Geschichte der abendländischen Rechtsphilosophie", s.o., S.246

4 Kant, Immanuel „Der Streit der Fakultäten", 2.Abschn., S.364 in Kant, Immanuel „Schriften zur Anthropologie, Geschichtsphilosophie, Politik und Pädagogik" Frankfurt a.M./1996

5 Dazu Maluschke, Günther („Philosophische Grundlagen des demokratischen Verfassungsstaates" München/1982): „Durch die ausdrückliche Unterscheidung eines ideellen bzw. hypothetischen Kontraktualismus von der Realbetrachtung des Staates vermeidet Kant, sich dadurch positiv von Rousseau abhebend, die Konfundierung zweier verschiedener Dimensionen (...), S.107. Allerdings begründet Kant damit einen ideellen Beurteilungsmaßstab für die Gesetzgebung, „der in erster Linie durch die Gesetzgebungsinstanz, die gewöhnlich nicht in der Hand des Volkes selbst liegt, zu handhaben ist" (ebda. S.108), dessen Adressat ein Souverän in Absonderung vom Volk zu sein scheint.

6 Hartung, Gerald „Die Naturrechtsdebatte" München/1998, S.203. Siehe dazu auch Johann Sauter („Die philosophischen Grundlagen des Naturrechts", S.217,

Menschenbild Kants, in dem er den Menschen durch einen, seinem Wesen innewohnenden Antagonismus zur Verfassung einer „das Recht verwaltenden Gesellschaft“ getrieben sieht. Die „ungesellige Geselligkeit“ des Menschen, d.i. zum einen die Neigung, sich zu vereinzeln, zum anderen die angeborene Eigenart, sich dennoch wohl zu fühlen in der Gesellschaft von anderen Mitgenossen, „(...) die er wohl nicht leiden, aber auch nicht lassen kann“, führt den Menschen zunächst in einen Wettbewerb mit den Mitmenschen. Hier, in diesem Zwiespalt, findet die Kultur des Menschen ihre Wurzeln: Da „(...) werden alle Talente nach und nach entwickelt, der Geschmack gebildet, und selbst durch fortgesetzte Aufklärung der Anfang zur Gründung einer Denkungsart gemacht, welche die grobe Naturanlage zur sittlichen Unterscheidung mit der Zeit in bestimmte praktische Prinzipien, und so eine pathologisch abgedrungene Zusammenstimmung zu einer Gesellschaft endlich in ein moralisches Ganze verwandeln kann“[7]. Diese Vorstellung eines sittlich qualifizierten Fortschritts des Menschengeschlechtes beruht auf der Annahme, daß der Mensch fähig und willens ist, sich selbst auf der Basis von Pflichtgefühl mit Hilfe der Vernunft in seinen Handlungen zu beschränken und zu maßregeln. Dreh- und Angelpunkt dieser Voraussetzung ist die Idee der Personalität, die unaufgebbare Freiheit des Menschen als Basis seiner Selbstbestimmung. Der „Kategorische Imperativ“, den Kant in seinen Untersuchungen als Orientierung für diese Selbstbestimmung in Gestalt einer freiwilligen Selbstbeschränkung erarbeitet, leistet eine moralisch-sittliche Abstimmung der Menschen zueinander in formaler Weise, da sich nach Kant jede materiale Bestimmung von Moralität dem Kriterium der Verallgemeinerbarkeit (Universalisierung) sperren würde. Materiale Bestimmungen wie die sinnlichen Neigungen der Subjekte würden die Menschen nur in ein Verhältnis von Uneinigkeit und Gegensätzlichkeit zueinander versetzen. Doch diese Konstruktion ist gleichsam eine bewußte Überforderung des Menschen, den auch Kant nicht nur als vernunftgeleitetes, sondern auch als empirisches Wesen, d.h. „als Bürger zweier Welten“ auch von anderen Emp-

---

Frankfurt a.M./1966): „Es ist eine ganz hohe Rechtfertigung für Rousseau, daß Kant und auch seine Nachfolger in den Spuren seiner Naturrechtslehre wandeln. Neben Rousseau stellen sie sich in die Front derer, welche die Rechte ‚zurückfordern‘, welche Hobbes samt und sonders den Machthabern im Staate überantwortet hatte.“

findungen als der Pflicht in seinen Handlungen getrieben sieht. Die Spannung zwischen dem, was sein sollte, und dem, was menschenmöglich ist, bleibt jedoch unaufhebbar. Doch durch die Kantische Konstruktion ist die „(...) unendliche Spannung zwischen Sein und Sollen (...) vielmehr in den Menschen hinein verlagert. Es ist reine Vernunft, die immer meine Vernunft ist, welche mich dem Anspruch dieses uneinholbaren Sollens unterstellt. Und es ist diese Spannung im Menschen, aus der der Mensch für Kant seine einzigartige Würde gewinnt“[8]. Würde steht dem Menschen zu in der Verwirklichung seiner inneren Freiheit, in dem Praktischwerden der selbstgesetzgebenden reinen Vernunft, d.h. in der oben beschriebenen ethischen Selbstverpflichtung. Die vorausgesetzte „Freiheit“ stellt das einzige Natur- bzw. Menschenrecht dar, das Kant in seinen Untersuchungen als „ursprüngliche(s), jedem Menschen kraft seiner Menschheit zustehende(s) Recht“[9] anerkennt. In seiner zentralen Schrift „Zur Metaphysik der Sitten“ ist die transzendentale Freiheit der Seinsgrund, des Sitten- wie auch des Rechtsgesetzes, die zur Regelung der inneren Freiheit (Moral) und der äußeren Freiheit (Recht) des Menschen als notwendig erachtet sind. Beide Begriffe der Freiheit bedingen einander, so daß man sagen kann, daß Kant Freiheit als „(...) Ganzes versteht, indem die einzelnen Freiheiten aufeinander bezogen sind“[10]. Die individuelle Dimension von Freiheit (Moral) bleibt auf die gesellschaftliche Dimension von Freiheit in Gestalt einer rechtlich verfaßten Gemeinschaft von freien und gleichen Staatsbürgern angewiesen, wenn sich der Fortschritt der Menschheit zum Besseren realisieren soll. Freiheit ist damit nicht mehr nur ein Recht, das ein Mensch aufgrund seiner „Menschheit“ besitzt, sondern es charakterisiert ein Bedingungsverhältnis, unter dem die Menschen miteinander in rechtlich abgesichertem Rahmen verkehren. Die Sphären von Moral und Recht, des guten, tugendhaften Lebens und der Gerechtigkeit gemäß dem Vernunftrecht sind hier eindeutig - wie in der Entwicklung des modernen Staates selbst - auseinandergetreten. Auf dieser Grundlage verändert sich auch das Verständnis dessen, was der Staat zu leisten

[7] Kant, Immanuel „Idee zu einer allgemeinen Geschichte in weltbürgerlicher Absicht“ (A 393/394), S. 38 in ders. „Schriften zu Anthropologie...“ s.o.

[8] König, Siegfried „Zur Begründung der Menschenrechte: Hobbes – Locke - Kant“ Freiburg i.Br./1994

[9] Kant, Immanuel „Grundlegung zur Metaphysik der Sitten“, Gesammelte Schriften Bd.VI, S.237

habe: Der Staat dient vornehmlich dem Schutz der Freiheit der Person, die der Grund seiner Würde ist. Zur Gewährleistung dieser Funktion ist wie bei Montesquieu auch in dem Entwurf von Kant die Institutionalisierung einer Gewaltenteilung vorgesehen. Die Prinzipien der „Freiheit", „Gleichheit" und „Selbständigkeit" der Bürger, die durch die Gesetze bewahrt werden sollen, scheinen jedoch nur auf den ersten Blick unseren modernen Verfassungsprinzipien zu entsprechen. Problematisch ist bei dieser Konkretisierung einer bürgerlichen Verfasssung, die Kant in der Schrift „Über den Gemeinspruch: Das mag in der Theorie richtig sein, taugt aber nicht für die Praxis" entwirft, daß bestimmte Bevölkerungsgruppen ohne Stimmrecht bleiben: So können Mangel an Besitzstand als Kriterium der Selbständigkeit und weibliche Geschlechtszugehörigkeit des Menschen, da Männlichkeit das Kriterium der Zugehörigkeit zur Bürgerschaft darstellt, zu Hindernissen der Anerkennung als stimmberechtigte/-r Bürger/-in werden. Diese scheinbare Unstimmigkeit des Kantischen Denkens mit den Prinzipien der Aufklärung wird einsichtig, wenn bei näherer kritischer Analyse der damaligen Menschenrechtsdeklaration und begleitender geisteswissenschaftlicher Schriften dieser Zeit deutlich hervortritt, daß im Laufe der Entstehung der Bürgergesellschaft nicht zuletzt die Frage des Eigentums und die Vorherrschaft traditioneller Familienstrukturen starken Einfluß auf die Gestaltung der Grundprinzipien genommen hat. So läßt sich der Einfluß des entstehenden Kapitalismus und seiner Strukturprinzipien, die bis heute wirksam sind, ersehen in der Absicherung von besitzindividualistischen Interessen[11], wodurch das Individuum nur als abstraktes, d.h. nur in Absehung von konkreten ökonomischen und sozialen Ver-

[10] Kobusch, Theo „Die Entdeckung der Person", s.o., S.143

[11] Siehe dazu: Breuer, Thomas „Sozialgeschichte des Naturrechts", S.507ff Opladen/1983. Auch ohne die Akzeptanz der kritischen Perspektive gegenüber der „Totalität" der „Vergesellschaftung" durch die Produktionsform des Kapitalismus, aus der heraus Breuer seine Sozialgeschichte des Naturrechts geschrieben hat, trifft diese Charakterisierung sicherlich zu. Nach seinem Urteil mußte das „(...) bürgerliche Naturrecht (...) formal werden, da die gesellschaftlichen Widersprüche sich anders nicht mehr lösen ließen". Doch letztendlich ist für Breuer „(...) das Naturrecht selbst als Teil jener säkularen Tendenz zur ‚Entwertung aller Werte' zu fassen, in der Nietzsche die Grundbewegung der abendländischen Geschichte gesehen hat" (S.599 ebda.), so daß sich das Naturrecht in der Gegenwart selbst für obsolet erklärt und auch keinen normativen Punkt mehr findet, um über Rationalität oder Irrationalität ein Urteil sprechen zu können (S.601 ebda.).

hältnissen als gleich angesehen werden kann. Die Anerkennung der Gleichheit der Geschlechter bricht sich an dem Interesse der Aufrechterhaltung der Familienordnung durch die Ehe und der traditionellen binnenfamiliären Vorherrschaft des Mannes als Haushaltsvorstand, die bis zum heutigen Tage noch Befürworter findet. Das Gleichheitspostulat der Aufklärung konnte diese kulturell bedingten Wertvorstellungen nicht verändern, bzw. überwinden: „Während die natürlichen Rechte der Männer mit dem Schritt in die bürgerliche Gesellschaft zu bürgerlichen Rechten wurden, verlor die Frau mit dem Schritt in die Ehe nahezu sämtliche ihrer natürlichen und bürgerlichen Rechte“[12]. Auch das Kantische Philosophieren löst sich nicht von diesen, zu seiner Zeit dominanten Wertvorstellungen, die durch zahlreiche wissenschaftliche Untersuchungen über die „Andersartigkeit“[13] der Frau in Medizin und Pädagogik gestützt wurden, um Legitimation für die Verletzung der Menschenrechtsprinzipien zu finden. Kant löst sich jedoch wie vor ihm bereits andere Autoren (so z.B. Cicero, Grotius und Pufendorf) aus der national eingeengten Perspektive staatsrechtlichen Denkens und konstruiert in seiner Schrift „Zum ewigen Frieden“ einen Völkerbund, der den intrastaatlichen Frieden in einem interstaatlichen, rechtlich abgesicherten Verhältnis gewährleisten soll. Doch Kant verfolgt einen höheren Anspruch als nur den Zustand von Kriegsabwesenheit zwischen den Völkern, der für ihn nur Parallelen zum Naturzustand aufweist. Er „(...) legt die Fundamentalopposition von Krieg und Frieden rechtsphilosophisch aus und begründet damit einen anspruchsvollen Friedensbegriff, der alle politischen Befriedungsarrangements durch Übermacht und Abschreckung lediglich als negativen Frieden bewertet und noch dem Kriegszustand zurechnet. (...) Der Friedenszustand muß also eigens gestiftet werden; und diese Friedensstiftung besteht in der Etablierung bestimmter, vernunftrechtlich begrün-

[12] Alder, Doris „Die Wurzel der Polaritäten“ S.63

[13] Alder („Die Wurzel der Polaritäten“ s.o.) dazu: „Mit der französischen Revolution und der Überwindung der feudalen Standesschranken hätte für die Frauen (...) erstmals Gleichheit konkret werden können: alle äußeren Hindernisse waren beseitigt. (...) Aber sobald sich die neue Macht auch mit Hilfe der Frauen halbwegs etabliert hatte, wurde dem naturrechtlichen Anspruch auf Gleichheit die ‚Natur‘ der Frau entgegengehalten, um Frauen davon auszuschließen.“ S.186 (ebda.). So z.B. Klein, Ernst F. „Muß das weibliche Geschlecht mit dem männlichen durchgehends gleiche Rechte haben?, S.202ff in: Klein, Ernst F. (ed.) „Annalen der Gesetzgebung und Rechtsgelehrsamkeit in den Preußischen Staaten“ Berlin/1789

deter Rechtsstrukturen, die die politischen Macht- und Herrschaftskonstellationen institutionell überformen"[14]. Auch im internationalen Verhältnis soll die Gesetzlosigkeit abgelöst werden, die für Kant als solche bereits eine Verletzung der Rechte des Einzelnen, bzw. einzelner Staaten darstellt. Die republikanische Verfassung der Einzelstaaten soll helfen, den Weltstaat zunächst als „Arrangement der Klugheit" zu konstituieren, der Handelsgeist der Nationen, der gemäß Kants Eindruck früher oder später sich jedes Volkes zu bemächtigen scheint, soll den Baustein für diese Vision eines friedenssichernden Weltstaates bilden. Und in der Betrachtung dessen, was man bewirken könnte durch diese auf die äußere Freiheit abzielenden Maßnahmen auf internationaler Ebene, bleibt Kant realistisch, aber hoffnungsvoll:

„Nicht ein immer wachsendes Quantum der Moralität in der Gesinnung, sondern Vermehrung der Produkte ihrer Legalität in pflichtgemäßen Handlungen, durch welche Triebfeder sie auch veranlaßt sein mögen, d.i. in den guten Taten der Menschen, die immer zahlreicher und besser ausfallen werden, also in den Phänomenen der sittlichen Beschaffenheit des Menschengeschlechts wird der Ertrag (das Resultat) der Bearbeitung desselben zum Besseren allein gesetzt werden können. Denn wir haben nur empirische Data/(Erfahrungen), worauf wir diese Vorhersage gründen: nämlich auf die physische Ursache unserer Handlungen, in sofern sie geschehen, die also selbst Erscheinungen sind, nicht die moralische, welche den Pflichtbegriff von dem enthält, was geschehen soll, und der allein rein, a priori aufgestellt werden kann."[15]

Kant's Hoffnungen scheinen sich mit der Gründung der Vereinten Nationen, der UN-Charta und den bisherigen Tätigkeiten dieser Weltorganisation schon in ersten Schritten in Richtung einer „Abschaffung des Krieges" zu bestätigen. Aufgrund der starken Übereinstimmung der Zielsetzungen der UN-Charta und der institutionellen Gestaltung der Vereinten Nationen als internationalem Völkerbund mit den rechtsmoralischen Grundsätzen der Kantischen Schrift spricht Otfried Höffe in seinem Aufsatz „Die Vereinten Nationen im Lichte Kant's" von

[14] Kersting, Wolfgang „Die bürgerliche Verfassung in jedem Staate soll republikanisch sein", S. 88 in: Höffe, Otfried (ed.)"Immanuel Kant – Zum ewigen Frieden" Berlin/1995, S.88

[15] Kant, Immanuel „Der Streit der Fakultäten", Zweiter Abschnitt A 156 in ders. „Schriften zur Anthropologie...", s.o., (S.365)

der Erwartung auf eine „moralische Politik" im internationalen Maßstab. Er tritt damit auch dem seit der Hegelschen Kritik an Kant[16] immer wieder erhobenen Vorwurf der Ohnmacht des „bloßen Sollens" entgegen: „Die Staatenrepublik ist heute keine schwärmerische Utopie des grundsätzlichen Nirgendwo; sie ist eine Utopie des Noch-Nicht: ein politisches Ideal, dessen Verwirklichung nicht nur rechtsmoralisch geboten ist, zu der wir auch schon realiter unterwegs sind"[17]. Und Jürgen Habermas wertet sogar die jüngsten Verkettung Deutschlands in die Angelegenheiten internationaler Politik (1999), den bewaffneten Vorstoß internationaler Truppen in den Kosovo, um den dort stattfinden Genozid zu stoppen, als „von der Völkergemeinschaft (auch ohne UN-Mandat stillschweigend) autorisierte Frieden schaffende Mission" in der Kantischen Tradition des Rechtspazifismus. Problematisch ist und bleibt die Standpunktabhängigkeit dieser genuin „westlichen Interpretation" des Kosovo-Kriegs als „ (...) Sprung auf dem Wege des klassischen Völkerrechts der Staaten zum kosmopolitischen Recht einer Weltbürgergesellschaft"[18]. Doch dieser Schutz des Rechtes auf Leben der Mitglieder einer ganzen Volksgruppe obliegt als minimalistisches Menschenrecht keinerlei kulturrelativistischen Kritik und bleibt ein Beleg dafür, daß ein abstraktes Recht ernst genommen wurde und durch moralische Interventionspflicht real geworden ist. Auch die eindeutige Selektivität dieser militärischen Interventionen im Weltmaßstab könnte zu Zweifeln an der These der Entwicklung zu einer kosmopolitischen Gemeinschaft im Weltmaßstab Anlaß geben[19], hätte nicht Kant

[16] Siehe dazu: Géorg W.F. Hegel „Über die wissenschaftlicen Behandlungsarten des Naturrechts""in Buchner, Hartmut (u.a.eds.) Hamburg/1968. Hegel äußert in dieser Schrift harte Kritik an sowohl der „empirischen Behandlungsart" des Naturrechts, zu deren Autoren er Hobbes, Locke u.a. zählt, wie auch an der rein „formellen Behandlungsart", die Kant und Fichte vorgestellt hätten. Die formelle Einheit von Recht und Pflicht stehe den Menschen als etwas bloß Äußerliches gegenüber, das vom Individuum auf Zwang hin geleistet werden soll (ebda. insb.S.442) und nicht etwa in der Versöhnung von Einzelnem und Allgemeinen, in einer sittlichen Totalität sich ereignet.

[17] Höffe, Otfried „Die Vereinten Nationen im Lichte Kants" S.270 in ders. (ed.) „Immanuel Kant. Zum ewigen Frieden" S.245ff, s.o.

[18] Habermas, Jürgen „Bestialität und Humanität", in „Die Zeit"(Zs) 29.4.99

[19] Siehe dazu Chimelli, Rudolph „Menschenrechte, Menschenpflichten"(in „Süddeutsche Zeitung" Nr.138, S.III, 19./20. 6.1999): "Die Menschenrechtsverletzer, gegen welche die internationale Gemeinschaft oder eine Gruppe westlicher Staaten vorging, waren sämtlich schwach, isoliert, ohne Großmacht-Protektion. Daß dies so ist, macht ein Blick auf vergleichbare Krisenherde deutlich:

selbst von der Notwendigkeit des Gebrauches einer sog. „Staatsklugheit" gesprochen, die Verbindungsglied zwischen Moral und Politik bildet und bedingungsloses Befolgen moralischer Postulate selbst nicht für ratsam erklärt. Kant selbst ist von der Vereinbarkeit von Vernunftrecht und den Erfordernissen der praktischen Politik überzeugt: In der Gestalt eines „moralischen Politikers, der die Prinzipien der Staatsklugheit so nimmt, daß sie mit der Moral zusammen bestehen können" in Abgrenzung zu einem sog. „politischen Moralisten", „der sich eine Moral so schmiedet, wie es der Vorteil des Staatsmanns sich zuträglich findet"[20], charakterisiert er die erforderliche Handlungsorientierung, die freilich heutzutage in der globalen Vernetzung aller Staaten miteinander auf allen möglichen Interessens- und Kommunikationsebenen[21] kaum mehr auf ihre Glaubwürdigkeit hin zu überprüfen ist.

Immanuel.Kant „Zum ewigen Frieden" (Anhang)

„Es gibt also objektiv (in der Theorie) gar keinen Streit zwischen der Moral und der Politik. Dagegen subjektiv (in dem selbstsüchtigen Hange der Menschen, der aber, weil er nicht auf Vernunftmaximen gegründet ist, noch nicht Praxis genannt werden muß) und mag er immer bleiben, weil er zum Wetzstein der Tugend dient, deren wahrer Mut nach dem Grundsatze: ne cede malis, sed contra audentior ito) in gegenwärtigem Falle nicht sowohl darin besteht , den Übeln und Aufopferungen mit festem Vorsatz sich entgegenzusetzen, welche hierbei übernommen werden müssen, sondern dem weit gefährlichern lügenhaften und verräterischen, aber doch vernünftelnden, die Schwäche der menschlichen Natur zur Rechtfertigung aller Übertretungen vorspiegelnden bösen Prinzipien in uns selbst, in die Augen zu sehen und seine Arglist zu besiegen"

Tschtschenien, Tibet, das türkische Kurdistan, Algerien. Niemand bei gesundem Verstand möchte dort mittels Bomben und Raketen, Menschenrechte einfordern. Die eigene Sicherheit, der Weltfrieden, oder beides, hielten es nicht aus."

20 Kant, Immanuel „Zum ewigen Frieden" Anhang, 1. Über die Mißhelligkeit zwischen der Moral und der Politik, in Absicht auf den ewigen Frieden, S.232.

21 So auch Jürgen Habermas („Kants Idee des ewigen Friedens – aus dem Abstand von 200 Jahren", S.192ff in ders. „Die Einbeziehung des Anderen" Frankfurt a.M./1996): Die (...) Globalisierung stellt wesentliche Voraussetzungen des klassischen Völkerrechts in Frage – die Souveränität der Staaten und die scharfen Trennungen zwischen Innen- und Außenpolitik" (ebda. S.202)

V. Das Naturrecht und die Menschenrechte: Universaler Anspruch versus kulturelle Differenz

Im Hinblick auf die unterschiedlichen Ansätze des Naturrechtsdenkens wies bereits Charles Montesquieu 1748 in seiner Schrift „Geist der Gesetze“[1] auf die prägende Kraft der Kulturen, Volksstämme und Nationen für die Gestalt von Rechts- und Staatenbildung hin und begründete eine genetische Theorie des Rechtsentwicklung, die mit dem klassischen Naturrechtsgedanken konkurrierte. Die diesem Ansatz zugrundliegende Erkenntnis von der Geschichtlichkeit des Rechts verdankt sich selbst wiederum speziellen historischen Umständen und zwar den ökonomischen, sozialen und politischen Umbrüchen zur Zeit der Aufklärung in Europa. D.h.: „Sie entsteht im Zuge der gesellschaftlichen und politischen Veränderungen, die seit Mitte des 18.Jh. das kontinentaleuropäische Denken beeinflussen. (...) Konnte die verfaßte Rechtsgemeinschaft bislang traditional oder rational gefestigt erscheinen, so erfährt sie jetzt ihre Bewegung und wird in der Bewegung begriffen. Nun fügen Rechtszustände sich in Rechtsentwicklungen ein, die das Gewordene mit Blick auf das Werdende einsichtig machen.“[2] Auch Georg W.F. Hegel knüpft an die Untersuchungen von Montesquieu an, wenn er auch im Unterschied zu diesem die Weltgeschichte als Selbstentfaltung der Vernunft, des „Weltgeistes“ zu deuten sucht und damit zur Aristotelischen Gestalt des Naturrechtsdenkens[3], der Einheit von Recht und Sittlichkeit zurückkehren möchte. Demgegenüber läßt sich jedoch betonen, daß die über zweitausend Jahre zu verfolgende Geistestradition des Naturrechts und der Menschenrechte sich nicht in einer ungebrochenen Entwicklungslinie der „Menschenrechtsidee von der griechisch-römischen Stoa über das Christentum bis hin zur ame-

---

[1] Montesquieu, Charles Louis „“De l'esprit de lois“, Ouevres completes Bd. II, Challois, Roger (ed.) Paris/1951

[2] Grawert, Rolf „Die Entfaltung des Rechts aus dem Geist der Geschichte“ S.434 in „Rechtstheorie“ 18(1987, S.437ff.

[3] Siehe dazu: Hegel, Georg W.F. „Philosophie des Rechts“, Vorlesungen von 1819/1820). Zu den gegensätzlichen Deutungen der Hegelschen Rechtsphilosophie als zum einen „Rückfall hinter die Errungenschaften der Aufklärung“ bzw. „Sieg des antiken über das moderne Prinzip“ im Gegensatz zur Wertung als „Vollendung westeuropäischer Naturrechtslehre“ bzw. „Kulminationspunkt des bürgerlichen Freiheitsdenkens“ siehe Breuer, Stefan „Sozialgeschichte des Naturrechts“,s.o. S.529ff

rikanischen Unabhängigkeitserklärung"[4] vollzogen hat. Die Entwürfe zum Naturrecht, das ja per definitionem überzeitliche Gültigkeit beansprucht, zeigen sich – wie sich auch der vorangehende historische Überblick erweist – historisch und kulturell bedingt als äußerst unterschiedlich und variieren im Laufe der Jahrhunderte. „So kannte das hellenische Staatsdenken der klassischen Zeit weder eine grundsätzliche Selbstbeschränkung der Staatsgewalt, noch eine ursprüngliche Freiheit und Gleichheit aller Menschen"[5]. Das Naturrecht wird aufgrund dieser Relativität in seinem Geltungsanspruch grundsätzlich nicht nur von seiten der historischen Schule der Rechtsphilosophie und der Rechtspositivisten hinterfragt. Mit der Forderung nach einer klaren Unterscheidung zwischen den verschiedenen Ansätzen des Naturrechts und der diesen zugrundeliegenden Idee des Naturrechtes, sowie mit einer Relativierung des Geltungsanspruches des Naturrechts beantwortet Johannes Sauter die Problemstellung: „Wie in den positiven Rechtsordnungen, so muß eine kritische Philosophie auch im Naturrecht zwischen der Naturrechts*lehre* und der Naturrechts*idee* unterscheiden." Zudem gilt es zu bedenken, daß der damit bestrittenen Lehre von der Evidenz des Naturrechts selbst ein Fehlschluß zugrundeliegt, denn hier liegt eine „Verwechslung des Naturrechtsprinzips mit seinem Inhalt" vor: „Mithin bildet das Naturrecht (...) ‚für uns' eine unendliche Aufgabe" [6]. Der Diskussionsprozeß um

[4] Birke, Adolf „Das Problem der Menschenrechte" S.11 in Odersky, Walter (ed.) „Die Menschenrechte", S.9ff Düsseldorf/1994. Karl-Heinz Ilting („Naturrecht und Sittlichkeit" Stuttgart/1983) hingegen plädiert dafür, die „(...) in dem Titel ‚Naturrecht und Geschichte' angezeigte Aporie" mit der „Unterscheidung einer expliziten und einer impliziten Anerkennung universaler Verbindlichkeit von Handlungsnormen" (S.34) auszugehen. Für ihn ist deutlich, allerdings in der argumentativ kaum überzeugenden Form einer Unterstellung aus einem kulturell bereits weit entfernten Kontext heraus, „(...) daß die implizite Anerkennung universal verbindlicher Normen geschichtlich längst vergangenen Epochen durchaus unterstellt werden darf, auch wenn die Reflexion darauf sich keineswegs angemessen artikulieren konnte." (S.34 ebda.)

[5] Ritter, Gerhard „Ursprung und Wesen der Menschenrechte", S.204 in Schnur, Roman „Zur Geschichte der Erklärung der Menschenrechte", S.202ff Darmstadt/1964.

[6] Sauter, Johannes „Die Grundlagen des philosophischen Naturrechts", Nachwort, s.o. S.223-225. Ebenso Arthur Kaufmann („Naturrecht und Geschichtlichkeit" in ders. „Rechtsphilosophie im Wandel" Frankfurt a.M./1972, S.2ff): „Es wäre viel gewonnen, wenn sich endlich einmal die Einsicht durchsetzen würde, daß auch die wechselvolle Geschichte der Naturrechtslehren schließlich nichts anderes ist als die notwendige, aber nie zu Ende kommende Entfaltung der einen

Begründung und Inhalte des Naturrechts und der Menschenrechte werden aus dieser Perspektive für weitere Bestimmungen, die den Anforderungen der Gegenwart entgegenkommen könnten, geöffnet

Dieser Aufgabe der Rechtsphilosophie als Teil der philosophia perennis stellt sich heute die Anforderung der „Interkulturalität", speziell der Menschenrechsdeklarationen bzw. ihrer Begründungen. Auch sie sind als Kernbestand der abendländischen Naturrechtsgedanken der Gegenwart historisches Produkt und die einzelnen Rechte dieses Katalogs der UN sind als Antworten auf konkrete Problemstellungen im historischen Kontext der Neuzeit in Westeuropa entstanden. In Gestalt der UN-Deklarationen haben die Menschenrechte zwar bereits weltweit Anerkennung gefunden; doch ihre Begründung kämpft im Dialog mit asiatischen und afrikanischen Kulturen noch immer mit dem Hintergrund der kontextgebundenen Entstehungsgeschichte: „Die Hauptschwierigkeit nennt der Titelbegriff „interkulturell'. Wenn wir die Menschenrechte allen Kulturen zumuten wollen, dann darf sich die Rechtfertigung nicht auf Prämissen stützten, die nur unsere Kultur anerkennt. Sie muß im Gegenteil (...) interkulturell gültig sein"[7]. Insbesondere der universelle und faktisch weltweite Geltungsanspruch der Menschenrechte und die Legitimation der in ihrem Namen operierenden Institutionen können durch die entstehungsbedingt, d.h. implizit eingegangene eurozentristische Perspektive der Deklarationen verhängnisvolle Wirkungen[8] haben. Durch die unvermeidliche historische und kulturelle Bedingtheit der Menschenrechtserklärung wie auch des in ihre Begründung eingegangenen wis-

---

großen Aufgabe der Rechtsphilosophie: das wahre und richtige Recht zu finden." (S.13)

[7] Höffe, Otfried „Die Menschenrechte im interkulturellen Diskurs" in Odersky, Walter s.o. S.119ff. Beide Autoren stützen sich in ihrer Argumentation explizit auf Thomas von Aquin.

[8] Siehe dazu z.B. die Diskussion zum Beitrag von Heinrich Scholler „Anknüpfungspunkte für eine Rezeption der abendländischen Menschenrechte in der afrikanischen Tradition" (S.117ff) u.a. unter den Problemaspekten „Menschenrechtspolitik als zerstörerischer Selbstmodernisierungsprozeß in der Dritten Welt" oder „Die Rechtsweisheit afrikanischer Kulturen" (S.143ff) in Kerber, Walter (ed.) „Menschenrechte und kulturelle Identität" München/1991. Auf die zerstörerischen Kräfte der „Dialektik der Aufklärung" machten auf der Metaebene bereits Max Horkheimer und Theodor W. Adorno in ihrem gleichnamigen Aufsatz auch hinsichtlich der Selbstwahrnehmung der westeuropäischen Kultur aufmerksam (Horkheimer, Max u. Adorno, Theodor W. „Dialektik der Aufklärung" S.62/63 in Horkheimer, Max „Gesammelte Schriften" Bd. 5, S.25ff, Schmid Noerr, Gunzelin ed., Frankfurt a.M./1987).

senschaftlicher Diskussionsstandes, in diesem Falle des Theoretikers politischer Philosophie oder des Rechtsphilosophen, waren die jeweiligen Autoren in ihrer Erkenntnis neben der Bedingtheit durch eigene persönlichen Kompetenzen und Interessen in zweifacher Weise an Ort und Zeit ihrer Tätigkeit zurückgebunden: Zum einen bewegten sie sich als Wissenschaftler zur jeweiligen Lebenszeit innerhalb des sozialen System des Wissenschaftsbetriebs mit seinen spezifischen Wissenshorizonten und gesellschaftlichen Funktionen. Zum anderen waren sie selbst als Menschen und Wissenschaftler natürlich Teil der Gesamtgesellschaft, die durch kulturell bedingte Denkmuster und bestimmte soziale wie ökonomische Rahmenbedingungen gekennzeichnet ist. Diese Kriterien bestimmten ebenso die Deklaration von 1789 wie die UN-Deklaration von 1949, durch die der naturrechtliche Aspekt der Notwendigkeit von Schutzrechten zugunsten des Einzelnen gegenüber dem Staat und staatlich legitimierter Herrschaft Eingang fand. Deutliche Spuren hinterließen das vernunftorientierte Menschenbild der Philosophie der Aufklärung, die Grundüberzeugungen des Liberalismus mit seinem abstrakten Freiheitsbegriff und der starken Gewichtung des Individualismus, wie im Toleranzgebot und der Achtung vor dem Menschen als unverwechselbarer Person Zeugnisse des abendländisch-christlichen Kulturgutes zu sehen sind. Die Problemlage der kulturellen und historschen Bedingtheit der Menschenrechte ist gegenwärtig neu und aktuell zu bewältigen, denn gemäß der Analyse der internationale Entwicklung von Samuel Huntington gibt es heute „(....) -zum ersten Mal in der Geschichte – ein globales Staatensystem, das multikulturell ist“[9] und das die Menschenrechtserklärung der Vereinten Nationen zu relativieren, zumindest in ihren Legimitationsgrundlagen zu hinterfragen droht. In der Geschichte des Naturrechts in der Gestalt der Menschenrechte hat sich diese Anfechtung gegenüber der christlichen Ursprungsidee der einen Menschheit, die im 16. Und 17. Jahrhundert völkerrechtlich prägend war, schon einmal gestellt: „Da aber die christliche Welt, in der zuerst die Menschheit als Einheit gedacht wurde, doch nie die ganze Welt umfaßte, brach ihre Universalität immer wie-

[9] Huntington, Samuel „Wohin die Macht driftet“ in Süddeutsche Zeitung Nr.66, S.I, 20./21.3.1999: „Die Nationen begründen und reorientieren ihre Identität auf der Grundlage der eigenen Herkunft, Religion, Sprache, Wertvorstellungen und Sitten. Sie identifizieren sich mit Kulturgruppen, mit Stämmen, mit Religions- und Volksgemeinschaften, sowie - im weitesten Sinne des Wortes – mit Zivili-

der in Stücke auseinander: Aus der christlichen Menschheit wurde ein Gegenüber von Christen und Heiden, aus universellen Verpflichtungen des Menschen wurde christliche Binnenethik in einem abendländischen, sich allmählich erst ausweitenden Kontext. Es war angesichts dieser Lage entscheidend, daß die Aufklärung das Konzept der Menschheit aus seiner christlichen Verankerung löste (...), daß also der Begriff des Menschen über den des Christen obsiegte"[10]. Die Erklärung der Menschen- und Bürgerrechte von 1789 spricht vom Menschen als profanes Wesen, die Konstitution der Glaubens- und Religionsfreiheit die notwendige Konsequenz aus der Befreiung des Menschen aus der religiösen Bestimmung durch den Staat als politische Herrschaftsorganisation[11]. Auch wenn das christliche Gedankengut nach Überzeugung vieler Religions- und Sozialwissenschaftler[12] die Demokratie in der Moderne erst am Leben erhält und „Europa (...) christlicher ist, als die meisten Europäer wissen"[13], so ist eines der wichtigsten neuen Grundrechte, durch die sich der christliche Glaube als einer neben andere religiöse Überzeugungen in der Privatheit stellt, das Recht auf Religionsfreiheit. Auf dieser Basis ist eventuell eine Lösung angesichts des internationalen Globalisierungsprozesses für die Kommunikation und Rechtsvereinbarungen zwischen den verschiedenen Kulturen in der Zukunft zu se-

sationen. In dieser sich abzeichnenden Welt wird die regionale Politik zur ethnischen Politik und die Weltpolitik zu einer Politik der Kulturen." (S.20 ebda.)

[10] Maier, Hans „Christentum und Menschenrechte" S.63 in Odersky, Walter s.o. S.49ff. Interessant ist in diesem Zusammenhang auch die Haltung der Katholischen Kirche (Maier, Hans ebda. S.51f) gegenüber der „Menschenrechtsproklamation", die erst 1963 von Papst Johannes mit der Enzyklika „Pacem in terris" Anerkennung erfuhr. 1965 folgte dazu eine Deklaration des Vatikanischen Konzils. Siehe dau auch Heiner Bielefeldt „Zwischen laizistischem Kulturkampf und religiösem Integralismus", S.474ff in: ders. (ed.) „Politisierte Religion" Frankfurt a.M./1998, insb. S.475f.

[11] Siehe dazu Böckenförde, Ernst Wolfgang „Die Entstehung des Staates als Vorgang der Säkularisation" (S.89) in: ders. „Säkularisation und Utopie" Stuttgart/1967

[12] Detlev Horster („Der Apfel fällt nicht weit vom Stamm", Frankfurt a.M./1996) führt als Beleg für diese These u.a. Niklas Luhmann, Friedrich Gogarten, Emile Durkheim und Herrmann Lübbe auf (S.146)

[13] Nordhofen, Eckhard „Die Frabe Bunt" (in „Die Zeit" Nr.29/11.7.1997): „Der jüdisch christliche Monotheismus, der die Wahrheit vor sich hat, ohne sie besitzen zu können, ist die Religion der Toleranz. Weil sie das ist, hält sie sich unablässig Sündenpredigten und erinnert an die finsteren Kapitel ihrer Geschichte. (...) Doch, wenn uns Toleranz und die Buntheit, die gewollte Vielfalt (in Europa, i. E. Verfin.) wichtig sind, sollten wir uns daran erinnern, wem wir sie verdanken."

hen, denn die auf dem Weltkongreß über Menschenrechte 1993 beschlossene Ergänzung, daß die Bedeutung nationaler und regionaler Besonderheiten und unterschiedlicher historischer, kultureller und religiöser Voraussetzungen für die Frage nach der Einhaltung der Menschenrechte künftig stärker Beachtung finden soll[14], droht eher die Bewahrung von Grundrechten im internationalen Maßstab zu nivellieren oder gar für obsolet[15] zu erklären als sie zu bewahren helfen. Die Rationalität des Rechts selbst, auch wenn es bemüht ist, interkulturell verbindliche Formulierungen bereitzustellen, bleibt beschränkt und ist angewiesen auf die Motivationskraft, die im kulturellen Kontext, dem Ethos der Nationen, selbst verwurzelt ist: „Die Menschenrechte (...) können nicht von außen implantiert, sondern nur im Inneren einer Gesellschaft erzeugt werden. Die Rechte der Menschen werden in dem gleichen Prozeß zu Bürgerrechten, in dem sich die Gesellschaft gegenüber ihrem Politischen System emanzipiert. (....) Es genügt also nicht (...), die Einhaltung der Menschenrechte nur einzuklagen; man muß dazu beitragen, daß die Bedingungen ihrer Befolgung entstehen.“[16] Nach dem Urteil von Hans Küng ist die Weltgesellschaft durch die internationale ökonomische Verflechtung bereits auf dem Weg, ein gemeinsames Ethos zu finden, aus dem sich dieser Gedanke der Verantwortlichkeit zu einer „Hilfspflicht“ gegenüber anderen Staaten speisen läßt, der als unabdingbare Ergänzung zur Durchsetzungskraft der Menschenrechte und zur Aufrechterhaltung eines interkulturellen Dialogs über ihre Begründung erscheint. Nach seinem Urteil führt die „(...) Globalisierung der Ökonomie, der Technologie und der Medien (...) auch zur Globalisierung des Ethos: kein uniformes System, aber ein notwendiges Minimum an gemeinsamen ethischen Werten, Grundhaltungen und Maßstäben, auf die sich alle Regionen, Nationen und Interessengruppen verpflichten können. Also ein gemeinsames Grundethos der Menschen. Keine neue Weltordnung ohne ein Weltethos“[17]. Auch

[14] Vienna Declaration and Programme of Action, UN.-Doc. A/CONF. 157/23, Kap.I, §5

[15] Siehe dazu Ernst-Otto Czempiel („Zwischen Idealität und Realität: die Menschenrechte“ in Merkur (Zs) Sonderheft: „Moral und Macht“ 50/1996, S.905ff) mit dem Hinweis auf die Menschenrechtspraxis der ASEAN-Staaten (S. 908)

[16] Czempiel, Ernst-Otto „Zwischen Idealität und Realität: die Menschenrechte“, s.o., S.912

[17] Küng, Hans „Fürchtet euch nicht vor dem Ethos“ S.15 in „Die Zeit“ (Zs) Nr.45, 31.10.999, S.15ff. Küng formuliert diese Konsequenz mehr als Herausforderung, denn als Begleiterscheinung der Globalisierung in: ders.„Weltethos für

Helmut Schmidt, ehemaliger Kanzler der Bundesrepublik Deutschland, hält als einer der Unterzeichner einer Liste der Verantwortlichkeit, die der „InterActionCouncil" als weltweiter Zusammenschluß ehemaliger Staatsmänner, den Vereinten Nationen als Aufgabe übergeben hat, die „Erklärung von Menschenpflichten" für eine notwendige Maßnahme. Allerdings erscheint sie ihm angesichts drohender Gefahren durch den Globalisierungsprozeß nicht nur als fördernd im Sinne eines Weltethos und der Durchsetzung der Menschenrechte, sondern als zunächst dringlichst benötigte friedenssichernde Maßnahme auf internationaler Ebene. Insbesondere die zunehmende Verschärfung ökonomischer Konkurrenzkämpfe, die durch machtpolitische Maßnahmen entgegen der Idee von wettbewerblicher Fairneß beeinträchtigt werden wird, fördert aus seiner Sicht die Konfliktlagen auf internationaler Ebene. Sie muß in Form der Bestärkung der Kehrseite von Rechtsansprüchen und Freiheitsrechten durch eine gemeinsame Bestärkung von Verantwortlichkeit nach dem Urteil der Befürworter der Menschenpflichten schnellstens eingedämmt werden. So mahnt Helmut Schmidt mit den Worten: „Wenn angesichts dieser Gefahr die Nationen und ihre Staaten, wenn die Politiker und ebenso die Hüter und Bewahrer der Religionen nicht lernen sollten, ihr religiöses, kulturelles und zivilisatorisches Erbe gegenseitig zu respektieren, wenn die Menschen nicht lernen sollten, die beiden kategorischen Imperative der Freiheit und Verantwortlichkeit miteinander im Gleichgewicht zu halten, dann kann in der Tat der Friede zwischen ihnen zerbrechen. Das weltpolitische Gefüge und das sozialökonomische Wohlbefinden der Völker können tiefgreifend gestört werden"[18].

Solidarität als eine Grundkategorie dieses zivilsatorischen Erbes, die wortwörtlich im Katalog der Erklärung der Menschenpflichten aufgenommen worden ist, wird also in zweifacher Hinsicht durch das Phänomen der Globalisierung in Abspruch genommen: Zum einen lastet das Gewicht auf ihr, als Bestandteil eines Weltethos den interkulturellen Dialog zur Begründung und zugunsten der Bewahrung der Menschenrechte zu ermöglichen, zum anderen soll sie als Zeichen praktisch gewordener internationaler Verantwortlichkeit friedenssichernde Qualität erlangen.

Weltpolitik und Weltwirtschaft" München/1997, insb. S.230: „Weltpolitik und Weltwirtschaft verlangen nach einem Weltethos."

[18] Helmut Schmidt „Zeit, von den Pflichten zu sprechen!", S.16 in „Die Zeit" Nr.41/3.10.1997

Wir werden im kommenden Jahrtausend sehen, inwieweit die Kategorie „Solidarität" diese Bürde zu tragen fähig ist, bzw. inwieweit sie auf ein Zusammenspiel mit den gefühlsbetonten Handlungsorientierungen der Nächstenliebe und Fürsorglichkeit angewiesen bleibt. Unter diesen Gesichtspunkten erscheint es als wesentlich, die Erfüllung der sog. Menschenpflichten keinesfalls als Voraussetzung dafür anzusehen, daß der Anspruch auf Gewährung der Menschenrechte Anerkennung findet[19], sondern ihnen eine komplementäre Rolle zuzuweisen, die den vernachlässigten Aspekt der kulturellen Verankerung der Motivation zu rechtsgemäßem Handeln aufnimmt und stabilisieren will[20]. "Solidarität" als ein Phänomen menschlichen Zusammenlebens liegt "(...) jenseits des Forderbaren, und d.h. des Rechts" in dem Bereich des "Supererogatorischen"[21] und ist auf Selbstverpflichtung der Individuen angewiesen, d.h. einem Anspruch auf globale „Solidarität" wie ihn eine Deklaration der Menschenpflichten beinhalten würde, ist die kritische Rückfrage nach deren Bestand und Voraussetzungen innerhalb der eigenen Gesellschaft vorausgesetzt. Der Blick auf unsere eigenen Gesellschaft und kulturelle Absicherung von emotional

---

[19] Helmut Simon („Zur universellen Geltung und Durchsetzung der Menschenrechte" in „Jahrbuch Menschenrechte 1999", Frankfurt a.M./1999, S.57ff) weist auf diesen Zusammenhang mit Nachdruck im Bezug auf die Auslegungsvorschrift des Art. 30 der Allgemeinen Erklärung der Menschenrechte hin: Keine Bestimmung der vorliegenden Erklärung darf so ausgelegt werden, daß sich daraus für einen Staat, eine Gruppe oder eine Person irgendein Recht ergibt, eine Tätigkeit auszuüben oder eine Handlung vorzunehmen, welche auf die Vernichtung der in dieser Erklärung angeführten Rechte und Freiheiten abzielen." (S.62)

[20] So bekräftigt beispielsweise Mary Robinson („Die Allgemeine Erklärung der Menschenrechte – ein lebendiges Dokument", S.29ff in: Von Arnim, Gabriele u.a.eds. „Jahrbuch Menschenrechte 1999" Frankfurt a.M./1999) in ihrem Statement zur Erklärung der Menschenpflichten zwar, daß diese den Menschenrechten bereits vorausgesetzt wären, .d.h. daß diese „(...) im Anspruch des ‚allgemeinen Standes der Errungenschaften aller Menschen und Völker' bereits enthalten sind, doch sie sieht die bekräftigende Funktion der expliziten und eigenständigen Erklärung von Menschenpflichten nicht als förderlich, sondern eher als Verwirrung stiftenden Umweg an (S.35 ebda.).

[21] Wildt, Andreas "Zur Begriffs- und Ideengeschichte von Solidarität", S.46, s.o. Wildt betont hier die Definitionselemente (4) und (5) seines Kriterienkataloges für die Bestimmung von Solidarität als emotional vermittelter Handlungsorientierung, in der eben dieser Charakter der Selbstverpflichtung und damit die existentielle Dimension von "Solidarität": (4) Diese Notlage wird vom Akteur als moralisches Problem verstanden, und zwar als Ursprung einer Verpflichtung, meist auch als Unrecht an dem Rezpienten." Und (5) Der Akteur glaubt nicht, daß er selbst moralisch verpflichtet ist, entsprechend zu handeln." (S.46 ebda.)

vermittelter Solidarität in den modernen Gesellschaften Westeuropas zeigt uns die Gefährdung ihrer konstitutiven Elemente, wie z.B. der Fürsorglichkeit auf, und fordert den Einzelnen, wie die politische Steuerung heraus, auf den zugrundeliegenden sozialen Wandel zu reagieren. In den westeuropäischen Gesellschaften ist die Geborgenheit der Familie, der sog. "Keimzelle des Staates", durch einen fortschreitenden Individualisierungsprozeß[22] in eine Krise geraten und bedroht die kulturelle Absicherung von ersten Erfahrungen der Solidarität im privaten Kreis[23]. "Das Zusammenleben in Familie ist längst nicht mehr eine Folge gesellschaftlicher Normvorgaben und sexueller Gemeinschaft, sondern eine bewußte, in Abwägung zu anderen Möglichkeiten der Lebensgestaltung getroffene Entscheidung"[24]. Dies bezieht sich nicht nur auf die Entscheidung, ob eine Familie zu gründen wäre, sondern auch auf die Gestaltung des Beziehungsgeflechts von Mutter, Vater und Kindern. Die Familie, im traditionellen Sinne die Kleinfamilie, die als selbstverständliche Institution der Sozialintegration und Sozialisation der Mitglieder des modernen Staates ohne Anerkennung der in ihr geleisteten Arbeit genutzt wurde, konkurriert in der Gegenwart mit einer Vielfalt von gemeinschaftlichen und partnerschaftlichen Lebensformen[25], die den Ansprüchen der Moderne besser gerecht zu werden scheinen Fürsorglichkeit als eine Handlungsorientierung, durch die innerhalb der Familie Solidarität erfahrbar werden kann, ist jedoch in diesem Horizont sozialen Wandels auf die selbstverantwortliche Übernahme von den anstehenden Aufgaben der Sozia-

---

[22] Siehe dazu: Beck-Gernsheim, Elisabeth "Auf dem Weg in die postfamiliale Gesellschaft", insb. S.5ff, in Aus Politik und Zeitgeschichte B 29-30/1994, S.3ff.

[23] Siehe dazu ausführlich: Schwinger, Elke „Der kulturelle Bedarf an Fürsorglichkeit" S.1005 ff in: „Deutsche Zeitschrift für Philosophie" (Zs) 6/1995: „In den westeuropäischen Gesellschaften wird geschlechterübergreifend eine Individualisierungsdynamik in Gang gesetzt, die in letzter Konsequenz die Auflösung traditioneller Lebensformen und Werte impliziert. Durch die Direktiven einer marktgerechten staatlichen Steuerung der modernen Gesellschaft wird die klassische Kleinfamilie in ihrer grundlegenden Struktur – der geschlechtsspezifischen Arbeitsteilung – destruiert und das Selbstverständnis der beteiligten zu neuen Identitätsbildungen herausgefordert." (S.1009)

[24] Präambel "Familienreport 1994", S.11, Geschäftsstelle der Deutschen Nationalkommision für das Internationale Jahr der Familie 1994 (ed.), Trier/1994. Regionale Unterschiede von ländlichem Raum und städtischen Zentren werden hier vernachlässigt, da sie sich im Laufe der Zeit im Sinne der genannten Tendenzen zu nivellieren scheinen.

lisation und Sozialintegration durch beide Elternteile ungeachtet des Geschlechts angewiesen. Die Problematik der Selbstverantwortlichkeit mit ihren Licht- und Schattenseiten, - der Freiwilligkeit als Chance wie aber auch der Unsicherheit im Hinblick auf Fortdauer und Gewährleistung von positiven Sozialbindungen – zeichnet deshalb Solidarität als „(....) sozialen Tatbestand moderner Art aus:“[26]. Gemäß den vorausgegangenen Betrachtungen im Rahmen des westeuropäischen Kulturkreises scheint deshalb nur ein Zusammenspiel von Nächstenliebe, Fürsorglichkeit und Solidarität die in der Erklärung der Menschenpflichten postulierten Sozialbindungen zu stabilisieren, wodurch wir in unserer Selbstverantwortung im Sinne der Tradition des Kierkegaardschen Existentialismus gefragt bleiben: „Der Bezug zu Geschichte und Gesellschaft vollzieht sich über die unvertretbare Aufgabe des Einzelnen, subjektiv zu werden, und im Bewußtsein seiner Endlichkeit, vor allem auch der Ungewißheit des Zeitpunktes des eigenen Todes, entscheidet sich das Individuum zur bewußten Übernahme der Verantwortung für das eigene Leben“[27]. Im Unterschied zum Kantischen Rückzug auf eine völkerrechtliche Absicherung des „ewigen Friedens“ erweisen sich in diesem Sinne für den westeuropäischen Kulturkreis die moralischen Ressourcen der Nächstenliebe „als existentieller Anruf des Gewissens”[28], Fürsorglichkeit im Sinne einer geschlechtsunspezifischen Handlungsorientierung und soziale Solidarität angesichts des drohenden Problemschubes durch die Globalisierung als notwendige Bausteine unseres zivilisatorischen Erbes auf dem Weg zu

---

[25] Lüscher, Kurt ("Familie und Familienpolitik im Übergang zur Postmoderne" S.15ff in ders. u.a.eds. "Die postmoderne Familie", Konstanz/1988) spricht treffend von einer "Pluralität familialer Lebensformen", S.23.

[26] Hondrich, Karl Otto/Koch-Arzberger, Caludia „Solidarität in der modernen Gesellschaft“,s.o. S.114: Solidarität wird „(...) wird nicht, wie traditionale Gemeinschaftsbindungen, zwangsläufig auferlegt, sondern ist Ausdruck freier Entscheidung. Individualisierung als Vervielfältigung von Optionen erlaubt zwar den Rückzug aus bestimmten Solidarbeziehungen; jedoch weit davon entfernt, Solidarität allgemein zu zerstören, schafft sie erst deren Voraussetzung. Soldarität tritt, wenn auch nicht zwangsläufig, an die Stelle von Zwangsbindungen.“

[27] Schwinger, Elke (ehem. Beck) „Identität der Person – Sozialphilosophische Studien zu Kierkegaard, Adorno und Habermas“ Würzburg/1992“ S.58. Siehe dazu Kierkegaard, Sören „Abschließende Unwissenschaftliche Brocken“ insb. S.157 Düsseldorf/1957.

[28] Isensee, Josef ”Nachwort: Solidarität – sozialethische Substanz eines Blankettbegriffs” S.103, in: ders. s.o. Zu beachten ist, daß Isensees Begriff der „Soldarität, von der Nächstenliebe hier abgegrenzt wird als interessensgeleiteter Zusammen-

einer friedlichen Weltgesellschaft. Auch eine Erklärung der Menschenpflichten kann sie nicht erzwingen, doch ihren Beitrag explizit machen und seine Notwendigkeit als kulturelle Herausforderung bekräftigen.

halt nicht dem hier verwendeten Begriff emotional vermittelter Soldarität entspricht..

NATURRECHT II: MENSCHENRECHTE UND DIE RECHTSPRECHUNG DER GEGENWART

1. Einleitung: Aktualität des Naturrechtsdenkens

Im Juli 1999 berichtete DAS PARLAMENT (27/99) von einer "(...) kaum zu bewältigenden "Klageflut" am erst im Vorjahr neu aufgebauten Europäischen Gerichtshof für Menschenrechte in Straßburg, der das vorherige System aus Menschenrechtskommissionen und Gerichtshof auf europäischer Ebene rationalisieren sollte. Doch diese Strategie ist offensichtlich fehlgeschlagen und für die bislang zugelassene Zahl von 1000 Fällen für das erste Halbjahr 1999, die nur einen geringen Prozentsatz der insgesamt eingereichten Menge beinhaltet, ist bereits mir einer Wartezeit von fünf Jahren zu rechnen bis es zu einer Verhandlung kommt. So stellt sich die Frage, was sich die Kläger eigentlich vom Recht auf Basis internationaler Menschenrechtsinstanzen und -konventionen erwarten. Eine Antwort ergibt sich aus der Tatsache, daß die Konkretisierung von Menschenrechten, die sich im Laufe der Geschichte des Naturrechtsdenkens seit der Antike und der Erklärung der Menschenrechte von 1798 bis zur Gegenwart fortsetzt, als Kernbestand einen gemeinsamen Wertekanon der Staaten und Nationen herauskristallisiert hat. Am Anfang der modernen Periode internationalen Menschenrechtsschutzes stand zunächst jedoch ein "Akt der Erzwingung des Rechts. (...) Durch die Anklage der Naziverbrecher wegen Verbrechen gegen die Menschlichkeit in Nürnberg hat die internationale Gemeinschaft zugleich erklärt, daß alle Staaten auf die Respektierung der Grundrechte verpflichtet sind, und daß die Kraft dieser Rechte von der Sicherheit abhängt, mit der sie in rechtsförmigen Verfahren durchgesetzt werden können"[1]. Durch internationale Abkommen entwickelte sich weltweit und eben in besonderem Maße auf der europäischen Ebene eine Gestalt der Menschenrechte, an der sich Juristen, wenn auch nicht problemlos, orientieren können und, die dem tiefverwurzelten, berufsspezifischen 'horror iuris naturalis'[2] der Juristen entgegenwirken kann. Die Umsetzung von abstrakten Rechts-

---

[1] Orentlicher, Diane "Addressing Gross Human Rights Abuses", S. 47 in Henkin, L. (u. a. eds.) "Human Right" Washington/1994

[2] Kaufmann, Arthur "Naturrecht und Geschichtlichkeit" (1957), S. 1 in ders. Rechtsphilosophie im Wandel" Königstein Ts./1972: "Der Jurist ist im Grunde seines Herzens froh, wenn er die ihm gestellten Aufgaben ohne Zuhilfenahme

ansprüchen in konkrete Rechtsprechung über den Rahmen staatlicher Herrschaft hinaus wird auf diese Weise ermöglicht. "Die Verabschiedung der Allgemeinen Erklärung der Menschenrechte am 10. Dezember 1948 durch die Vollversammlung der Vereinten Nationen, der fast gleichzeitige Beschluß über die Konvention gegen den Völkermord, die beiden großen Menschenrechtspakte von 1966, eine Vielzahl weiterer völkerrechtlicher Abkommen und nicht zuletzt die beharrliche Arbeit der UN-Völkerrechtskommission schufen durch eine immer klarere Definition der Menschenrechtsverbrechen eine wichtige Grundlage dafür, daß heute die Strafbarkeit schwerer Menschenrechtsverbrechen (...)"[3] realisierbar gemacht wurde. Die Schutz- und Korrektivfunktion des den Menschenrechtsdeklarationen immanenten Naturrechtsgedankens gegenüber staatlicher Herrschaft und zugunsten des Individuums scheint Wirklichkeit zu werden. Problematisch bleiben jedoch weiterhin "(...) die Fragen, inwieweit die dort enthaltenen Prinzipien genügend scharf umrissene Konturen haben, ferner, ob sie sich nur an die Staaten als Adressaten wenden oder unmittelbare Rechte der Individuen einräumen wollen, schließlich die Frage, ob der jeweilige Staat sie in sein eigenes Recht transformiert hat"[4]. Die konkreteste Ausgestaltung in dieser Hinsicht findet sich in der "Europäischen Konvention zum Schutze der Menschenrechte und Grundfreiheit" vom 4. November 1950, die von den zur Europäischen Union gehörenden Staaten als gleichsam innerstaatliches Recht ratifiziert wurde. Erst durch diese Anerkennung, wie sie am 5. Mai 1998 auch von Rußlands Außenminister Primakow geleistet wurde, haben die in der Konvention enthaltenen Normen ihre Effektivität erlangt, die zur oben erwähnten Klageflut in der Gegenwart führen konnte: "Da-

naturrechtlicher Erwägungen lösen kann". Kaufmann benennt damit einen Grund für die in den 60er Jahren zu beobachtende Rückläufigkeit der in der Nachkriegszeit aufgeflammten Renaissance des Naturrechts, die sich jedoch nach seiner Meinung auch durch die spezifische Gestalt des deutschen Grundrechts erklären läßt.

3 Huhle, Rainer "Menschenrechtsverbrechen vor Gericht" S. 20 in Nürnberger Menschenrechtszentrum (ed.) Hamburg/1996, S. 13ff. Betont sei jedoch in Anschluß an Huhle, die Unabgeschlossenheit und Imperfektibilität der realen Umsetzung der international vereinbarten Normierungen, die vor allem in den Jahresberichten von amnesty international (Fischer Vlg./Frankfurt a. M.) in einer Art internationaler Dokumentation von Menschenrechtsverletzungen illustriert wird.

4 Odersky, Walter "Was erwartet man vom Recht?" S. 207 in ders. (ed.) "Die Menschenrechte" Düsseldorf/1994

mit unterwirft sich Rußland sowohl dem individuellen Klagerecht seiner Bürger vor dem Europäischen Menschenrechtsgerichtshof in Straßburg, als auch der ständigen Überprüfung der Polizei und der Gefängnisse durch die Kommission zur Verhinderung von Folter und unmenschlicher Behandlung"[5]. Auf der anderen Seite dokumentiert sich jedoch in der Achtung und Gewährleistung des nationalen Grundrechtsschutzes durch den Europäischen Gerichtshof (Vertrag von Maastricht Art F Abs. 2) der Prozeß der Europäischen Vereinigung als ein behutsamer Weg zu einer gemeinsamen Rechtskultur[6].

Auch wenn sich in Europa der Schutz der Menschenrechte auf diese Weise vorbildlich entwickeln konnte, unterstützt freilich durch die Möglichkeit des Rückgriffs auf den gemeinsamen christlich-abendländischen Kontext der Kulturen[7], so bleibt doch auch hier auf der internationalen wie nationalen Ebene die politisch-rechtliche Orientierung an den Menschenrechten ein Postulat, das im vollem Umfang wohl kaum zu realisieren sein wird. Angesichts der zunehmenden Diversifikation von neuen Menschenrechtskatalogen, insbesondere der hohen Anforderung der sozialen Menschenrechte, kann in der Zwischenzeit fast jeder Staat "(...) jedem anderen nahezu beliebig viele Menschenrechtsverletzungen vorwerfen. Die Kataloge sind so lang, und die darin geäußerten Wünsche widersprechen sich so häufig, daß ihre vollständige Verwirklichung nicht nur politisch, sondern sogar logisch ausgeschlossen ist"[8]. Das Ergebnis ist eine potentielle Instrumentalisierung der Menschenrechte im Hinblick auf Machtfragen und politische Auseinadersetzungen zwischen und innerhalb der staatlichen Gemeinschaften, die dem eigentlichen Gehalt und Anspruch der Menschenrechte nicht entsprechen. Das Phänomen einer "Verrechtlichung der Politik" in dem Sinne, daß man versucht "(...) immer mehr aus der politischen Ausein-andersetzung in das Feld der

---

[5] DAS PARLAMENT (Zs) 48/1999, S. 1

[6] Siehe dazu: Odersky, Walter "Was erwartet man vom Recht" S. 218-220 in ders. (ed.) "Die Menschenrechte" s. o.

[7] Die Präambel der EMRK (4.11.1950) spricht davon, daß die Staaten "vom gleichen Geiste beseelt" seien (BGbl, z. B. S. 685, 953).

[8] Fisch, Jörg "Menschenrechte als Politikersatz" Süddeutsche Zeitung (Zs) Nr. 138 (19./20.6.1993), S. 13. Nach dem Urteil von Fisch ist die Entwertung der Menschenrechte durch diese Vielzahl von sich auch widersprechenden Ansprüchen nur durch Reduktion auf einen Kernbestand von Menschenrechten aufzuhalten

Rechts überzuleiten"[9], führt gerade auch in der Gegenwart in der Bundesrepublik Deutschland zu in der Menge kaum zu bewältigenden Anfragen an das Bundesverfassungsgericht und auf europäischer Ebene zu der genannten Klageflut. Es verdeutlicht sich in dieser Tendenz nicht nur eine Überforderung der Rationalität des Rechts, denn "(...) diese muß ignorieren, was sich nicht in ihre Kategorien bringen läßt. Das Recht gibt nicht nur auf die Frage nach dem Sinn keine Antwort, sondern von jeher richten sich indivduelle und kollektive Phantasien auf ein Glück, welche das Recht nicht erfüllen kann"[10]. Es spiegelt sich in diesem Phänomen auch eine kulturelle Verunsicherung der westeuropäischen Gesellschaften wieder, die im Rahmen der internationalen Globalisierung und angesichts zunehmender Individualisierungsbestrebungen innerhalb der modernen Gesellschaften sicher noch eine Steigerung erfahren wird. Traditionelle Werte, Glaubenssysteme und Gemeinschaftsformen werden in Frage gestellt und die "(...) spezifische Vernunft des Politischen hätte sich daran zu bewähren, das anarchische Potential von Hoffnungen und Ängsten, das untergründig im Volk virulent ist, aufzufangen und institutionell zu vermitteln"[11].

Im folgenden zweiten Teil des Buches werden aktuelle Fälle der Rechtsprechung vorgestellt, die diesen richtungsweisenden Charakter für den kulturellen Kontext des gesellschaftlichen Leben in den westeuropäischen Staaten aufweisen könnten. Die naturrechtlichen Grundbegriffe und Kriterien des Subjektbegriffes neuzeitlichen Denkens „Gewissen“ und „Gleichheit“ werden im Rahmen positiven Rechts jeweils als Begründung für die Rechtsprechung beansprucht oder sogar in ihrer Auslegung konkretisiert. Zum anderen vermögen die vorgestellten Fälle auch das Grundproblem thematisieren, daß trotz des hehren Freiheits- und Rationalitätsanspruches der Mensch ein Wesen ist und bleibt, das gerade diesem, d. h. dem je-

---

[9] Grahler, Martin "Verrechtlichung der Politik durch die Rechtsprechung des Bundesverfassungsgerichts" S. 218 in Voigt, Rüdiger (ed.) "Verrechtlichung" Königstein Ts./1980

[10] Eckertz, Rainer "Die Kompetenz des Bundesverfassungsgerichts und die Eigenheit des Politischen" in DER STAAT (Zs) 1978/17, S. 201

[11] ders., ebda. S. 12. Grahler (S. 218, siehe oben Anm. 9) spricht in diesem Fall von einer "Politisierung des Rechts" als Konsequenz der Verrechtlichung, d. h., daß "(..) immer weitere Bereiche zum Gegenstand poltischer Auseinandersetzung werden, bestimmte Formen, Regeln und Verhaltensweisen abgelöst und bestimmte Werte in Frage gestellt werden."

weiligen kulturellen Kontext seines Lebens und den jeweils gesellschaftlich anerkannten Interpretationsmöglichkeiten von Gerechtigkeit bzw. der Frage nach dem guten Leben ausgeliefert bleibt, um das Gut der Rechtssicherheit für das Gemeinschaftsleben im Staate nicht zu gefährden. Zu beantworten ist demgemäß auch in der Gegenwart noch immer die Frage nach der Auflösung der Spannung zwischen dem überzeitlichen, kritischen Anspruch des Naturrechts und der kulturell-historischen Bedingtheit der Interpretationen von Grundrechte in der Rechtsprechung[12]. Die Antworten eines radikalen Relativismus oder Historizismus auf diese Frage opfern den normativen Anspruch des Naturrechts bis hin zur Beliebigkeit seines Interpretationshorizontes auf. Aktuelle Ansätze des Naturrechtsdenkens in der politischen Theorie, wie zum Beispiel von John Rawls, Ronald Dworkin[13], wenden sich hingegen in der Tradition Gustav Radbruchs gegen die positivistische Trennungsthese, die zwischen Recht und Naturrecht einen unüberbrückbaren Gegensatz von Sein und Sollen setzt. Die Radbruchsche Unverträglichkeitsthese bleibt dementsprechend bis heute Orientierungshilfe in dieser Frage zur Geschichtlichkeit des Rechts: „Der Konflikt zwischen der Gerechtigkeit und der Rechtssicherheit dürfte dahingehend zu lösen sein, daß das positive durch Satzung und Macht gesicherte Recht auch dann den Vorrang hat, wenn es inhaltlich ungerecht und unzweckmäßig ist, es sei denn, daß der Widerspruch des positiven Gesetzes zur Gerechtigkeit ein so unerträgliches Maß erreicht, daß das Gesetz als ‚unrichtiges Recht' der Gerechtigkeit zu weichen hat"[14]. Legitimation und Daseinsberechtigung erhält das kulturell und historisch bedingte Recht nur durch diesen immanenten Bezug auf Gerechtigkeit: So argumentiert auch Dworkin, „nach dessen Auffassung alle entwickelten Rechtssystemen Prinzipien immanent sind, die kraft ihrer Struktur oder ihres Geltungscharakters den positivistischen

[12] Für Arthur Kaufmann („Naturrecht und Geschichtlichkeit", s.o.) ist diese Spannung in der inneren Struktur des Rechts ontologisch begründet insb. S.13.

[13] Rawls, John „Theorie der Gerechtigkeit" Frankfurt a.M./1983, Dworkin, Ronald „Bürgerrechte ernstgenommen" Frankfurt a.M./1986

[14] Radbruch, Gustav („Gesetzliches Unrecht und übergesetzliches Recht", S.16 Heidelberg/1946). Zur „Rechtsnatur": „Denn man kann Recht, auch positives Recht, gar nicht anders definieren denn als eine Ordnung und Satzung, die ihrem Sinn nach bestimmt ist, der Gerechtigkeit zu dienen." (S.16 ebda.)

Rechtsbegriff sprengen"[15]. Dies könnte bei „legalem Unrecht“ in Anspruch zu nehmen sein, gäbe es nicht die machtpolitische Dimension der Rechtsprechung zu bedenken.

So erinnert uns 1998 anläßlich der Feierstunde "50 Jahre Allgemeine Erklärung der Menschenrechte" der nigerianische Nobelpreisträger Wole Soyinka daran, daß in Ländern, in denen die Freiheit durch nationale Regierungen diktatorisch bedroht ist, noch immer das Recht und die Rechtsprechung als legitimes Instrument der kulturellen Säuberung mißbraucht werden. Mit den Beispielen der Kommunistenjagd im Amerika der Nachkriegszeit, des Fundamentalismus in Algerien, Ägyten oder Afghanistan und weiteren Fällen aus arabischen bzw. islamischen Ländern mahnt Soyinka, Verstöße gegen die Menschenrechte auch dann zu erkennen und anzuklagen, wenn sie im Gewand eines Gerichtsverfahrens erscheinen. Denn, wenn „(...) das deutsche Volk das Verhängnis des Reichtagsbrands und die brutale Auswahl eines Sündenbocks damals nicht erkannt hat, welche Entschuldigung haben wir heute – mit dem zusätzlichen Wissen um die Monstrosität der stalinistischen Schauprozesse in der Sowjetunion usw. usf. -, wenn wir es versäumen, die rohen, aufdringlichen und zynischen Äußerungen der Anzeichen von Hexenwahn auf der gegenwärtigen Weltbühne zu verstehen und darauf zu reagieren?“[16]. Rechtsprechung besitzt auch in der Gegenwart ihr Doppelgesicht als auf der einen Seite Förderin oder Bewahrerin von kultureller Entwicklung in demokratisch regierten Staatssystemen und auf der anderen Seite als potentielles Machtinstrument totalitärer Herrschaftsapparate zur Aburteilung jedweder Opposition. Sich dieser positiv oder negativ gestaltenden Kraft von Rechtsprechung bewußt zu sein, dies wollen unterhalb der Maßgabe der Radbruchschen Unverträglichkeitsthese die folgenden Ausführungen zur aktuellen Rechtsprechung dem Leser ermöglichen. Mit der jeweils vorangestellten Klärung des in Anspruch genommenen natur- und menschenrechtlichen Grundbegriffes wird das Instrumentarium zu eigener Urteilsbildung geschult, nicht etwa auf letztgültige Definitionen verpflichtet und in seinen Grenzen festgeschrieben.

[15] Dreier, Ralf „Theorien der Gerechtigkeit“, S.23 in Frankfurter Allgemeine Zeitung 3.9.1989. Dreier spricht vom „Fortleben des Traumes des Naturrechts“ der dazu dient, das positive Recht immer wieder zu verbessern.

[16] Soyinka, Wole „Kulturelle Ansprüche und globale Rechte“, S.46 in Arnim, Gabriele (u.a.eds.) „Jahrbuch Menschenrechte“ Frankfurt a.M./1999, S.37ff.

II. Der „Mauerschützenprozeß": Die Stimme des Gewissens in der Diktatur

1. Der „Mauerschützenprozeß": Das Problem der politischen Ortsbestimmung des Rechts- und Staatswesens der DDR

Die deutsche Vereinigung bildete den Startschuß für die Justiz, offensichtliche Verstöße gegen Menschen- und Grundrechte der SED-Diktatur strafrechtlich zu verfolgen. Problematisch, aber unabdingbar dabei erscheint zunächst, daß die Prozesse vom westdeutschen Justizapparat aufgenommen wurden, der in den Verdacht einer „Siegerjustiz"[1] kommen konnte. Problematisch bei der juristischen Form der Vergangenheitsbewältigung bleibt letztendlich auch, daß unzählige Muster von Diskriminierung, Zensur und Sanktion, die das alltägliche Leben in der ehemaligen DDR bestimmten, gerade nicht zum Gegenstand von Rechtsverfahren werden können und konnten, so daß die innere Befriedung Ostdeutschlands auf moralischer Ebene noch immer zu leisten bleibt[2]. Beschädigt war die sittliche Kultur der DDR: Bekannt war, beispielsweise, daß derjenige, der einen Ausreiseantrag stellte, Gefahr lief, seinen Arbeitsplatz zu verlieren. Auch bei der Zulassung zum Abitur bzw. Studium[3] sprach die Staatssicherheit mit. „Typische Züge des unaufgeklärten totalitären Staates" hatten sich im Zuge der Entwicklung der DDR herausgebildet: „(...) der autokratische Herrscher, die Instrumentalisierung des Rechts, die Verweigerung elementarer Bürgerrechte wie Reisefreiheit, Redefreiheit, Informationsfreiheit oder Versammlungsfreiheit"[4], und erzeugten ein Klima der Angst[5], das Widerstand und Protest in der Bevölkerung jahrzehntelang kleinhalten konnte. Justiz, Staatssicherheit und Regierungspartei SED waren heillos ineinander verstrickt und zu einem gesellschaftsüber-

---

[1] Marxen, Klaus/Werle, Gerhard. („Die strafrechtliche Aufarbeitung von DDR-Unrecht", insb. S.252, Berlin/1999) gehen spezifisch auf diesen Vorwurf ein.

[2] Siehe: Georg Jellinek „Die sozialethische Bedeutung von Recht, Unrecht und Strafe", 1908, insb. S.45: „ethisches Minimum".

[3] Sehr aufschlußreich sind hier Zeitzeugenberichte wie in dem Band „Widerstand in Potsdam" (Grabner, Sigrid u.a.ed. Berlin/1999), z.B. der Bericht von Jana Gruntowski „Wir rannten um unser Leben", S.93ff.

[4] Brunssen, Frank „Die Revolution in der DDR" in: Aus Politik und Zeitgeschichte B 45/99 (Beilage zur Zs „Das Parlament), S.4

[5] Siehe dazu: Maaz, Hans „Der Gefühlsstau. Ein Psychogramm der Angst" München/1992 und Mau, Rudolf „Eingebunden in den Realsozialismus?" Göttin-

greifenden Kontrollapparat verbunden: Auch anhand der „(...) neueren Forschungen konnte im Wesentlichen die bereits vor 1989 aufgestellte These bestätigt werden, daß es sich bei der DDR-Justiz insgesamt um ein von der SED eingerichtetes und auf die jeweiligen politischen Zielvorgaben hin modifiziertes Instrument der Herrschaftsausübung handelte“[6]. Rechtsanspruch und Rechtspraxis standen zueinander im Widerspruch, d.h. die SED-Diktatur in der DDR legitimierte sich zwar als Rechtsstaat, doch ihre Stabilisierung konnte sie nur durch Rechtsbeugung bzw. Vernachlässigung und implizit geforderte Übertretung fundamentaler Menschenrechte sichern. Im sozialistischen Rechtsverständnis als ideologische Basis dieser Praxis wurde zum einen die Lehre von der Gewaltenteilung in der DDR und im gesamten Ostblock abgelehnt, zudem wurde das Recht auch in strategischer Orientierung des Klassenkampfes auf nationaler und internationaler Ebene als bloßes Überbauphänomen in taktischer Hinsicht[7] mißbraucht. Indirekt wird das Ausmaß der verbrecherischen Praxis auch in den Forderungen deutlich, die das Neue Forum als führende Kraft in der Oppositionsbewegung der DDR unter anderem bereits 1989 in einem „Offenen Problemkatalog“ artikulierte (siehe Abb.). In den Dokumenten der Opposition in der DDR spiegelt sich das Wissen der Bevölkerung um die genannten Herrschaftsinstrumente wieder, durch das die Glaubwürdigkeit der SED schließlich zerbrach“[8].

gen/1994, insb. S.176. „Wichtigstes Mittel des Machtgewinns und –erhalts war und blieb für die SED die brutal oder subtil erzeugte Angst“.

[6] Weinke, Anette „Strukturen und Funktionen politischer Strafjustiz in der DDR“, S.89/90 in Timmermann, Heiner (ed.) „Diktaturen in Europa im 20.Jahrhundert – der Fall DDR“ Berlin/1996, S.81ff. Dazu auch: Grasemann, Hans-Jürgen „Wenn die Partei Weisung gibt, folgen die Richter“, S.23ff in Weber, Jürgen (ed.) „Der SED-Staat“ München/1994.

[7] Georg Lukacs beispielweise ermahnt in „Legalität und Illegalität“ (in ders. Geschichte und Klassenbewußtsein“ Darmstadt/1968, S.261ff) das Proletariat, angesichts der Überwindung der ökonomisch bedingten Ausbeutung- und Unterdrückung der eigenen Klasse, „(...) bloß taktischen Charakter von Legalität und Illegalität begreifen (zu) lernen“. Dazu: Böckenförde, Ernst-Wolfgang „Die Rechtsauffassung im kommunistischen Staat“ München/1967. Bezogen auf den konkreten Fall: Peyer, Klemens „Das Recht als Herrschaftsinstrument in der DDR“ in Timmermann, Heiner „Diktaturen in Europa im 20. Jahrhundert – der Fall DDR“, s.o., S.71ff.

[8] Siehe dazu: Küpper, Mechthild „Im Als-Ob-Recht-verheddert“ in: Süddeutsche Zeitung, Nr. 275, 29.10.1997, S.10

Offener Problemkatalog (Auszug):

Rechts- und Staatswesen

„(...) Damit aus dem vormundschaftlichen Staat ein Rechtsstaat werden kann, müssen wir einen Wandel im Rechts- und Staatsleben der DDR herbeiführen. Das beinhaltet die Einrichtung der Gewaltenteilung und die wirksame öffentliche Kontrolle aller Schutz-und Sicherheitsorgane durch die Volksvertretungen. Damit die Menschen diesen Wandel auf demokratischem Wege herbeiführen können, bedarf es zunächst einer Reform des Wahlrechts und die uneingeschränkte Gewährleistung der Grundrechte.

Wir sind uns bewußt, daß der demokratische Wandel in der DDR sich von unten her entwickeln muß und nicht allein von oben her verordnet werden kann. Auf dem Weg zu diesem Ziel unterstützen wir jede Rechtsänderung,

- *die darauf gerichtet ist, Benachteiligungen für Bürger und Gruppen z verhindern, die nach Grundsätzen der Verfassung von ihrem Recht der Meinungs-, Versammlungs- und Vereinigungsfreiheit Gebrauch machen;*
- *welche die Unabhängigkeit der Richter, der Mitglieder der gesellschaftlichen Gerichte und der Rechtsanwälte stärken sowie die Einflußnahme der politischen Parteien auf die Auswahl und berufliche Beförderung der entsprechenden Personen unterbinden will.*

Damit oppositionelles Handeln nicht mehr kriminalisiert werden kann, sind kurzfristig die entsprechenden Tatbestände des politischen Strafrechts, insbesondere die sogenannten Staatsverbrechen (..........) zu überarbeiten und neu zu fassen."

„Offener Problemkatalog", Dokumente „Neues Forum", S.19 in Rein, Gerhard „Die Opposition in der DDR" Berlin/1989, S.13ff

Der Problemkatalog enthält eine konkrete Auflistung der entscheidenden Paragraphen[9], die offensichtlich zur Verfolgung der Opposition der DDR mißbraucht worden waren, und den Hinweis auf die Notwendigkeit der gerichtlichen Überprüfung sämtlicher Verwaltungsakte der DDR, hinter deren bürokratischem Gewand sich politische Justiz[10] oftmals verborgen hält. Diese machtpolitische Kalkulatorik als solche läßt sich zwar von Wladimir Jljitsch Lenin's Schrift „Was tun" bis zu Niccolo Macchiavellis „Il Principe" zurückverfolgen[11]. Die politiktheoretische Ursachenanalyse aber dafür, daß das Recht als Instrumentarium der Herrschaftsausübung im sozialistischen Einparteienstaat DDR mißbraucht werden mußte oder konnte, mündet im Rahmen der jüngsten deutschen Vergangenheitsbewältigung in zwei sich konträr gegenüberstehenden Diagnosen dieses sozialistischen Systems. Zusammenfassend läßt sich mit Konrad Jarausch sagen: „Die Debatte um die historische Ortsbestimmung der DDR dreht sich weitgehend um eine Wahl zwischen Konstrukten, welche entweder den Sozialismus oder die Diktatur als Grundeigenschaft betonen. Erstere Variante, die am Selbstbild des zweiten deutschen Staates ansetzt, wird vor allem von früheren Vertretern oder Sympathisanten des Regimes verwendet, um den spezifischen Charakter des real

---

[9] Ebda. S.19: Hochverrat (96 StGB), Landesverrat (97-100 StGB, Staatsfeindliche Hetze (106 StGB), Verfassungsfeindlicher Zusammenschluß (107 StGB), Widerstand gegen staatliche Maßnahmen (212 StGB), Beeinträchtigung staatlicher oder gesellschaftlicher Tätigkeit (217 StGB), Zusammenrottung (217 StGB)

[10] Siehe dazu auch Otto Kirchheimer „Politische Justiz" (Frankfurt a.M./1985): „Nicht die hohe Kunst der Einordnung der Fälle in die richtigen juristischen Kästchen, sondern die politische Bedeutung, die dem einzelnen Fall beigemessen wird, entscheidet darüber, wann Strafverfolgung stattfindet und welchen Weg sie nimmt. (....) Je gründlicher der Staatsapparat den gesellschaftlichen Meinungsbildungsprozeß kontrolliert, um so deutlicher muß die politische Färbung jeder privat anmutenden Situation hervortreten; Ehescheidung, Beleidigung, Körperverletzung, Tierquälerei: alles kann einen politischen Sinn bekommen. (...) Der belangloseste, lächerlichste, banalste Zusammenstoß wird in den Augen der Machthaber zu etwas düster Gefährlichem. In jeder ungezielten Einzelreaktion fahnden die Organe der Staatsgewalt nach Spuren eines allgegenwärtigen rebellischen Vorhabens" (S.408).

[11] Siehe dazu: Lobkowics, Nikolaus „Einleitung", S.64 in Dahm, Helmut (u.a.eds.) „Die Technik der Macht" Freiburg i.Br./1965, S.9ff. Lobkowics führt den dahinterstehenden „Glauben an die Berechenbarkeit des Sozialen", das heißt auf das seiner Meinung nach „(...) seit Thomas Hobbes in der Neuzeit vorherrschende Mißverständnis" auch des Kommunismus zurück, daß der Mensch fähig wäre, die (...) Vagheit, Zweideutigkeit, Vielfalt des Sozialen" und dessen Komplexität quasi technologisch zu beherrschen (S.65 ebda.).

existierenden Sozialismus ‚in den Farben der DDR' herauszuarbeiten. Die analytische Verwendung des Terminus ‚realer Sozialismus' nach seinem Ende erlaubt eine Diskussion von ‚Krisensymptomen' , die eine intellektuelle Selbstkritik der Ursachen des ‚staatssozialistischen Systems' ermöglichen. (...) Das kritische Gegenstück zu Sozialismusanalysen sind Begriffsbildungen, welche den Diktaturcharakter der DDR als ‚Unrechtsstaat' betonen. Es sollte kaum überraschen, daß Etikettierungen wie ‚SED-Diktatur' eher von Opfern und ehemaligen Gegnern des Regimes verwendet werden, um seinen menschenbeglückenden Charakter in Zweifel zu ziehen und nicht nur die Praxis, sondern auch die Ideologie für die Unterdrückung der ostdeutschen Bevölkerung verantwortlich zu machen."[12]. Sozialistisches Experiment oder SED-Diktatur: Beide Konstrukte bemühen sich um eine Begründung des machtpolitischen Mißbrauchs von Recht im Sozialismus der DDR, der selbst unbestritten bleibt. Legt man jedoch die Meßlatte des Naturrechtsgedankens und der internationalen Menschenrechtskataloge an diese Legitimations- oder Ursachenforschung an, dann wird offensichtlich, daß die beiden Ansätze im Rahmen einer juristischen Aufarbeitung des DDR-Unrechts zu unterschiedlichen Urteilsbemessungen führen würden.

So wird in der Argumentationsschiene, die das Scheitern der DDR als Scheitern des „Sozialismus" faßt, die normative Bindung des DDR-Systems an das klassische Naturrechtsdenken, das aus marxistischer Perspektive als bloßer Ausdruck bürgerlicher Rechts- und Moralvorstellungen gelten muß, obsolet. Denn Marx und Hegel, in deren Fußstapfen sich die Idee der sozialistischen Gesellschaft formierte, betrachteten grundsätzlich, „(...) im Gegensatz zur Naturrechtslehre, die bürgerliche Gesellschaft nicht mehr als Konglomerat von Einzelspontanitäten

[12] Jarausch, Konrad „Realer Sozialismus als Fürsorgediktatur. Zur begrifflichen Einordnung der DDR", S.45 in Aus Politik und Zeitgeschichte (Beilage zu Das Parlament) B20/98, 8.5.1998, S.33ff. Jarausch bemüht sich, zwischen diesen beiden Interpretationen des DDR-Regimes zu vermitteln, indem er den Neologismus der „Fürsorge-Diktatur" kreiert, um einerseits dem ethischen Anspruch des Sozialismus gerecht zu werden und zugleich den Zwangscharakter der sozialistischen Utopie und deren Umsetzung, d.h. die grundsätzliche Widersprüchlichkeit in den Zielen und Handlungen des SED-Systems zu erfassen: „Mit ihrer bewußten Verbindung von progressivem Anspruch und regressiver Realität ist diese Begriffsneubildung daher ein Versuch, den spezifischen Charakter der DDR im Vergleich mit anderen modernen Diktaturen des 20. Jahrhunderts herauszuarbeiten" (ebda. S.42).

(...), die nur durch äußere Klammern zusammengehalten werden, sondern als Totalität, als System, in dem sich einheitsstiftende Strukturen geltend machen (...)"[13]. Doch dieser „Schritt über die Naturrechtslehre hinaus" mündet in eine geschichtsphilosophische Perspektive, in der das einheitsstiftende Moment in Gestalt eines absoluten Subjekts verortet wird – aus der Sicht des historischen Materialismus von Marx ist dies im Proletariat[14] verkörpert. Dies bedeutet, daß von vornherein das Recht als interessenorientiert begriffen wird. Für die DDR war oberste Zielsetzung die Konstitution und Erhaltung des Arbeiter- und Bauernstaates[15], der bzw. dessen Interessen von der SED vertreten wurde: „Recht war Mittel der Politik, Mittel der Erziehung. Es erschien einfach und verständlich. Es postulierte eine Interessensübereinstimmung zwischen dem Volk und seinem eigenen Staat mit der Folge, daß es subjektive Rechte gegen den Staat nicht gab. Das Wesen der sozialistischen Gesellschaft bestand in der dialektischen Einheit von strikter Einhaltung des Gesetzes und Parteilichkeit in seiner Anwendung"[16]. Eine menschenrechtsfreundliche Auslegung des DDR-Rechts auf dieser Basis ist nicht im Bereich des Möglichen: Der totalitäre Herrschaftsapparat der DDR,

---

[13] Breuer, Stefan „Sozialgeschichte des Naturrechts", S.572, Opladen/1983

[14] Karl Marx/ Friedrich Engels-Werke (Berlin/1978, S.28) : „Zwischen der kapitalistischen und der kommunistischen Gesellschaft liegt die Periode der revolutionären Umwandlung der einen in die andere. Der entspricht auch eine politische Übergangsperiode, deren Staat nichts anderes sein kann als die revolutionäre Diktatur des Proletariats."

[15] So im Programm der Sozialistischen Einheitspartei Deutschlands (IX. Parteitag der SED, Berlin 18.-22.5.1976, Berlin/1976, S.7): „In Gestalt der Deutschen Demokratischen Republik errichtete und festigte die Arbeiterklasse im Bündnis mit den Bauern und anderen Werktätigen ihre politische Herrschaft. Sie schuf den sozialistischen Staat der Arbeiter und Bauern als eine Form der Diktatur des Proletariats". Joachim Petzold weist auf die rein ideologische Verbrämung der Herrschaftsverhältnisse durch die SED in seiner kritischen Untersuchung „Die DDR und das Problem der Diktatur des Proletariats" (in: Saage, Richard ed. „Das Scheitern diktatorischer Legitimationsmuster und die Zukunftsfähigkeit der Demokratie" Berlin/1995, S.59ff): „Der gewiß vielschichtige Juni 1953 und der anfängliche Widerstand gegen die Zwangskollektivierung im Frühjahr 1960 hatten gezeigt, daß die Masse der Arbeiter und Bauern durchaus nicht hinter der Politik der SED-Führung stand, daß es keineswegs in der DDR zu einer von unten nach oben aufgebauten demokratischen Diktatur der Arbeiter und Bauern gekommen war, die – da diese die absolute Bevölkerungsmehrheit repräsentierten – dann logischerweise die Bezeichnung Diktatur gar nicht verdient hätten" (S.77).

[16] Jaeger, Renate „Noch einmal: Rechtsstaat und Gerechtigkeit", S.8 Berlin/1996

regiert von SED und Staatssicherheitsdienst kann als theorieimmanente Konsequenz des historischen Materialismus gewertet werden, die in der juristischen Aufarbeitung in einem von außen herangetragenen Verständnis von Grund- und Menschenrechten keine angemessene Beurteilung finden könnte. Doch unter der Annahme, daß in Gestalt der DDR ein sozialistisches Experiment zu verstehen wäre, das unter dem Begriff des realen Sozialismus zu fassen ist, stünde der Bezug zu einem erweiterten Demokratieverständnis weiterhin offen. So beurteilt beispielsweise Lothar Fritze das System des Sozialismus der DDR kritisch nur in seiner Entwicklung als „(...) entartet und verstümmelt, reaktionär geworden“: Das historische Scheitern des sozialistischen Experiments, das sich nach seiner Meinung vor allem in der „realsozialistischen Entmündigung des Menschen“ durch den „bis ins Groteske und Widerliche verabsolutierte(n) ideologische(n) Führungsanspruch der SED“ dokumentierte, scheint ihm bedingt durch den unhaltbaren ökonomischen Wettbewerb des Systems mit den kapitalistischen Staaten und eindeutige Unsicherheiten bzw. krasse politisch-strategische Fehlentscheidungen der Führung in der Frage, wie der Sozialismus zu realisieren sei: „Die Tragik des sozialistischen Experiments lag darin, durch die Startbedingungen sowie die Bedeutung, die der raschen Wohlstandssteigerung für die politische Bewußtseinsbildung zufällt, gezwungen zu sein, die eigene Idee in der Praxis zu pervertieren, um an ihrer Verwirklichung weiterarbeiten zu können“[17]. Aus dieser Perspektive löst sich die enge Klammer der Gleichsetzung von „Sozialismus“ und „Totalitarismus“[18]. Diese verurteilt zwar das System der DDR als Ganzes, würde aber die von der Rechtspraxis geleiteten Interpretation der DDR-Gesetze und damit die juristische Aburteilung von Einzelfällen des in diesem System geschehenen „Unrechts“ durch das klassischen Verdikt „nullum crimen sine lege, nulla poena sine lege“, das im Grundgesetz der Bundesrepublik Deutschland im sog. „Rückwirkungsverbot“ (Art.103, Abs.2 GG) kodifiziert ist, nicht rechtfertigen[19]. Die deutsche Vereinigung, interpretiert als ökonomisch-politischer „Sieg des

[17] Fritze, Lothar „Innenansichten eines Ruins“ München/1993, S.70.

[18] Siehe zu der jahrzehntelangen Debatte: Siegel, Achim „Die Konjunkturen des Totalitarismuskonzeptes in der Kommunismusforschung“ S.31ff in: Beilage zu Das Parlament (B20/98)

Kapitalismus“ über den Sozialismus, bzw. das Experiment des Sozialismus in Gestalt der DDR hätte sicherlich gemäß der Analyse von Otto Kirchheimer zur „Siegerjustiz“[20] Bedarf an diesem symbolischen Akt der juristischen Aburteilung des ehemaligen DDR-Regimes zur Legitimation eigener Herrschaftsansprüche anzumelden. Doch bei der friedlichen Revolution in der DDR handelte es sich offensichtlich um den Kampf um Anerkennung und Gewährung grundlegender Menschen- und Grundrechte von Seiten der überwältigenden Mehrheit der Ost-Bürger, deren Mißachtung und Unterdrückung im liberalen Rechtstaat gemäß des deutsch-deutschen Vereinigungsvertrages schließlich auch im Sinne einer menschenrechtsfreundlichen Auslegung des DDR-Rechts geahndet wurde. Nach Urteil des Bundesgerichtshofes[21] verstößt diese menschenrechtsfreundliche Auslegung des DDR-Rechts nicht gegen das Rückwirkungsverbot, da diese Interpretationsweise dem DDR-Recht selbst, spätestens seit der Unterzeichnung und Ratifizierung des „Internationalen Paktes über bürgerliche und politische Rechte“ (IPBPR) 1973 von seiten der DDR, als Möglichkeit innewohnt[22].

In dieser Auslegung des DDR- Rechts bildete die Komplexität des Geflechts von legalem Unrecht im Sinne von Rechtsbeugung und von Unrecht, das strafrechtlich nicht aufgegriffen wurde und auf den Zerfall der Sittlichkeit des Staates hinwies, den Hintergrund für die juristische Bewältigung der Menschenrechtsverletzungen der DDR im Rahmen der deutschen Vereinigung. Angesichts dieser un-

---

19 Dies entspricht beispielsweise der Position von Günter Jakobs „Vergangenheitsbewältigung durch Strafrecht?“ S.37ff in Isensee, Josef (ed.) „Vergangenheitsbewältigung durch Recht“ Berlin/1992

20 Kirchheimer, Otto „Politische Justiz“ (Frankfurt a.M./1985, insb. S.447ff): „Die Aburteilung der Großen von Gestern ist nicht eine beliebige Durchgangsstation auf dem langen Weg der Schwierigkeiten und Anpassungskünste, die einem Regime entweder größere Festigkeit verleihen oder es dem Zerfall entgegenführen. Die Abgrenzung des neuen Regimes vom alten und die Aburteilung der Politik und Praxis dieses alten Regimes können zu den konstituierenden Akten der neuen Ordnung gehören.“ (ebda. S.453)

21 Siehe BGH Urteil vom 27.Juli 1994 (AZ 5 StR 167/94, BGHSt 39, 1) 29f, das Urteil vom 19. April 1994 (AZ 5 StR 204/93, BGHSt 40, 113,116) und vom 20. März 1995 (AZ 5 StR 111/94, BGHst 41, 101,111f).

22 Der „(...) Bundesgerichtshof hat seine ‚menschenrechtsfreundliche Auslegung‘ (...) schließlich auch auf die Zeit vor Inkrafttreten des IPBPR in der DDR im Jahre 1976 ausgedehnt“, so Stefan Zimmermann „Die strafrechtliche ‚Bewältigung‘ der deutschen Diktaturen“ S. 870 in: Juristische Schulung (Zs) 1996, H.10. S.865ff

durchschaubaren Verhältnisse bezog sich der Bundesgerichtshof auch im Falle der sog. „Mauerschützenprozesse“ gemäß der Radbruchschen Formel zu gesetzlichem Unrecht nur auf diejenigen Fälle, in denen die Rechtswidrigkeit, die Verletzung der Menschenrechte so offensichtlich war, daß sich die betreffende Entscheidung nicht mehr als Bewahrung der Rechtssicherheit, sondern nur noch als Willkürakt verstehen läßt. Prominentestes und bedeutendstes Beispiel dieser Maßgabe sind die erwähnten Mauerschützenprozesse, in denen die Verantwortlichkeit für Todesschüsse an der Grenze vom einfachen Grenzsoldaten bis hin zu den obersten militärischen Rängen und zu den Mitgliedern des Politibüros verfolgt wurde. Bezeichnet werden damit die Fälle der Rechtsprechung nach der deutschen Vereinigung, in denen die radikale Grenzschutzpraxis der DDR mit dem äußersten Mittel des Schußwaffengebrauchs und tödlichen Folgen für die Flüchtlinge als Strafbestand behandelt wurde. In 263 Todesfällen an der deutsch-deutschen Grenze ermittelt die Staatsanwaltschaft – ca. 600 Fälle sind bis 1995 in der Zentralen Ermittlungsstelle für Regierungs- und Vereinigungskriminalität (ZERV) aktenkundig geworden. Zur Bewältigung dieser Prozeßflut wurde die Verjährungsfrist für Straftaten in der DDR[23] bereits zum zweiten Mal bis zum Oktober 2000 verlängert. Von besonderer Bedeutung ist diese Prozeßreihe durch die Rückverfolgung der Befehlskette, die vor allem auch durch die Entdeckung des sog. „Schießbefehls“, dessen Existenz lange Zeit geleugnet wurde, möglich war. Gemeint ist damit der Befehl Nr.76/61 des Ministers für nationale Verteidigung zum Schutz der DDR-Grenze und die Dienstvorschrift 30/10 Nr.204, die weitgehend identisch mit dem genannten Befehl war. Deren radikale Anwendung, d.h. die menschenrechtsverachtende Rechtspraxis bis hin zu willkürlichen Tötung von Flüchtigen konnte insbesondere durch negatives Verfahren, die Nichtahndung von Todesschüssen unter fragwürdigen Umständen, die Belobigung von Todesschützen[24], die Aufforderungen zur Mäßigung bzw. Unterlassung an Feier-

---

[23] Siehe: Riedel, Joachim „Schießbefehl und Verjährung“ in Deutsch-Deutsche Rechtszeitschrift (Zs) 1992, S.162ff.

[24] Dazu: „Vorsätzliche Tötung durch DDR-Grenzsoldaten, S. 2709, Sp.1 in: Neue Juristische Wochenschrift H.41, S.2708ff: „Die inzwischen allgemeinkundigen tatsächlichen Verhältnisse, die an der innerdeutschen Grenze herrschten, der Inhalt der Vergatterung und der Umstand, daß gezieltes Dauerfeuer auf unbewaffnete Flüchtlinge nicht zu Ermittlungen der DDR-Behörde gegen die Schützen, sondern zu ihrer Belobigung und Belohnung geführt hat (....)“. Der Begriff

tagen und anhand der expliziten Aufhebung im Frühjahr 1989 belegt werden[25]. In der menschenrechtsfreundlichen Auslegung des DDR-Rechts aber eröffnet sich deutlich die Möglichkeit des Widerstandes gegen die Ausführung eben dieses Befehls, der dem Grenzsoldaten völkerrechtswidrig erscheinen mußte:

„Eine Militärperson ist für eine Handlung, die sie in Ausführung des Befehls eines Vorgesetzten begeht, strafrechtlich nicht verantwortlich, es sei denn, die Ausführung des Befehls verstößt offensichtlich gegen die anerkannten Normen des Völkerrechts oder gegen Strafgesetze." (DDR-StGB § 258, Absatz 1)[26]

Die Schuldbemessung des Bundesgerichtshofs geht in dem Bezug auf das positive Recht der DDR von der Offensichtlichkeit der Rechtswidrigkeit der Todesschüsse an der Mauer aus[27]. In Absetzung von einer positivistisch am DDR-Recht orientierten Beurteilung der Fälle, der die menschenrechtsfreundliche Auslegung in ihren Konsequenzen gleichkommt[28], beschworen Kritiker wie Josef Isensee[29]

---

der „Vergatterung" bezieht sich auf ein besonderes gekennzeichnetes und zeitlich befristetes Pflichtverhältnis des Soldaten, das für den Grenzschutz der DDR genutzt wurde.

[25] Dazu: Roman Grafe „Aufspüren, festnehmen oder vernichten" in: Süddeutsche Zeitung 26./27.10.1996, S.10. Die Aufforderung, Grenzverletzer „festzunehmen bzw. zu vernichten" entstammt den sogenannten Jahresbefehlen (1969/1971/1973/1975) des DDR-Ministeriums für nationale Verteidigung und wurde seit 1976 nicht mehr verwendet (siehe dazu BGH-Urteil vom 26.7.1994-5StR 98/94/LG Berlin, Neue Juristische Wochenschrift 1994, S.2704). Der Jahresbefehl 101 von 1989 fordert schließlich auf, die Anwendung der Schußwaffe zuverlässig auszuschließen". Im Revisionsverfahren (BGH-Urteil vom 8.11.1999 – 5 StR 632/98, Berlin, S. 445 in Neue Juristische Wochenschrift 2000, S.443ff) wird er als genauer als „verpflichtende Anordnung für die Grenzsoldaten" bezeichnet.

[26] Dazu auch WStG § 5 Abs.1: „Begeht ein Untergebener eine rechtswidrige Tat, die den Tatbestand eines Strafgesetzes verwirklicht, auf Befehl, so trifft ihn eine Schuld nur, wenn er erkennt, daß es sich um eine rechtswidrige Tat handelt oder dies nach den ihm bekannten Umständen offensichtlich ist."

[27] Siehe Klaus Marxen und Gerhard Werle „Die strafrechtliche Aufarbeitung von DDR-Unrecht", insb. BI „Die Gewalttaten an der deutsch-deutschen Grenze" Berlin/1999, S.21.

[28] Zur Diskussion der Positionen unter den Stichworten „Faktizität als lex: Der extensive Positivismus", „Normtext als lex: Der restriktive Positivismus", „Systemimmanente Auslegung als lex und die „natur-oder menschenrechtliche Begrenzung faktischer und normativer Straffreistellungen" Zimmermann, Stefan „Die strafrechtliche Bewältigung der deutschen Diktaturen" in Juristische Schulung 1996, H.10, S.865ff.

Konvention zum Schutze der Menschenrechte und Grundfreiheiten

04. 11. 1950

Artikel 7

(1) Niemand kann wegen einer Handlung oder Unterlassung verurteilt werden, die zur Zeit ihrer Begehung nach inländischem oder internationalem Recht nicht strafbar war. Ebenso war keine höhere Strafe als die im Zeitpunkt der Begehung der strafbaren Handlung angedrohte Strafe verhängt werden.

(2) Durch diesen Artikel darf die Verurteilung oder Bestrafung einer Person nicht ausgeschlossen werden, die sich einer Handlung oder Unterlassung schuldig gemacht hat, welche im Zeitpunkt ihrer Begehung nach den allgemeinen von den zivilisierten Völkern anerkannten Rechtsgrundsätzen strafbar war.

(„Menschenrechte in der Welt", hrsg. vom Auswärtigen Amt, 2. A., Bonn 1979)

angesichts dieser historisch bedingten Befangenheit der Grenzposten, daß nur Taten, die auch gemäß DDR-Recht als Exzesse der Grenzschutzpraxis zu werten seien, strafrechtlich verfolgbar sind. Und in extremer Auslegung dieses historischen, ideologischen Kontextes des Handelns der befehlsabhängigen Schützen argumentiert Günter Jakobs in systemimmanenter Perspektive des in der DDR praktizierten Rechts als Orientierungsrahmen für die Schützen an der Mauer: „Auch der Sozialismus war nicht nur eine Methode zur Handhabung von Recht, sondern er gestaltete Recht, und zwar auf seine Art, nicht auf die Art der Staaten in bürgerlichen Gesellschaften. Der Flüchtling wurde nicht in falscher Handhabung der am Tatort geltenden Rechtsordnung erschossen, sondern die geltende Rechtsordnung selbst stellte ihn rechtlos“[30]. Aus diesem Blickwinkel ist das Individuum jedoch absolut dem Schleier der Ideologie bzw. den normativen Gehalten einer pervertierten Rechtspraxis ausgeliefert. Die Aussagen von Zeitzeugen sprechen dagegen, daß hier nur systemadäquates Verhalten und ein den ideologischen Anforderungen des Staates vollkommen angepaßtes Denken und Empfinden die Bürger der DDR beherrschte. Die Doppelbödigkeit von Anpassung und Eigensinn im DDR-Alltag schildert äußerst eindrucksvoll Jens Reich, einer der Erstunterzeichner des Neuen Forums, im Oktober 1989 im Rahmen eines Interviews auf die Frage hin, wovon er sich befreien wolle: „Angst ist das Allerwichtigste. Diese ständige Angst, die in den allermeisten Menschen vorhanden ist. Es haben sich nur wenige in den letzten Jahren davon befreien können. Dieses im Privaten alles wissen, alles sagen, aber draußen Angst haben, entweder Angst haben vor der Stasi oder Angst haben vor dem Chef, oder Angst haben, es könnte die Reise nach dem Westen kosten, oder es könnte den Studienplatz kosten oder den Ausbildungsplatz des Sohnes. Diese innere Angst, die zu verschlungenen Formulierungen, zu beflissener Kritik führt, wenn man schon mal etwas sagte, zu einer

---

[29] Jsensee, Josef „Nachwort. Der deutsche Rechtsstaat vor seinem unrechtsstaatlichen Erbe“, S.107 in ders. ed. „Vergangenheitsbewältigung durch Recht“ Berlin/1992

[30] Jakobs, Günter s.o. , S.53. Siehe dazu auch Michael Pawlik („Das positive Recht und seine Grenzen“, S. 95 ff in Orsi, Giuseppe u.a.eds. „Gerechtigkeit“ Frankfurt a.M./1993), der von einer Perplexität des DDR-Rechts in dem Sinne spricht, die „(...) besondere Perversität der DDR nicht darin lag, daß sie bestimmte Delikte nicht verfolgte, sondern, was weitaus schlimmer ist, daß sie

Kritik, die von vorneherein mit Kratzfuß versehen war. Angst ist ganz weit verinnerlicht bei uns in der Bevölkerung. (...) Angst ist das eine, das andere ist die Resignation, die Lethargie, dieses im Schneckenhaus sitzen und das Gefühl haben, man hat die eigenen vier Wände. Und die Familie und die Freunde bringen das alles ins Heimliche, ins Freundliche"[31]. Der Wert des geschriebenen Rechts als Schutz vor staatlicher Willkür, wie es das Menschenrecht in seiner naturrechtlichen Herkunft intendiert, war für den DDR-Bürger und Grenzsoldaten offensichtlich mehr als zweifelhaft, definitiv hatten alle Staaten des Ostblocks in ihre Rechts- und Verfassungsordnungen einen „Willkürvorbehalt zugunsten der Parteien ‚der Arbeiterklasse' hineingenommen" und real auch ausgeübt. Der „Schutz der Mauer" als Essenz der despotischen regierenden Staatsraison"[32] steht dem in den Gerichtsurteilen angewandten Vorwurf des „vermeidbaren Verbotsirrtums" (§17, StGB) gegenüber, demzufolge der Grenzsoldat das Mißverhältnis zwischen der radikalen Grenzschutzpraxis im Interesses des Staates und dem Rechtsgut des Lebens erkennen hätte müssen.[33] In der juristischen Diskussion führte die Systematisierung der einzelnen Fälle der unmittelbaren Tatausführungen, vom „einfachen Schußwaffengebrauch" bis hin zu „Schüssen ohne Vorwarnung" oder „Tötung durch unterlassene Hilfeleistung" für die direkten Schützen zu relativ milden Urteilen bis zu zwei Jahren mit Bewährung[34].

---

eine Reihe verwerflicher Handlungen gar nicht unter Strafe stellen konnte, weil ihre Existenz auf der Zulassung dieser Handlungen beruhte" (S.101ebda).

[31] Reich, Jens „ Am wichtigsten ist die Befreiung von der Angst", S.29f in Rein, Gerhard (ed.) „Die Opposition in der DDR" Berlin/1989, S.27ff.

[32] Nach Klaus Adomeit „Die Mauerschützenprozesse – rechtsphilosophisch" S.2915, in: Neue Juristische Wochenschrift (Zs) H.45/1993, S.2914ff

[33] BGH, Urteil vom 3.11.1992 – 5 StR 370/92, LG Berlin, Neue Juristische Wochenschrift 1993, S.141ff.

[34] Wassermann, Rudolph „Zur Bewertung der strafrechtlichen Aufarbeitung des DDR-Unrechts", S.404 (in: Neue Juristische Wochenschrift, Zs, H.6, 2000, S.403ff): „Bei 108 Anklagen wurden 103 Personen rechtskräftig verurteilt, davon 15 zu einer Freiheitsstrafe ohne und 88 zu einer Freiheitsstrafe mit Bewährung". Die vergleichsweise zu anderen Komplexen der Strafverfolgung wie z.B. Rechtsbeugung, strenge Bewertung in den Mauerschützenprozessen führt Wassermann auf die Anwendung menschenrechtsfreundlicher Interpretation des DDR-Unrechts und die Ausweitung der Radbruchschen Formel zurück und bedauert insgesamt, daß es zu keiner Aufhebung des Rückwirkungsverbotes gekommen ist, um mit dem Unrechtsregime abrechnen zu können.

Die Annahme, daß den Grenzsoldaten trotz sozialistischer Propaganda und Indoktrination, trotz Erziehung und Widersprüchlichkeit realer Sanktionsmechanismen innerhalb der Rechtspraxis der Grenztruppen hinsichtlich der Todesschüsse auf Flüchtlinge – Belohnung anstelle von Bestrafung – die „Stimme des Gewissens" den rechten Weg, die richtige Entscheidung offenbaren mußte, und nicht zuletzt die Annahme, daß die Existenz einer solchen Autonomie des Gewissens bereits die Pflicht zu tätigem Widerstand begründen kann, wird auch gegen die Argumentation des Politbüros, der eigentliche Machthaber in der DDR wäre die Sowjetunion gewesen[35], angewandt. Erst sechs Jahre nach dem ersten Mauerschützenprozeß gegen einen ehemaligen Grenzsoldaten der DDR (BGH-Urteil vom 3.11.1993) erhob die Staatsanwaltschaft in Berlin Anklage gegen das Politibüro, gegen die ehemaligen Hauptverantwortlichen des politischen Führungsgremiums der DDR. Neben dem erheblichen Zeitaufwand, den die Beweissuche erforderte, war dafür auch die generelle Planung der strafrechtlichen Aufarbeitung des Unrechts der DDR als ursächlich dafür anzusehen, daß man die unmittelbaren Täter vor den militärisch oder politisch Verantwortlichen der Grenzschutzpraxis vor Gericht stellen wollte.

„Vor Gericht standen auch die „Täter hinter den Schützen", so die Vorsitzende des Prozesses am Bundesgerichtshofs gegen Egon Krenz, Günter Schabowski und Günther Kleiber. Und weiter: „Bei ihnen im Politbüro als dem mächtigsten Organ der DDR sei der ‚Klassenauftrag' an die Grenztruppen definiert worden, wonach die Grenzsoldaten unbedingt die Unversehrtheit der DDR-Grenze zu sichern hätten"[36]. Egon Krenz, Günter Schabowski und Günther Kleiber wurden in vier Fällen – ursprünglich sollten 66 Fälle verhandelt werden – für Todesschüsse an der Mauer zur Verantwortung gezogen: „Alle drei Angeklagten waren an zwei Beschlüssen des Politibüros, der Angeklagte Krenz des Weiteren an einem Beschluß des Nationalen Verteidigungsrats beteiligt, die letzlich zu den tödlichen Schüssen führten"[37]. Insbesondere der Politbüro-Beschluß vom

[35] Siehe dazu: Schneider, Jens „Täter hinter den Schützen", S.3 in Süddeutsche Zeitung Nr.259, 9.11.1999.

[36] Wiedergegeben nach Schneider, Jens „Die Täter hinter den Schützen", Süddeutsche Zeitung Nr. 259, 9.11.1999, S.3

[37] BGH-Urteil vom 8.11.1999 -. 5 StR 632/98 (Berlin), S.444 in: Neue Juristische Wochenschrift H.6, 2000, S.443ff.

1.6.1985, der die bisherige Praxis des Grenzschutzes, die unter der Begründung der „Wahrung des Klassenauftrags" der Unverletzbarkeit der Grenzen Vorrang vor dem einzelnen Leben gegeben wurde, unverändert fortgeführt und verursachte in den darauffolgenden Jahren die Tötung von drei Flüchtlingen. Im juristischen Apparat wird deutlich zwischen Befehlenden und Befehlsabhängigen, zwischen obersten militärischen und politischen Funktionsträgern entsprechend der militärisch-politischen Befehlshierarchie des Grenzschutzes der DDR und dem einfachen Grenzsoldaten[38] als ausführendem Täter unterschieden. Dies ist zum einen eine Frage der Verantwortlichkeit und nicht zuletzt auch eine Frage des Informationsvorsprungs, durch den die Angeklagten in ihrer Meinungs- und Gewissensbildung außerhalb der ideologischen Weltdeutung ihres Gesellschaftssystems moralische Orientierung finden konnten. Den Mitgliedern des Politbüros wurde deshalb in der Urteilsbegründung entgegengehalten, daß sie nicht nur „(...) über Vorfälle mit gewaltsam verhinderten Fluchten und über aufsehenerregenden Umständen gelungene Fluchten informiert" waren, sondern ihnen standen auch „(...) die westlichen Medien zur Verfügung, die über die Ereignisse an der Grenze berichteten. Ihnen war bekannt, daß die praktizierte Form der Grenzsicherung im westlichen Ausland als menschenrechtswidrig angesehen und scharf kritisiert wurde"[39]. Die Urteile für die politisch und militärischen Hauptverantwortlichen fielen dementsprechend höher aus: Für „Tötung in mittelbarer Täterschaft" wurde Krenz zu sechs Jahren und sechs Monaten, Schabowski und Kleiber zu je drei Jahren Haft ohne Bewährung verurteilt. Die Revisionen blieben erfolglos.

Für die moralisch-ethische Betrachtung der Mauerschützenprozesse insgesamt bleibt weiterhin die Frage nach der Bedeutung und Einflußmöglichkeit einer vermeintlichen „Stimme des Gewissens" offen und ist sicherlich ausschlaggebend für die sittliche Bewältigung der Vergangenheit. Die Autonomie und Durchsetzungskraft des Gewissens wird in den Urteilen vorausgesetzt, doch kann man hinsichtlich dieser hypothetischen Voraussetzung von der Existenz und Wirk-

---

[38] Eine vollständige Auflistung der juristischen Differenzierungen findet sich bei Hervig Roggemann „Die strafrechtliche Aufarbeitung der Vergangenheit der DDR", S.119 in: Dobring, Ulrich (ed.) „Die Strafrechtsjustiz der DDR im Systemwechsel" Berlin/1998, S.111ff.

[39] BGH-Urteil vom 8.1.11.1999 – 5 StR 632/98 (Berlin), S.445 in: Neue Juristische Wochenschrift 2000, H.6, S.443ff.

samkeit einer unüberhörbaren „Stimme des Gewissens" eine Unterscheidung nach „individueller Verantwortlichkeit" gemäß der Stellung der betreffenden Person in einer Befehlshierarchie überhaupt vollziehen, wenn das Gewissen anderseits als die entscheidende moralische Instanz subjektiver Autonomie jenseits realer Machtverhältnisse und Zwangssituationen angesehen wird, in der das Individuum nur sich selbst verpflichtet ist? Für Lothar Fritze gibt es den „Täter mit gutem Gewissen" im diktatorischen Sozialismus als denjenigen Menschen, der entweder dem Zielgehalt seiner Handlung, die er auf sozialen Druck oder gar auf Befehl hin vollzogen hat, zustimmt und sie deshalb für moralisch einwandfrei hält oder als eine Person, die in der Haltung des Opportunismus auch ohne innere Überzeugung von der moralischen Qualität der Handlung die Anpassung an geforderte Orientierungen durch entsprechende Aktivitäten für richtig hält. Im Falle der Mauerschützenprozesse provoziert nach seiner Meinung gerade eben dieses „(...) auch heute noch anhaltende Gewissen bei Personen, die nach allgemeiner Überzeugung als schuldbeladen gelten und deshalb als ‚Täter' rubriziert werden, (...) ein allgemeines Erschrecken und hat gleichsam zu einer zweiten Welle der moralischen Entrüstung geführt, die sich nun nicht nur auf die früheren Taten, sondern ebenso auf das heutige gute Gewissen bezieht. Viele sind (...) überrascht, Täter mit anhaltend gutem Gewissen überhaupt anzutreffen. Man begegnet ihnen verständnislos – häufiger wohl mit dem Vorwurf eines (abermaligen) moralischen Versagens"[40]. Der Begriff des „Gewissens", gedacht als Instanz individueller Autonomie innerhalb eines jeden beliebigen Gesellschaftssystems wird in dieser Perspektive zum Schlüsselbegriff der sittlichen Dimension der deutsch-deutschen Vergangenheitsbewältigung. Es ist im Folgenden zu klären, was dieser Begriff beinhaltet, um ein eigenes Urteil auch jenseits der abgeschlossenen Rechtssprechung finden zu können.

[40] Frize, Lothar „Täter mit gutem Gewissen – Über menschliches Versagen im diktatorischen Sozialismus" S. 53 Köln/1998. Interessant ist aus dem Blickwinkel der - seit Max Weber „Politik als Beruf" (1919) für die geschilderten Haltungen meist verwendeten Kategorien der Gesinnungs- und Verantwortungsethik, die Feststellung, daß die Diktatur gerade den Widerständigen dazu zwingt, sich verantwortungsethisch, d.h. strategisch zu verhalten (S.270).

2. Die Schlüsselrolle des „Gewissens“ im Licht sozialphilosophischer und sozialpsychoplogischer Interpretationen

Gewissen, Mündigkeit und Verantwortlichkeit bilden einen gemeinsamen Themenkomplex, der gerade im Hinblick auf Strafzumessung in der Rechtsprechung eine zentrale Bedeutung hat. So stellte sich bereits in den Nürnberger Prozessen die Problematik der Voraussetzung eines "Unrechtsbewußtseins" hinsichtlich der Verantwortlichkeit eines Täters, von dem erwartet wurde, die "(...) Widersprüche zwischen internem und internationalem Recht zu erkennen und nationalen Gesetzen nur zu gehorchen, wenn sie im Einklang mit völkerrechtlichen Normen stehen"[1]. Dem Gewissen - sei es verstanden als Sprachrohr göttlicher Vernunft oder anderer Quellen naturrechtlicher Gerechtigkeitsvorstellungen auch innerhalb totalitärer Staatssysteme – wird zugerechnet, individuellen Widerstand zu begründen. Doch stellt sich dann die Frage, ob das „Gewissen“ in den vom säkularisierten Staat freigestellten Bereichen sich nicht auch gegen den liberalen Rechtsstaat selbst richten und die durch ihn gewährte Rechtssicherheit gefährden kann: Denn das „(...) ursprünglich nur im Bereich der Religion wirksame Prinzip der Gewissensfreiheit als metajuristisches Prinzip des modernen säkularisierten Staates vermag ebenso dessen Fortentwicklung wie dessen Untergang zu bewirken“[2]. In radikaler Weise wird diese dem Gewissen inhärente Möglichkeit zur Negation und zum Widerstand in der Rechtsprechung zu den sog. „Mauerschützenprozessen“ den Schützen, wie vor allem auch den politischen und militärischen Verantwortlichen des DDR-Regimes als Anspruch ent-

---

[1] Weber, Jürgen "Sinn und Problematik der Nürnberger Kriegsverbrecherprozesse" S.13 in Aus Parlament und Zeitgeschichte B48/68 (30.11.1968). Für Gesine Schwan („Politik und Schuld“ Frankfurt a.M./1997) bietet das Zusammenspiel von selbstverleugnender Disziplinierung und Gesinnungsethik eine Erklärung, weshalb das Schuld- bzw. Unrechtsbewußtsein so vieler Deutscher im Nationalsozialismus ausgeschaltet zu sein schien: „Die Verabsolutierung instrumenteller Tugenden und die Härte gegen die eigenen Empfindungen, gerade auch das Mitleid, waren wichtige ideologische Brücken, die die beiden einander theoretisch ausschließenden Ethiken der Tradition und des Nationalsozialismus in der Praxis miteinander zu verbinden erlaubten.“ (ebda., S.80). „Schuld“ definiert dementsprechend als „Selbstwiderspruch“: „Ich mache mich schuldig, wenn ich mich im Widerspruch zu meinen Normen verhalte“ (ebda. S.58).

gegengehalten. In eben diesem radikalen Sinne wohl galt für den Protestanten Dietrich Bonhoeffer, den die Widerstandstätigkeit im Nationalsozialismus das Leben gekostet hat, das Gewissen als „(...) der aus der Tiefe jenseits des eigenen Willens und der eigenen Vernunft sich zu Gehör bringende Ruf der menschlichen Existenz zur Einheit mit sich selbst“[3].

Doch der in der Gegenwart selbstverständliche Verweis auf das Gewissen in zwischenmenschlichen Beziehungen als Hort unangefochtener moralischer Richtlinien des Subjekts beruht ebenso auf geistesgeschichtlichen Voraussetzungen wie der Annahme und der Anerkennung eines reflektierten Selbstbewußtseins, das sich in seiner Individualität aufgrund freier Entscheidung in vorgegebene Verhaltensmuster einfügt oder, im Falle des Widerstandes bzw. zivilen Ungehorsames, eben auch nicht. In seinem gegenwärtigen Verständnis und in seiner individuellen Erfahrung ist das Gewissen als Teil unseres praktischen Selbstverhältnisses geprägt durch einen Entstehungszusammenhang, der im zeitlichen Horizont zwischen Reformation und Aufklärung verortet werden kann. Das Phänomen des Gewissens selbst ist freilich älter als seine begriffliche Fassung, die etymologisch gesehen dem griechischen “syneidesis” bzw. dem lateinischen Wort “conscientia”[4] entspricht. In diesem allgemeinen Sinne menschlicher Erfahrung ist im „(...) Gewissen eine sittliche Erfahrung ausgedrückt, in der ein Akt des Wissens von einer Norm verbunden ist mit einem Gefühl der Unlust oder des Schmerzes in Folge der Abweichung von den Regeln einer Gemeinschaft“[5], der jeder Einzelne angehört und die als göttliche Normierungen interpretiert werden. Die moderne Interpretation des Phänomens „Gewissen“ aber geht von einer Reflexionsfähigkeit des Menschen aus, die sich nicht nur auf die Rezeption einer Handlungsorientierung durch göttliche Gebote

[2] Mock, Erhard „Gewissen und Gewissensfreiheit“ S.91 s.o.

[3] Bonhoeffer, Dietrich „Ethik, S.257 (1949) Gütersloh/1984

[4] Zu übersetzen im Sinne von „Mitwissen“, „gemeinsames Wissen“ als Hintergrund gemeinsamer Lebensform

[5] Kittsteiner, Heinz „Die Entstehung des modernen Gewissens“ München/1991, S.19. Kittsteiner betont, daß das Phänomen des Gewissens insbesondere im Falle der Abweichung von den Normen der jeweiligen Lebensgemeinschaft oder Gesellschaft eine selbstinszenierte Schuldzuweisung leistet, die auch eintritt, wenn das “Vergehen” unbeobachtet bleibt.

beschränkt, die einst Antigone durch ihre Widersprüchlichkeit in Bedrängnis brachten. Ihm liegt die Annahme einer Urteilsfähigkeit des Subjekts zugrunde, durch die sich der Mensch als autonomes Wesen im Rahmen gesellschaftlicher Normen oder gar gegen diese zu entscheiden weiß, die in der antiken Thematisierung des Gewissens in Gestalt der recta ratio alles Tuns wie bei Cicero oder Seneca[6] nicht angesprochen war: „Vom Gewissen kann man nur reden, wenn man den Menschen für verantwortlich hält, wenn man ihm also die Freiheit zur ethischen Entscheidung zumutet und zugesteht. Gewissen ist also so verstanden der Inbegriff verantwortlicher Personalität und Freiheit“[7]. Der Mensch in diesem Sinne als freie und zugleich verantwortliche Person steht im Zentrum des modernen Weltbildes und der rechtsstaatlichen Konstruktion des gesellschaftlichen Zusammenlebens.

Die dem Säkularisierungsprozeß des Staates vorangehende Glaubensspaltung der christlichen Kirche bereitet nicht nur den Boden für die staatliche Gewährleistung des Rechtes auf Glaubens- und Gewissensfreiheit, durch die die Legitimation des Staates „ (...) nicht in seiner geschichtlichen Herkunft oder göttlichen Stiftung, nicht im Dienst an der Wahrheit, sondern in der Bezogenheit auf die freie selbstbestimmte Einzelpersönlichkeit, das Individuum“[8] verankert wird. Die Glaubensspaltung führte auch zu einer unterschiedlichen Einschätzung des Stellenwerts der individuellen Orientierungssuche und Gewissensbildung für das Seelenheil des Einzelnen in den beiden christlichen Kirchen, die den kulturellen Kontext der westeuropäischen modernen Gesellschaften entscheidend geprägt

[6] Siehe dazu Stefan Hübsch „Philosophie und Gewissen“, insb. S.234ff Göttingnen/1995, der sich stark an die Analyse von Ilsetraut Hadot („Seneca und die griechisch-römische Tradition der Seelenleitung“ Berlin/1969) anlehnt und die Prüfung des Gewissens (examina conscientiae) für die römische Antike als Ergebnis philosophischen Bildungsprozesses beurteilt, der freilich nur wenigen zugänglich war.

[7] Honecker, Martin „Einführung in die Theologische Ethik“, S.127 Berlin/1990. Mit anderen Worten und emphatischer Betonung des normativen Aspekts (Hans Lenk „Einführung in die angewandte Ethik: Verantwortlichkeit und gewissen“ Stuttgart/1997, S.39): Im Gewissen dokumentiert sich die konkrete Humanität als normativer Anspruch und Fremdappell.“

[8] Böckenförde, Ernst-Wolfgang „Die Entstehung des Staates als Vorgang der Säkularisation“ S.89 in ders. „Säkularisation und Utopie“ Stuttgart/1967, S.75ff.

haben[9]. So urteilt Martin Luther über die Freiheit und Rechtschaffenheit des Christenmenschen folgendermaßen: Wir sehen, „(...) daß ein Christenmensch am Glauben genug hat; er bedarf keines Werkes, um rechtschaffen zu sein. Bedarf er nun keines Werkes mehr, so ist er gewiß von allen Geboten und Gesetzen entbunden; ist er davon entbunden, so ist er gewiß frei. Das ist die christliche Freiheit: der Glaube allein. Er bewirkt nicht, daß wir müßiggehen oder übel tun könnten, sondern daß wir keines Werkes bedürfen, um Rechtschaffenheit und Seligkeit zu erlangen."[10] Hingegen bedarf es im Katholizismus unbedingt der tätigen Umsetzung von Glaubensüberzeugung unter der mäeutischen Führung der Kirche gegenüber der synteresis der Gläubigen. In strenger Auslegung kann dies zu der Überzeugung führen, daß eben da, „(...) wo Menschen sich moralisch an der jeweiligen Ordnung vergehen, ketzerische Unwahrheiten behaupten, (...) die Kirche keine Geburtshelferdienste geleistet"[11] hat. Thomas von Aquin jedoch

[9] Wenn auch 1999 in Augsburg, der Stadt, in der einst 1555 der Religionsfrieden die Konfessions-Teilung gemäß dem Leitspruch „cuius regio, eius religio" begründet wurde, feierlich eine gemeinsame Erklärung zur Rechtfertigungslehre in öffentlichem Rahmen von Lutheranern und der katholischen Kirche abgegeben wurde, die einen ersten Schritt in Richtung gegenseitiger Anerkennung in „versöhnter Verschiedenheit" darstellt, so zeigen sich außerhalb dieser dogmatischen Ebene weiterhin eklatante Unterschiede auf der praktischen Ebene. Gerade die letzten Entscheidungen der katholischen Kirche wie z.B. „die Rückstufung der Laien, die Verschärfung des Pflicht-Zölibats sowie die Nichtzulassung von Frauen zum Amt" und "autoritäre Entscheidungen aus Rom, etwa zur Beratung von schwangeren Frauen, bedrücken nicht nur Katholiken", wie Robert Leicht in der ZEIT (Nr. 45, 4.11.1999, S.11) richtig bemerkt, sondern bekräftigen die Kirchenspaltung auch in der Gegenwart noch in unüberwindbarem Maße. Wie Leicht einschätzt, geht es vor allem darum „(...) Übereinstimmungen und Differenzen so zu fassen, daß ein gemeinsames Miteinander möglich wird, daß der Streit also zu einer Koexistenz ‚entspannt' wird" (ebda.).

[10] Luther, Martin „Von der Freiheit des Christenmenschen" S.167, Gütersloh/1983. Paul Tillich spricht hier in Absetzung vom ethischen Idealismus von einer „Transmoralität des Gewissens", da nicht etwa die Selbstermächtigung des Einzelnen, sondern die Vorordnung des Evangeliums vor das Gewissen, die Selbstbefreiung im Glauben angesprochen sei.

[11] Mokrosch, Reinhold „Das religiöse Gewissen", S.24, Stuttgart/1979. Siehe dazu auch: Kaufmann, Arthur „Das Gewissen und das Problem der Rechtsgeltung", insb. S.9, Heidelberg/1988. Zum Verständnis des Gewissens in anderen Religionen siehe Jan Assmann (u.a.ed.) „Schuld, Gewissen und Person" Gütersloh/1997

gestand auch dem schuldlos irrenden Gewissen eine Verpflichtungskraft zu, die letzte Verbindlichkeit beanspruchen kann: „Unde dicendum est simpliciter quod omnis voluntas discordans a ratione sive recta sive errrante, semper es male“[12]. Bei näherer Betrachtung der wissenschaftlichen Interpretationen des menschlichen Gewissensphänomens erweist sich nicht nur für die Theologie der Begriff des Gewissens als strittig in seiner Verortung und Aussagekraft, sondern auch die “Geschichte der Kultivierung des Gewissens“ zeigt sich als hin-und hergezogen „(...) in dieser Spannung zwischen einem ‘Gewissen der Folgsamkeit’ und den an bestimmten Punkten der historischen Entwicklung immer wieder durchbrechenden Autonomieposition”[13]. Entscheidend für diese Bewegung sind nicht zuletzt gesellschaftliche Problemlagen, die zu neuen Begründungen von Werten, Normen und Gesetzen herausfordern, sondern auch geistesgeschichtliche Umbrüche, die traditionelle Legitimationsstrategien von Herrschaft, Moral und Sittlichkeit in Frage stellen. Nach Erhard Mock („Gewissen und Gewissensfreiheit“ Berlin/1983) entwickelten sich neben der theologischen Begründung des Gewissens im folgenden drei weitere geistesgeschichtliche Grundpositionen zum Begriff des Gewissens, die in diesem spezifisch menschlichen Phänomen entweder eine autonome Vernunftfunktion sahen oder es durchgängig als durch gesellschaftliche Determinierung bzw. triebbedingten Konfliktcharakter[14] bestimmt einschätzten. So suchte die Philosophie des 17. Jahrhunderts zunächst eine Ablösung vom religiös bestimmten Gewissen, das als vor allem im Inneren verwurzelte Kraft der Moral die signifikanten Schwächen von Vergeistigung in der Auseinandersetzung von moralischen Geboten und Triebstruktur des Menschen erwies. Fragen nach externen Mechanismen der Verstärkung durch die Instanz des Staates wie etwa bei Thomas Hobbes, die möglichen Antworten eines empirischen Sensualismus wie bei John Locke durch das Phänomen der Affektsteuerung beispielsweise suchten nach einer Neubegründung des Gewissens in der philosophischen Diskussion im Verzicht auf metaphysische oder

---

[12] Thomas von Aquin „Summa theologica“, I, II, qu. 19,5. Begründet ist dies durch die ratio als unhintergehbare, wenn auch fehlbare menschliche Orientierungshilfe.

[13] Kittsteiner, Heinz “Die Entstehung des modernen Gewissens” s.o., S.22

theologische Argumentationsmuster. Durch die Ablösung der Beziehung des Menschen zu Gott als der Gnade spendenden Autorität in der wissenschaftlichen Gewissensinterpretation, findet sich der Mensch im Zeitalter der Aufklärung schließlich alleine mit sich und seinen Mitmenschen. Nach Immanuel Kants Untersuchungen zur „inneren Stimme des Gewissens" treibt vor allem das Gefühl der Erhabenheit den Menschen dazu an, sich den Anweisungen des inneren Gerichtshofes des Gewissens zu beugen: „Der ideale Bürger der Aufklärung naht sich Gott nicht mehr als unveränderlicher Sünder, der passiv die rechtfertigende Gnade empfängt; an Stelle des erlösenden Opfers Christi, bringt er das mit sich selbst versöhnende Opfer in eigener Person: im schmerzhaften Einschränken der Lust, in der Niederschlagung der Selbstliebe. Hat er diese Leistung aber erbracht, so gehört auch das Gefühl des Triumphes ihm selbst. Was Kant der Gnade nimmt, gibt er der menschlichen Würde"[15]. Die Errungenschaft der Autonomieposition aber muß der Mensch mit der hohen Belastung der unvertretbaren Verantwortlichkeit bezahlen. Doch dem Gedanken einer Gewissensbasis im freien Willens der abstrakt gleichen Subjekte treten im 19. Jahrhundert sozialwissenschaftliche und psychologische Ansätze entgegen, aus deren Perspektive der Mensch als gesellschaftlich geprägtes Wesen nicht nur den historisch-kulturell bedingten Weltdeutungen in seiner moralischen Handlungsorientierung ausgeliefert ist, sondern in seinem Bewußtsein - sei es durch intrapsychische Prozesse, sei es durch materiell bedingte Herrschaftsstrukturen der Gesellschaft - nur bedingt frei[16], d.h. begrenzt oder gar determiniert durch intrapsychische Prozesse oder materielle Lebensbedingungen entscheiden und agieren kann.

---

[14] Mock, Eberhard „Gewissen und Gewissensfreiheit" S.59/60, Berlin/1983

[15] Kittsteiner, Heinz „Die Entstehung des modernen Gewissens", S.277, s.o.

[16] Christoph Schulte spricht für die Moderne gar von einer „lebensweltlichen Neutralisierung" des Bösen durch empirische Wissenschaft und soziologische Milieutheorie (ders. in „Radikal Böse", insb. S.325, München/1989), bzw. von einem Prozeß der „humanwissenschaftlichen Entmoralisierung", der die personale Zuschreibung von Gut und Böse (ders. „Böses und Psyche. Immoralität in psychologischen Diskursen", S.300ff in: Colpe, Carsten u.a.eds. „Das Böse" Frankfurt a.M./1993), damit auch von Verantwortlichkeit, Moralität oder Schuld bzw. der Schlüsselstellung von Gewissens für individuelle Handlungsorientierungen zunichte macht.

Vor allem die Grundthese der "Verinnerlichung" des Gewissens, durch die der Vorgang der Wahrnehmung von Normen und moralischen Handlungsorientierungen aus wissenschaftlicher Perspektive in der Moderne als von einer als extern erfahrenen Instanz in das Innere des Menschen selbst verlagert gesehen wird, erscheint für die Beantwortung rechtsphilosophischer Fragestellungen zu Schuld und Pflicht, Verantwortlichkeit, Freiheit und Widerstand in der Gegenwart von Belang. Sie erschwert die Analyse der Verantwortlichkeit des handelnden Subjekts im Licht Kultur- und ideologiekritischer Erwägungen, d.h. einer Analyse des subjektiven Handelns im gesellschaftlichen Kontext unter Berücksichtigung von Phänomenen wie kulturellen Anforderungen der psychosozial bedingten Triebregulation und sozialintegrativer Erwartungsdruck in Familie und Gesellschaft oder politisch und ökonomisch bedingte Herrschaftsstrukturen, bzw. staatliche Herrschafts- und Kontrollmechanismen, zu denen nicht zuletzt auch die Rechtsprechung gehört.

So sieht beispielsweise Sigmund Freud aus kulturkritischer Perspektive im Gewissen nicht etwa die Stimme der Freiheit am Wirken, die von einem gelungenen Selbstverhältnis des Einzelnen zeugt, sondern er identifiziert hier das Wirken repressiver Momente der Kultur. Denn für ihn entwickelt sich das Gewissen aus der Angst des Kindes vor der erziehenden Autorität, die später zur Angst vor dem sog. „Über-Ich" erwächst, das die normativen Anforderungen der Gesellschaft repräsentiert: „Die Kultur bewältigt also die gefährliche Aggressionslust des Individuums, indem sie es schwächt, entwaffnet, und durch eine Instanz im Inneren wie durch eine Besetzung in der eroberten Stadt überwachen läßt"[17]. Der Einzelne wird aus dieser Perspektive regiert vom Gewissen im Sinne einer „sozialen Angst", die sich als innerpsychischer Konflikt gebärdet. „Schuldempfinden" scheint aus dieser Perspektive als „Preis für kulturellen Fortschritt" unvermeidbar, wie es ähnlich auch Friedrich Nietzsche beurteilt hat. Für Nietzsche scheinen die modernen Menschen „Erben der Gewissensvivisektion und Selbsttierquälerei von Jahrtausenden: darin haben wir unsere längste Übung,

[17] Freud, Sigmund „Das Unbehagen in der Kultur" (1929), S.250 in ders. „Fragen der Gesellschaft, Ursprünge der Religion", Studienausgabe Bd. IX, Frankfurt a.M./1982

unsere Künstlerschaft vielleicht, in jedem Fall unsere Raffinement, unsere Geschmacksverwöhnung. Der Mensch hat allzulange seine natürlichen Hänge mit ‚bösem Blick' betrachtet, so daß sie sich ihm schließlich mit dem ‚schlechten Gewissen' verschwistert haben"[18]. Nietzsche richtet sich hier nicht zuletzt gegen den repressiven Charakter der christlichen Moral, die als Gegenpol zum urmenschlichen „Instinkt der Freiheit" Schuldgefühle vermittelt, die sich im Gewissen artikulieren: „Dieser gewaltsam latent gemachte Instinkt der Freiheit (...), dieser zurückgedrängte, zurückgetretene, ins Innere eingekerkerte und zuletzt nur an sich selbst entladene und auslassende Instinkt der Freiheit: das, nur das ist in seinem Anbeginn das schlechte Gewissen"[19]. Allerdings gilt zu beachten, daß dieses Empfinden, einer Kinder-Krankheit gleich zu sein scheint, durch die hindurchzugehen ist, um zu sich ihrer erwehren zu können und sich selbst zu finden.

Die Kulturkritik, die Freud und Nietzsche an dem potentiell repressiven Charakter der Kultur, insbesondere der abendländischen Kultur westeuropäischer Gesellschaften vollziehen, arbeitet jedoch nicht auf der gesellschaftstheoretischen Ebene einer Ideologiekritik bzw. auf der Basis eines ausformulierten Ansatzes politischer Theorie. Demgegenüber trat die marxistische Kritik an der bürgerlichen Gesellschaft explizit mit ideologiekritischen Anspruch auf, die Menschen in ihrer ökonomisch bedingten Selbstentfremdung zu analysieren und mit den Methoden des historisch-dialektischen Materialismus die wahren Gesetze des Kapitalismus, seiner Entstehung und seiner Entwicklung aufzuweisen. Auch für das Gewissen gilt in diesem ökonomisch orientierten Ansatz der Gesellschaftskritik, daß es nicht etwa in autonom begründeter Funktion das Handeln des Einzelnen steuern würde, sondern, daß es umgekehrt durch das gesellschaftliche Sein des Menschen[20] bestimmt wird. So urteilt Marx: „Ein Republi-

[18] Nietzsche, Friedrich „Jenseits von Gut und Böse", S.294, Frankfurt a.M./1984

[19] Nietzsche, Friedrich „Jenseits von Gut und Böse", s.o. S.285.

[20] Karl Marx („Zur Kritik der politischen Ökonomie" Berlin/1981, Marx-Engels-Werke 13, S.8): „Die Produktionsweise des materiellen Lebens bedingt den sozialen, politischen und geistigen Lebensprozeß überhaupt. Es ist nicht

kaner hat ein anderes Gewissen als ein Royalist, ein Besitzender ein anderes Gewissen als ein Besitzloser, ein Denkender ein anderes als ein Gedankenloser"[21]. In real-historischer Perspektive diente die marxistische Analyse ökonomisch bedingter Herrschaftsstrukturen in ihrer geschichtsphilosophischen Ausrichtung als Legitimation stalinistischen Terrors in der ehemaligen Sowjetunion, sie wurde selbst mißbraucht als ideologische Begründung staatsterroristischer Machtapparate, die nicht zuletzt die Stimme des Gewissens als Bedrohung des totalitären Staates zum Schweigen zu bringen versuchten. Ideologiekritische Betrachtungen und Analysen treten oftmals selbst mit einem absoluten einem Wahrheitsanspruch auf, der politisch zu Mißbrauch, d.h. der Unterdrückung der Andersdenkenden verführt und dessen Voraussetzungen ebenfalls als wirklichkeits- und wahrheitsverzerrende Urteilsbildung auf weltanschaulicher Basis gewertet werden können: Im Licht der analytischen Figur der „politischen Religion" nach Eric Voegelin ist es gerade dieser Offenbarungs-Anspruch[22], der als ein Element unter der Vielzahl von Ursachen für das gesehen werden kann, was die vermeintliche Stimme des Gewissens im Totalitarismus in dem Maße verstören und beeinflussen kann, daß der Einzelne letztendlich sich selbst und anderen entfremdet wird: „Der Kontakt von Mensch zu Mensch ist unterbrochen, unmenschliche Geistgebilde stehen einander gegenüber und der Mensch ist gewandelt zu einem Maschinenglied, mechanisch im Getriebe mitspielend, abstrakt nach außen kämpfend und tötend.Daß die Staatsmacht ursprünglich oder absolut sei, ist nicht mehr ein Urteil des den Staat Erkennenden, sondern das Dogma eines Gläubigen. Die Existenz des Menschen verliert in seinem Erlebnis an Realität, der Staat zieht sie an sich und wird zum wahrhaft Realen, aus dem ein

das Bewußtsein des Menschen, das ihr Sein, sondern umgekehrt ihr gesellschaftliches Sein, das ihr Bewußtsein bestimmt."

[21] Marx, Karl, Marx-Engels-Werke 6, S.129 Berlin/1981

[22] Z.B. Eric Voegelin „Politische Religionen" (1938) München/1993:„Die christliche Reichsapokalypse und der Symbolismus des Spätmittelalters bilden den geschichtstiefen Untergrund der apokalyptischen Dynamik in den modernen politischen Religionen. (...) Der Symbolismus der Reichsapokalypse lebt fort im Symbolismus des 19. Und 20. Jahrhundert, in den drei Reichen der Marx-Engels'schen Geschichtsphilosophie, im dritten Reich des Nationalsozialis-

Wirklichkeitsstorm zurückfließt in die Menschen und sie umschaffend neu belebt als Teil des Übermenschlich Wirklichen."

Radikale Ideologiekritik wie die von Karl Mannheim im Jahre 1929 geht deshalb auf die nach seinem Urteil grundsätzliche Eigenart menschlicher Erkenntnis zurück, daß alles menschliches Denken relational an die „Bewußtseinsstruktur" seiner Epoche gebunden bleibt, und bezieht den eigenen Standpunkt in diese Kritik[23] mit ein. Die Wahrheitsfähigkeit des Gewissens wird in der Moderne in diese radikale Erkenntniskritik mit einbezogen und scheint angesichts erstarkender Individualisierungstendenzen, angesichts der Ablösung der Integrationskraft gesamtgesellschaftlicher und christlich-abendländisch geprägter Weltdeutung durch das formal arbeitende System einer Rechtsgemeinschaft in ihrer Glaubwürdigkeit gebrochen zu sein. So urteilt Niklas Luhmann über eine nach seiner Analyse sich entwickelnde „Rechtsferne des Gewissens" im Sinne einer zunehmenden Verinnerlichung des Gewissens und Veräußerlichung des Rechts[24] in den 60er Jahren: „Gewissen ist nicht mehr syn-eidesis, conscientia, Gewissen, gemeinsames Wissen, ist überhaupt kein Wissen mehr, sondern eine Art der Erruption der Eigentlichkeit des Selbst, die man nur mit staunender Toleranz zur Kenntnis nehmen und respektieren, aber inhaltlich nicht überprüfen kann"[25]. Während Luhmann das Gewissen rein funktional als persönlichkeitsbildendes Mittel der „Selbstreflexion" im Sinne einer Reduktion von über-

---

mus, im faschistischen dritten Rom, nach dem antiken und christlichen." (S.40)

[23] So Karl Mannheim in „Ideologie und Utopie" (Frankfurt/1969), der auch die Aussagen der Marxschen Theorie in diesem Licht historischer Relation zu betrachten auffordert: „Diese allgemeine Fassung des totalen Ideologiebegriffs, wonach das menschliche Denken bei allen Parteien und in sämtlichen Epochen ideologisch sei, ist schwer zu umgehen. Es gibt kaum einen Denkstandort, und hierin bildet auch der Marxsche keine Ausnahme, der nicht historisch wandelbar gewesen wäre und von dem man nicht aufweisen könnte, wie auch er sich in der Gegenwart sozial differenziert." (S.70)

[24] Luhmann, Niklas „Die Gewissensfreiheit und das Gewissen" S.331f in ders. „Ausdifferenzierungen des Rechts" Frankfurt a.M./1999, 326ff.

[25] Luhmann, Niklas „Die Gewissensfreiheit und das Gewissen" (1965), S.330, in ders. s.o.

schüssigen Erlebens- und Verhaltenspotential des Individuums[26] deutet, bemüht sich Jürgen Habermas, der umstrittene Erbe der Kritischen Theorie, die im Gewissen sich artikulierende Identitätssuche des Einzelnen unter ideologiekritischen Aspekten und unter Aufnahme moralpsychologischer Erkenntnisse außerhalb funktionaler Erfordernisse des subjektiven Selbstverhältnisse zu begründen. Die sog. „kommunikative Vernunft", die Habermas in einem ausgearbeiten Diskursmodell vorstellt, bindet im Sinne der Hegelschen Kant-Kritik[27], das Gewissen an die Überprüfung durch diskursive, d.h. unter bestimmten fairen Bedingungen der Beteiligung und Überzeugung im Diskurs, vollzogene Willensbildung zurück. Habermas bemüht sich in seiner Theorie des Kommunikativen Handelns die Erkenntnisse der genetischen Entwicklungspsychologie[28] mit einem ideologiekritischen Ansatz der Analyse der modernen Gesellschaft zu verbinden. Doch im Rahmen seines Entwurfs zur Begründung eines gelungenen Selbstverhältnisses der Person mit Hilfe der diskursiven Vernunft bindet er den Einzelnen stark an die Zustimmungsfähigkeit seiner Selbstbestimmung durch andere Diskursteilnehmer zurück, so daß das kritische, widerständige Potential des „Gewissens" als ureigenes Moment der Identität der Person zugunsten einer Art „sozialer Identität" auf neuer Ebene außer Kraft gesetzt wird. Zu bedenken ist hinsichtlich des Habermaschen Entwurfes deshalb nicht nur der Einwand der

[26] So versteht Luhmann auch in seinen späteren Schriften „Person" nicht etwa als „psychische Systeme (...), geschweige denn als ganze Menschen. Eine Person wird vielmehr konstitutiert, um Verhaltenserwartungen ordnen zu können" ders. S.429 „Soziale Systeme" Frankfurt a.M./1991

[27] Hegel, Georg- Friedrich Wilhelm „Rechtsphilosophie" §137, Werke Bd.Viii, S.197f: „Das formelle Gewissen, die subjektive Gewissensentscheidung des Einzelnen steht immer in der Gefahr des Irrtums", urteilt Hegel. „Die Beziehung auf objektive Gehalte macht das Gewissen nicht subjektiv wahrhaftig, aufrichtig ehrlich, sondern objektiv wahr. Das Gewissen ist zwar ein Heiligtum, welches anzutasten, Frevel wäre. Aber die subjektive Autonomie des Gewissens darf nicht dahingehend verstanden werden als eröffne die Berufung auf das Gewissen den Freiraum individuellen Beliebens." Ausgenommen ist davon jedoch das „religiöse Gewissen" im Sinne der „Duldung privater Hausandacht" (Mock, Erhard s.o., S.48) im Rahmen bürgerlicher Gesellschaft..

[28] Kohlberg, Lawrence „Moral Stages and Moralization: The Cognitive-Developmental Approach" in Lickona, Thomas (ua.eds.) „Moral Development and Stages" New York/1976 und Piaget, Jean

feministischen Ethik gegen die formale Gerechtigkeitsvorstellung. Eben diese liegt traditonell dem Habermaschen Modell diskursiver Moralbegündung zugrunde und vernachlässigt systematisch eine mit Empathie arbeitende Gerechtigkeitsvorstellung der sog. „Fürsorglichkeit“[29], die auf die Besonderheit des Einzelnen einzugehen vermag und das „Andere der Gerechtigkeit“ in den Blick gewinnt. Auch kann, ungeachtet dieser feministischen Kritik, nur eine Erweiterung der diskursiven Begründung nach Habermas um einen, ausschließlich vom Individuum selbst zu vollziehenden weiteren Schritt der Reflexion seines Selbstverhältnisses (d.h. zu den Ergebnissen dieses Diskurses) die Authentizität der Selbstbestimmung durch das Gewissen sichern. Diese existentielle Sphäre der Selbstbestimmung wurde durch Sören Kierkegaards Philosophie des „Entweder-Oder“ durchleuchtet, bzw. in der Adornoschen „Negativen Dialektik“ als das Besondere analysiert, das sich dem Denken von „Identität“ als rein auf soziale Anerkennungsverhältnisse angewiesen genuin entzieht. So deutet die Erkenntnis einer „Geschichtlichkeit des Seelischen“ ebenso wie die Notwendigkeit ideologiekritischer Reflexion im Bezug auf das Gewissen als dem entscheidenden Moment von Selbstfindung und Widerstand des individuellen Lebensvollzuges darauf hin, daß der Einzelne in der Interpretation seines sozialen Identität und in der Begründung moralischer Handlungsorientierung kulturell und sozial bedingten Denkmustern zwar ausgeliefert ist, bzw. diese konstitutiv für seine Handlungskompetenzen wirken, doch das existentielle Selbstverhältnis als letzter Schritt oder Wurzel aller Individualität und Besonderheit bleibt und kann nur unvertretbar von ihm selbst bestimmt werden. „Der Bezug zu einem Absoluten aber begründet für Adorno, wenn auch nur mittels negativer Dialektik, wie für Kierkegaard - auf dem Wege paradoxer Dialektik - die „(...) Identität der Person, die nur in der Anerkennung der Endlichkeit und Naturhaftigkeit des Einzelnen, in seiner konkreten Existenz Selbstverantwortung zu konstituieren weiß. Die Komplementarität von politischem Handeln und der motivierenden Kraft der moralisch-praktischen Selbstbestimmung des Individuums kann auf diese

[29] Siehe dazu ausführlich: Benhabib, Seylah „Der verallgemeinerte und der konkrete Andere“ S.161ff, Stellungnahme Habermas‘ zu dieser Kritik insb. S.208 in diess. „Selbst im Kontext“Frankfurt a.M./1995

Dimension der Identität der Person nicht verzichten"[30]. Der Inhalt der moralischen und politischen Handlungsorientierung des Individuums kann dementsprechend zur existentiellen Problemstellung werden, wie dies bekanntlich in totalitären Staatssystemen für die Bürger durch die Bedrohung des Lebens im Falle von Widerstand auch der Fall ist. Dieses Moment des Verständnisses des Gewissens in der Gegenwart ist in den „Mauerschützenprozessen" angesprochen worden und richtet sich nicht nach der Stellung des jeweiligen Angeklagten in der Befehlshierarchie des DDR-Systems. Doch die Spannung zwischen „objektivem Gesetz" und „subjektivem Gewissen" bleibt als produktive Antinomie auch im demokratischen Rechtsstaat bestehen und fordert die Rechtsentwicklung im Verhältnis von Moralität und Legitimität immer wieder heraus. Begründet ist dies in dem sog. „Paradoxon des Gewissen", das Erhard Mock folgendermaßen umschreibt: „Einerseits vermag das Gewissen als Letztinstanz zur Entscheidung sozialen Verhaltens eine Ordnung auf Dauer nicht zu tragen, während andererseits jede Form von Herrschaft der Tendenz nach mit dem Gewissen des Einzelnen in Konflikt geraten und so dessen Selbstverwirklichung und Selbstdarstellung bedrohen oder gar zerstören kann. (...) Versuche, die Gewissensfreiheit von vorausgesetzten Normen her, etwa durch eine als richtig angegebene Moral einzuschränken, müssen sich der Aporie stellen, daß das, was Inhalt der Moral sein soll, wiederum zur Gewissensfrage werden kann"[31]. Die Rechtsordnung, verstanden im Kantischen Sinne als eine Friedensordnung der verschiedenen Gewissensubjekte, lebt von dieser unaufhebbaren Spannung, in der sich die verschiedenen Weltdeutungen der Bürger im Rahmen einer Gesellschaftsordnung, die sich dem säkularen Erbe der Aufklärung, ebenso wie dem Toleranzgedanken des Christentums verdankt, gegenüberstehen. Jedoch: „Der interne Zusammenhang von Demokratie und Rechtsstaat besteht darin, daß einerseits die Staatsbürger von ihrer öffentlichen Autonomie nur dann einen angemessenen Gebrauch machen können, wenn sie aufgrund einer gleichmäßig gesicherten privaten Autonomie hinreichend unabhängig sind; daß sie aber auch nur dann

[30] Beck, Elke „Identität der Person – Sozialphilosophische Studien zu Kierkegaard, Adorno und Habermas", S.137 Würzburg/1991

[31] Mock, Erhard „Gewissen und Gewissensfreiheit", S.146 Berlin/1983

gleichmäßig in den Genuß der privaten Autonomie gelangen können, wenn sie als Staatsbürger von ihrer politischen Autonomie einen angemessenen Gebrauch machen. Deshalb sind liberale und politische Grundrechte unteilbar"[32]. Dieser Zusammenhang der „Gleichursprünglichkeit von Freiheits- und Bürgerrechten" war im System der DDR, das sich den Anstrich eines Rechtsstaates gab, eindeutig durchbrochen. Wie Friedrich Schorlemmer bestätigt, waren die Bürger als „Gewissenssubjekte" zwar in ihrer Mündigkeit beschnitten, aber andererseits auch der Verantwortung der Selbstbehauptung und Identitätsbildung enthoben: „Wir haben eine andere Mentalität entwickelt, die es uns zunächst nicht leicht macht, uns in der Wirklichkeit zurechtzufinden. Einerseits waren wir durch einen allgegenwärtigen Staat und seine Allmachtspartei ständig bewacht, aber wir waren auch permanent versorgt. Dies hat uns in vielem unselbständig gemacht"[33]. Diese Aussage verweist auf die ambivalente Seite der Freiheit, die uns zum einen ermöglicht, wir selbst zu sein oder zu werden, die uns aber auch nötigt, notfalls im Widerstand die Pflicht der Leitung durch unser Gewissen auf uns zu nehmen. In diesem Sinne sind die Urteile in den Mauerschützenprozessen als Symbol einer fortgesetzten „Dialektik der Aufklärung" nur so zu verstehen, daß man sich dem Postulat der Selbstverantwortung auch im Unrechtsstaate stellen muß.

---

[32] Habermas, Jürgen „Zur Legitimtation durch Menschenrechte" S. 176f. in ders. „Die postnationale Konstellation" Frankfurt a.M./1998, S.170ff.

[33] Friedrich Schorlemmer „Deutschland, das ich meine", S.155 in ders „Bis alle Mauern fallen" Berlin/1991. Zur Psychologie der politischen Säuberung in totalitären Systemen auch Daniel Suter „Rechtsauflösung durch Angst und Schrecken" Berlin/1983: „In einem Staat, der seine Bürger wie Kinder behandelt, ist Regression die adäquate Reaktion des einflußlosen Untertanen. Wo es in erster Linie zu gehorchen gilt, bleibt wenig Bewegungsfreiheit für ein autonomes Ich." (S.198) und: „Das verängstigte Individuum flüchtet sich unter den vermeintlichen Schutz jener Macht, die Urheberin seiner Angst war" (S.199).

„Gewissen und Widerstand"

Flugblatt der „Weißen Rose" (1942)

"Nichts ist eines Kulturvolkes unwürdiger, als sich ohne Widerstand von einer verantwortungslosen und dunklen Trieben ergebenen Herrscherclique 'regieren' zu lassen. Ist es nicht so, daß sich jeder ehrliche Deutsche heute seiner Regierung schämt, und wer von uns ahnt das Ausmaß der Schmach, die über uns und unsere Kinder kommen wird, wenn einst der Schleier von unseren Augen gefallen ist und die grauenvollsten und jegliches Maß unendlich überschreitenden Verbrechen ans Tageslicht treten? Wenn das deutsche Volk schon so in seinem tiefsten Wesen korrumpiert und zerfallen ist, daß es ohne eine Hand zu regen, im leichtsinnigen Vertrauen auf eine fragwürdige Gesetzmäßigkeit der Geschichte, das Höchste, das ein Mensch besitzt, und das ihn über jede andere Kreatur erhöht, nämlich den freien Willen, preisgibt, die Freiheit des Menschen preisgibt, selbst miteinzugreifen in das Rad der Geschichte und es seiner vernünftigen Entscheidung unterzuordnen, wenn die Deutschen so jeder Individualität bar, schon so sehr zur geistlosen und feigen Masse geworden sind, dann, ja dann verdienen sie den Untergang, (...) Leistet passiven Widerstand - Widerstand - wo immer Ihr auch seid, verhindert das Weiterlaufen dieser atheistischen Kriegsmaschine, ehe es zu spät ist, ehe die letzten Städte ein Trümmerhaufen sind, gleich Köln, und ehe die letzte Jugend des Volkes irgendwo für die Hybris eines Untermenschen verblutet ist. Vergeßt nicht, daß ein jedes Volk diejenige Regierung verdient, die es erträgt. (...)"

Quelle: Institut für Zeitgeschichte/München (IfZ, Fa 215, Bd. 1)

III. Das „Quotenurteil"des Europäischen Gerichtshofs: Zum Verhältnis von Differenz und Gleichheit im liberalen Rechtsstaat

1. Die Frauenförderung per Gerichtsbeschluß: Gleichstellung aus der Perspektive des Europäischen Gerichtshofs

Im März 2000 hat der Europäische Gerichtshof zum wiederholten Male korrigierend zu juristischen Maßnahmen der geschlechtlichen Gleichstellung in Deutschland Stellung genommen. Im Oktober 1997 hatte die Bundesrepublik Deutschland den Vertrag von Amsterdam unterzeichnet, durch den die Aufgabenstellung der Gleichstellung von Mann und Frau in der Europäischen Union an zentraler Stelle bekräftigt wurde. Der Vertrag von Amsterdam ist am 1. Mai 1999 in Kraft getreten. Er bildet gemeinsam mit der Richtlinie 76/207/EWG[1] (1976) die Basis für die aktuelle Urteilsfindung auf europäischer Ebene. Die Ergänzungen in Art. 2 und Art 3 des EG-Vertrags bestimmen die Gleichstellung in neuer Form als eine grundlegende Zielbestimmung der Gemeinschaft. In Artikel 141 (früher 119) Abs. 4 bekennen sich die Mitgliedstaaten explizit dazu, daß trotz des Grundsatzes der Gleichbehandlung „zur Erleichterung der Berufstätigkeit des unterrepräsentierten Geschlechts oder zur Verhinderung bzw. zum Ausgleich von Benachteiligungen in der beruflichen Laufbahn spezifische Vergünstigungen beizubehalten oder zu beschließen" sind und diese Maßnahmen insbesondere der Verbesserung der Lage der Frauen im Arbeitsleben dienen sollen. D.h.: „Auch wenn eine konkrete Handlungsverpflichtung fehlt, so sind doch die Gemeinschaftsorgane verpflichtet, auf den in Art. 2 bzw. Art 3 EG-Vertrag genannten Gebieten tätig zu werden. Das heißt der Vertrag von Amsterdam erhebt die Gleichstellungspolitik zur Gemeinschaftspolitik"[2]. Demgegenüber steht bei näherer Betrachtung die z.T. historisch-kulturell bedingte Unterschiedlichkeit zentraler familienpolitischer Maßnahmen der einzelnen EU-Mitgliedstaaten, die eine Vereinbarkeit von Familie und Beruf, d.h. eine Gleichstellung von Frau und Mann in Arbeit bzw. Beschäftigung, strukturell verhindert oder auch ermöglicht.

---

[1] Artikel 2, Absatz 1 und 4 dieser Richtlinie beinhalten das Verbot unmittelbarer/mittelbarer Diskriminierung aufgrund des Geschlechts und fordern die Beseitigung von Chancenungleichheit von Geschlechtern in ausgewählten Bereichen.

[2] Mayer, Alice „Gleichberechtigung von Frauen in Europa im Aufgaben- und Zielkatalog der Europäischen Union" S.166 in „Recht im Amt" 4/1998

Menschenrechtsabkommen der EU
(1997)
Europäische Sozialcharta, Auszug aus dem Zusatzprotokoll

Präambel
Die Mitgliedsstaaten des Europarats, die dieses Protokoll unterzeichnen,

Entschlossen, neue Maßnahmen zu treffen, die geeignet sind, den Schutz der durch die am 18. Oktober 1961 in Turin zur Unterzeichnung aufgelegten Europäischen Sozialcharta (im folgenden als "Charta" bezeichnet) garantierten sozialen und wirtschaftlichen Rechte auszudehnen, - sind wie folgt übereingekommen:

Teil I
Die Vertragsparteien sind gewillt, mit allen zweckdienlichen Mitteln staatlicher und zwischenstaatlicher Art eine Politik zu verfolgen, die darauf abzielt, geeignete Voraussetzungen zu schaffen, damit die tatsächliche Ausübung der folgenden Rechte und Grundsätze gewährleistet ist:

1. Alle Arbeitnehmer haben das Recht auf Chancengleichheit und Gleichbehandlung in Beschäftigung und Beruf ohne Diskriminierung aufgrund des Geschlechts
2. Die Arbeitnehmer haben das Recht auf Unterrichtung und Anhörung im Unternehmen.
3. Die Arbeitnehmer haben das Recht auf Beteiligung an der Festlegung und Verbesserung der Arbeitsbedingungen und der Arbeitsumwelt im Unternehmen.
4. Alle älteren Menschen haben das Recht auf sozialen Schutz.

Teil II
1. Die Vertragsparteien verpflichten sich, die in den folgenden Artikeln festgelegten Verpflichtungen nach Maßgabe des Teils III als für sich bindend anzusehen.

Artikel 1: Recht auf Chancengleichheit und Gleichbehandlung in Beschäftigung und Beruf ohne Diskriminierung aufgrund des Geschlechts

1. Um die wirksame Ausübung des Rechtes auf Chancengleichheit und Gleichbehandlung in Beschäftigung und Beruf ohne Diskriminierung aufgrund des Geschlechts zu gewährleisten, verpflichten sich die Vertragsparteien, dieses Recht anzuerkennen und geeignete Maßnahmen zu ergreifen, um dessen Anwendung in den folgenden Bereichen zu gewährleisten und zu fördern:
- Zugang zur Beschäftigung, Kündigungsschutz und berufliche Wiedereingliederung, - Berufsberatung und berufliche Ausbildung, Umschulung und berufliche Rehabilitation,
- Beschäftigungs- und Arbeitsbedingungen, einschließlich des Entgelts,
- beruflicher Werdegang, einschließlich des beruflichen Aufstiegs.

2. Bestimmungen über den Schutz der Frau, insbesondere hinsichtlich der Schwangerschaft, der Niederkunft und der Zeit nach der Niederkunft gelten nicht als Diskriminierung im Sinne des Absatzes 1.

3. Absatz 1 steht der Annahme besonderer Maßnahmen zur Beseitigung von De- facto-Ungleichheiten nicht entgegen.

4. Vom Geltungsbereich dieses Artikels oder einiger seiner Bestimmungen können berufliche Tätigkeiten ausgenommen werden, die aufgrund ihrer Art oder der Bedingungen ihrer Ausübung nur Personen eines bestimmten Geschlechts übertragen werden können.(...)

Die Familienpolitik im jeweils nationalen Rahmen folgt nicht beliebig bestimmbaren und austauschbaren Leitbildern der jeweiligen Gesellschaft, die auch die soziale Integration innerhalb des jeweiligen Nationalstaates gewährleisten. Sie kann nicht per Verordnung umgeworfen werden und kurzfristig im europäischen Maßstab vereinheitlicht werden. Verwurzelt sind hier historisch gewachsene Geschlechterstereotypen, die bislang das Handeln der Bürger zum Großteil geleitet haben und erst allmählich durch neue Perspektiven und soziale Veränderungen kritisch in Frage gestellt werden. Jenseits formaler Gleichheit führen sie im nationalen Rahmen unter den Voraussetzungen moderner Industriegesellschaften zu strukturellen Ungleichheiten zwischen den Geschlechtern, meist zu „strukturellen Diskiminierungen“[3] der Frauen in der Gesellschaft. Nicht zuletzt profitieren und profitierten davon bislang die auf geschlechtspezifischer Arbeitsteilung, d.h. auf unentgeltlich geleisteter Familien- und Reproduktionsarbeit beruhenden Wirtschaftsordnungen der europäischen Staaten. Sie beruhten auf der Basis, daß für Frauen Beruf und Familie kaum vereinbar erscheinen, es sei denn in zeitlicher Reihenfolge. Diese Sequenz beinhaltet mindestens einen befristeten Ausstieg von Frauen aus dem Beruf und bedingt damit meist den Abbruch der Karriere oder zumindest den Ausschluß von Beförderungen für weibliche berufstätige Mitglieder der Gesellschaft, die im Vergleich zu Männern in weit höherem Maße in die Familienarbeit eingebunden werden. Gleichstellungsmaßnahmen sind deshalb in doppeltem Sinne für die modernen Industriestaaten nicht kostenneutral zu etablieren: Zum einen bedürfen Maßnahmen zur Vereinbarung von Familie und Beruf wie Teilzeitarbeit, Mutterschafts- Erziehungs- oder Elternurlaub der finanziellen Unterstützung im Berufsfeld, zum anderen zeigen sich im gesellschaftlichen Bedarf an Haushaltsführung, Reproduktion, Sozialisation von

---

[3] Benda, Ernst „Notwendigkeit und Möglichkeit positiver Aktionen zugunsten von Frauen im öffentlichen Dienst“ (Rechtsgutachten im Auftrag der Senatskanzlei –Leitstelle Gleichstellung der Frau – der Freien Hansestadt Hamburg), S.7 Freiburg i.Br./1986. Benda spricht sich in diesem Gutachten auch trotz der Anerkennung der bestehenden Chancenungleichheit von Frauen im Sinne von Art.33 Abs.2 GG grundsätzlich gegen starre Quoten aus: „Quoten müssen stets leistungsbezogen sein, sie dürfen also nur dann eingreifen, wenn bei mehreren Bewerbern die gleiche Qualifikation festgestellt worden ist und daher zusätzliche Kriterien gefunden werden müssen, um die Entscheidung herbeizuführen. (...) Daher muß die Regelung in dem Sinne flexibel sein, daß entgegenstehende und u.U. höhergewichtige Gesichtspunkte die Chance haben müssen, sich auch gegenüber dem Frauenförderungsgesichtspunkt durchzusetzen“ (ebda. S.223ff).

Familienmitgliedern sowie der Kleinkinder- wie Altenpflege hohe Kosten, die bislang durch die „private", unentgeltliche Arbeit der Frauen in der klassischen Kleinfamilie verborgen blieben: „Daß all diese weitgehend „unsichtbaren" Leistungen zumindest ‚indirekt produktiv' sind, daß die generative Reproduktion, die Versorgung, das Umsorgen, die Hege der alten und die Pflege der nachwachsenden Generation unerläßlich und (über-)lebenswichtig sind, daran zweifelt die progressive Soziologie (bereits seit den frühen 80er Jahren, i.E. Verfin.) nicht mehr"[4]. Die Widerstände, mit denen gleichstellungsorientierte Familienpolitik in den mittel- und südeuropäischen Nationen in den letzten Jahrzehnten zu kämpfen hatte, sind deshalb nicht nur wertgebunden zu erklären, sondern vor allem auch ökonomisch begründet. In ihrer Untersuchung zu den Hintergründen der Diskriminierung von Frauen im Erwerbsbereich in der Bundesrepublik Deutschland kommt Sybille Raasch zu einem Ergebnis, das es leistet, beide Faktoren in ihrem Zusammenspiel aus der Akteursperspektive erfassen: Im Falle der Familiengründung muß „(...) heute noch jede Frau die Arbeitsteilung individuell mit ihrem Lebenspartner neu aushandeln. Dabei ist sie immer im Nachteil, weil die Tradition und das Festhalten an Privilegien gegen ihre Ansprüche sprechen und die Konkurrenz zu anderen (...) Frauen ihre Durchsetzungsbereitschaft hemmt"[5]. Letztendlich bilden die ökonomische Abhängigkeit der Frau vom Familienvater sowie geminderte Aussichten auf eine Berufskarriere, die Aufnahme von Teilzeitarbeit bei voller Belastung durch Familenarbeit die Konsequenzen, die zu einer Schlechterstellung von Frauen im Erwerbsleben führen. Es handelt sich um einen „Teufelskreis"[6], in dem die noch immer im Selbstverständnis von Männern und Frauen verfestigte Ansicht von der primären Zuständigkeit der Frau für Haushalt bzw. Familie und ihre Benachteiligung auf dem Arbeitsmarkt, der zusätzlich auch noch geschlechtssegmentiert strukturiert ist, ineinander greifen. Es ist bei dieser Problematik vor allem darauf hinzuweisen, wie Heide Pfarr in ihrer

---

[4] Brück, Brigitte (u.a.) „Der respektlose Umgang mit Frauenarbeit" S.101 in diess. u.a. „Feministische Soziologie" Frankfurt a.M./1997, S.98ff (mit kommentierten bibliographischen Hinweisen zu diesem Thema). Klassisch ist der Aufsatz von Bock, Gisela/Duden, Barbara „Arbeit aus Liebe – Liebe als Arbeit von 1977 (Berlin, Beiträge zur I. Sommeruniversität für Frauen).

[5] Raasch, Sybille „Frauenquoten und Männerrechte" Baden-Baden/1991, S.27

[6] Kickbusch, Ilona „Die Familialisierung weiblicher Arbeit" S.187, Konstanz/1987. Siehe dazu auch: Weber, Susanne „Frauenförderung – Akteure, Diagnosen und Therapievorschläge" Bielefeld/1991, insb. S.47ff.

bekannten Untersuchung zum Verhältnis von „Quoten und Grundgesetz“[7] nachdrücklich betont, „(...) daß die so oft angeführte Doppelbelastung der berufstätigen Frau nicht dadurch entsteht, daß Frauen einen Beruf ausüben, sondern weil Männer sich völlig ungenügend in der Hausarbeit engagieren und die soziale Infrastruktur auf die unbezahlte Arbeit der Frauen setzt“[8].

Deshalb erscheint die „(...) rein formaljuristische Gleichstellung der Rechtspositionen von Männern und Frauen (...) in Anbetracht der vielfältigen Benachteiligungen, die Frauen auch heute noch vor allem auf politischer und wirtschaftlicher und familiärer Ebene faktisch zu gewärtigen haben, nicht ausreichend, um diesen Gleichheitsdefiziten effektiv entgegenzuwirken“[9]. Die Deklarationen auf Europaebene aber, die auf die dadurch angesprochene substantielle Dimension von Gleichstellung Bezug nehmen, haben nur einen programmatischen Charakter. So verpflichtet beispielsweise Teil III, Artikel 5 des Zusatzprotokolls der Sozialcharta die einzelnen Staaten nur, die genannte Förderungs- und Gleichstellungspolitk nach eigener Maßgabe aufzunehmen. Für die Mitgliedsstaaten wie auch für den Einzelnen handelt es sich bei den positiven Gleichstellungsmaßnahmen deshalb im Gegensatz zum Diskriminierungsverbot des Art.14 der Europäischen Menschenrechts-Konvention nicht um konkret einklagbare Rechte im Sinne eines Gleichheitsgebots. Grundsätzlich verpflichten sich jedoch die Europäischen Mitgliedsstaaten mit der Unterzeichnung zu einer Frauenförderpolitik, d.h. im nationalen Rahmen zur

---

[7] Pfarr, Heide „Quoten und Grundgesetz“ Baden-Baden. Eine Untersuchung im Auftrag des Vorstands der Industriegewerkschaft Metall zur Rechtsprechung bis 1988, die nach Doris Richelmann („Gleichstellungsstellen, Frauenförderung, Quotierung“) in der Bundesrepublik Deutschland „(...) entscheidend dazu beigetragen (hat, i.E. Verfin.) daß die Verfassungsmäßigkeit von Quotenregelungen breiter akzeptiert wird.“ (S.123)

[8] Pfarr, Heide „Quoten und Grundgesetz“ S. 193, s.o. Eine These, die auch durch die neuesten Umfrageergebnisse des Allensbacher Institutes vom Februar 1999 (allensbacher berichte 1999, Nr.3) für die Bundesrepublik Deutschland bestätigt wird: Die klassische Rollenverteilung ist trotz der zunehmenden Berufstätigkeit der Ehefrauen, für „(...) die meisten Männer (...) so wie sie ‚ewig‘ war und auch heute allgemein noch ist, unproblematisch und kaum bedenkenswert. (...) Auch bei den Jüngeren scheint das alte Muster häuslicher Arbeitsteilung schnell wieder einzuschleifen, sobald sie erst offiziell verheiratet sind“ (S.3). Ein Umstand, der von den befragten Frauen mit hoher Unzufriedenheit dokumentiert wird.

Verwirklichung der Ziele beizutragen. Der fortschreitende Prozeß der europäischen Integration auf wirtschaftlicher Ebene (Maastrichter Vertrag) ist für diesen Prozeß von besonderer Bedeutung. Die neuen soziooökonomische Anforderungen werden einen wichtigen Baustein bilden für die Motivation der nationalen Regierungen, sich in den Leitkonzepten der Frauenförderpolitik wie auch den konkreten familienpolitischen Maßnahmen wie z.B. Mutterschutz, Erziehungsurlaub und Elterngeld, anzunähern: „Will man die Freizügigkeit der Arbeitnehmer/-innen innerhalb der EU tatsächlich verwirklichen, dann sind nicht nur europäische Minimalstandards, sondern auch die Einzelstaaten gefordert, langfristig eine sukzessive, gegebenenfalls über die vorhandenen EU-Richtlinien hinausgehende Angleichung der bislang in jedem Land in eigenständigerweise ausdifferenzierten Familienleistungssysteme anzustreben“[10]. Erscheint auch das skandinavische Modell als fortgeschrittenstes Bündel von Maßnahmen, die Familie und Beruf für beide Elternteile vereinbar machen, erscheint es auch als dasjenige Modell, das die Gleichstellung der Geschlechter auf europäischer Ebene optimal unterstützen könnte, bietet es auch „(...) für Mütter und Väter und nicht zuletzt auch im Interesse der Kinder die größten Vorteile“[11], so bleibt bei einem internationalen Vergleich beschränkt auf die Dimension der Familienpolitik doch die Frage offen, ob diese familienfreundliche Politik im verschärften globalen Wettbewerb für den europäischen Staatenbund auch realisierbar ist.

Betrachtet man insbesondere die Situation in der Bundesrepublik Deutschland, so wurde im Januar 1999 mit Entscheidung des Bundesverfassungsgericht[12] durch die

---

[9] Sporrer, Anna „Grundrechte für Frauen in Europa – Bestandsaufnahme und Ausblick“, S.109 in Österreichische Juristenkomission (ed.) „Kritik und Fortschritt im Rechtsstaat – Grundrechte in Europa“ Wien/1995, S.89ff.

[10] Lohkamp-Himminghofen, Marlene „Familienpolitische Maßnahmen bei Mutterschaft und der Erziehung von Kleinkindern in den Mitgliedstaaten der EU, Norwegen und der Schweiz“, S.61 in: Zeitschrift für Bevölkerungswissenschaft (Zs) 24/1999, S.47ff. Der Aufsatz bietet einen interessanten, auch mit Schaubildern verdeutlichten internationalen Vergleich, der zur Skizzierung von fünf grundlegenden Systemvarianten führt.

[11] Lohkamp-Himminghofen, Marlene „Familienpolitische Maßnahmen...“ s.o., S.48

[12] Bundesverfassungsgericht, Beschluß des Zweiten Senats vom 11.10.1998 (2BvR 1057/91; 2BvR 1226/91; 2BvR 980/91): „Die Kinderbetreuung ist eine Leistung, die auch im Interesse der Gemeinschaft liegt und deren Anerkennung verlangt.“

Frage nach den Möglichkeiten und Bedingungen eines Entgelts für die elterliche Erziehungsarbeit[13] eine neue Phase der familienpolitischen Orientierung eingeläutet. Diese muß sich der Kostenproblematik stellen und die konkrete politische Beantwortung dieser Problematik würde für die Gleichstellung der Frau in der Gesellschaft der Bundesrepublik Deutschland einen Meilenstein setzen. Die Kostenproblematik von rapide rückläufigen Geburtenraten und steigenden Scheidungsraten, die sicher als Ausläufer dieses ungelösten und bislang nicht anerkannten Phänomens der Doppelbelastung der Frauen in der modernen Gesellschaft zu werten sind, zeigt sich bereits im maroden Rentenbudget und der Notwendigkeit von Pflegeversicherungen überdeutlich und zwingt selbst konservativ orientierte Staatsregierungen in Europa allmählich zu handeln. Diese Ausgangssituation ist für die folgenden Abhandlungen der Rechtsproblematik d

In der Bundesrepublik Deutschland bilden seit den 80er Jahren neben „(...) unmittelbaren Nicht-Diskrimierungsgeboten, z.B. Sanktionen gegen sexuelle Belästigung, (...) frauenfördernde Gebote wie Frauenförderpläne und Frauenquoten den Kern von Gleichstellungspolitik“[14], die dem Gesetz über die Gleichheit von Männern und Frauen am Arbeitsplatz (Arbeitsrechtliches EG-Anpassungsgesetz) von 1980 folgten. 1994 verabschiedete der Deutsche Bundestag das 2. Gleichberechtigungsgesetz, das sich gegen Diskriminierungen aufgrund von Geschlechtszugehörigkeit wendet, aber auch aktive Gleichstellungsmaßnahmen in allgemeiner Formulierung aufgenommen hat: *„Männer und Frauen sind gleichberechtigt. Der Staat fördert die tatsächliche Durchsetzung der Gleichberechtigung von Frauen und Männern und wirkt auf die Beseitigung bestehender Nachteile hin.“ (GG Art.3 - Gleichheit vor dem Gesetz - Abs.2).*

In den Bundesländern wurde das Anliegen der positiven Gleichstellungsmaßnahmen für Frauen seit 1983 aufgenommen und, wenn auch in unterschiedlichem Ausmaß, gesetzlich verankert. Allerdings konnte hier nur auf den öffentlichen Dienst Bezug

---

[13] Siehe dazu insbesondere die Aufsätze von Max Wingen („Aufwertung der elterlichen Erziehungsarbeit in der Einkommensverteilung“ S.3ff), Michael Opielka („Das Konzept ‚Erziehungsgehalt 2000“ S.13ff) und Irene Gerlach („Politikgestaltung durch das Bundesverfassungsgericht am Beispiel der Familienpolitik“ S.21ff) in: „Aus Politik und Zeitgeschichte“ B3-4/2000 vom 21.1.2000.

[14] Sauer, Birgit „Totem und Tabus“ S.8 in Biester, Elke (u.a.eds.) Gleichstellungspolitik – Totem und Tabus“ Frankfurt a.M./1994, S.7ff

genommen werden, da eine gesetzliche Verpflichtung von Privaten an verfassungsrechtliche Grenzen stößt: Es stellte sich die „(...) grundsätzliche Frage, inwieweit der Gleichberechtigungsgrundsatz aus Art.3 Abs GG Drittwirkung, d.h. verpflichtende Wirkung auch gegenüber Privaten hat. Inwieweit also könnte der Bund nicht nur sich selbst als Arbeitgeber des öffentlichen Dienstes, sondern auch private Unternehmen zur Einhaltung des Gleichheitsgrundsatzes und Diskriminierungsverbots verpflichten. In diesem Fall kollidiert die Gleichheitsnorm aus Art.3 GG mit der Norm der Freiheit aus Art. 2 GG, die Vertragsfreiheit zwischen Privaten (Privatautonomie) garantiert“[15]. Zudem erwiesen sich radikale Ansätze der Frauenförderung in Gesetzesform als noch verbesserungswürdig, um nicht in umgekehrten Maße eine *prinzipielle* Diskriminierung von Amtsinhabern oder Bewerbern des öffentlichen Dienstes männlichen Geschlechts zu institutionalisieren. Wichtige Entscheidungen des Europäischen Gerichtshofes in den neunziger Jahren bis heute thematisieren in diesem Sinne das in der Bundesrepublik Deutschland auf Landesebene bevorzugte rechtliche Mittel der Frauenförderung, die Quote: „Ganz allgemein bezeichnet der Begriff ‚Quotierung‘ die bevorzugte Behandlung von Frauen und Angehörigen diskriminierter Minderheiten bei der Vergabe von Arbeits- und Ausbildungsplätzen, Stipendien, Ämtern, Funktionen – kurz bei allen Positionen, die in einer Gesellschaft besetzt werden können. Die Terminologie und damit die Vorschläge zur Verfahrensweise im Blick auf Quotenregelungen sind zunehmend differenzierter geworden“[16], auf die genaue Unterscheidung soll am Beispiel und in der Analyse der folgenden Fälle aktueller Rechtsprechung des Europäischen Gerichtshofes eingegangen werden.

Auf EU-Ebene konzentrierte sich die europäische Gleichbehandlungspolitik vornehmlich auf die juristische Dimension der Erwerbsarbeit und Ausbildung. So wurde bereits im November 1997 vom Europäischen Gerichtshof ein Urteil gefällt, das eine frühere Entscheidung, das sog. „Kalanke–Urteil“[17], das sich auf die Quoten-

---

[15] Cordes, Mechthild „Frauenpolitik“ S.42 Opladen/1996. Cordes weist auch daraufhin, daß die föderale Struktur der Bundesrepublik Deutschland verfassungsrechtlich (Art. 70-75 GG) bislang kein bundeseinheitlichen Antidiskriminierungs- bzw. Gleichstellungsgesetz ermöglichte.

[16] Rössler, Beate „Quotierung und Gerechtigkeit: Ein Überblick über die Debatte“ S. 8 in diess. (ed.) „Quotierung und Gerechtigkeit“ Frankfurt a.M./1993

[17] Siehe Neue Juristische Wochenschrift (Zs) 1995, S.3109ff (EuGH, Urteil vom 7.10.1995 – Rs.C-450/93).

regelung des Bremer Gleichstellungsgesetzes bezog, zugunsten der Frauenförderung nach intensiven Protesten - nicht nur der Frauenverbände[18] - differenzierte. In dem „Kalanke-Urteil" wurde die Klage eines männlichen Bewerbers (Eckhard Kalanke) gegen die Stellenpolitik Bremens (Freie Hansestadt Bremen) behandelt, die der Quotenregelung des §4 BremLGG folgte und die Stelle im Gartenbauamt der weiblichen Bewerberin auf der Basis der vorausgehenden Feststellung der gleichen Qualifikation der Bewerberin und des Bewerbers zugesprochen hatte. §4 Absatz 1 und Abs. 2 des Bremer Landesgleichstellungsgesetzes zu Einstellung und beruflichem Aufstieg von Frauen, das 1990 verabschiedet wurde, beinhaltete die Vorschrift, Frauen sind „bei gleicher Qualifikation wie ihre männlichen Mitbewerber in den Bereichen vorrangig zu berücksichtigen, in denen sie unterrepräsentiert sind"[19]. Diese Form der entscheidungs-bzw. leistungsbezogenen Quote[20] wurde vom Europäischen Gerichtshof abgelehnt. Insbesondere in der Randnummer 16 des Urteils Kalanke wurde 1995 vom Gerichtshof in der Urteilsbegründung bemängelt, daß „(...) eine nationale Regelung, nach der weiblichen Bewerbern, die die gleiche Qualifikation wie ihre männlichen Mitbewerber besitzen, in Tätigkeitsbereichen, in denen im jeweiligen Beförderungsamt weniger Frauen als Männer beschäftigt sind, bei einer Beförderung automatisch der Vorrang eingeräumt wird, eine Diskriminierung der Männer aufgrund des Geschlechts bewirkt"[21]. Das Kalanke-Urteil bedeu-

---

[18] Siehe dazu auch den Kommentar von Barbara Schmidt „Die Kalanke-Entscheidung des EuGH – Das Aus für die Quotenregelung?" (Neue Juristische Wochenschrift,Zs, 1996, S.1724ff), die thematisiert, daß sich mit dieser Entscheidung der Europäische Gerichtshof „(...) gegen eine weitverbreitete Auffassung von aktiver Gleichberechtigungspolitik gestellt (hat , i.E. Verfin.), die bereits in zahlreichen Gleichstellungsgesetzen der Länder, ansatzweise auch im 2. Gleichberechtigungsgesetz des Bundes, ihren Niederschlag gefunden hat" (ebda. S. 1724)

[19] Gesetz zur Gleichstellung von Frau und Mann im öffentlichen Dienst des Landes Bremen (Landesgleichstellungsgesetz), GBI der Freien Hansestadt Bremen 1990, S.433

[20] Zu unterscheiden ist diese Form von der sog. „Ergebnisquote", die mit einem unterschiedlichen Prozentsatz des jeweils zu erreichenden Frauenanteils arbeitet, und die sog. „paritätische Reservequote", die mit einer starren Zielvorgabe von 50%, d.h. der Hälfte der zu besetzenden Stellen rechnet. Auf Vorlage des Hessischen Staatsgerichtshof beschäftigte sich der EuGH auch mit diesen beiden Formen (Vorlagebeschluß des HessStGH vom 16.4.1997 – P.St.1202).

[21] Aus der Rechtsprechung „Europäischer Gerichtshof, Urteil vom 11. November 1997, Rechtss. C.-409/9 S.133 in: „Zeitschrift für Beamtenrecht" (Zs) 1998, S.132ff

tete zwar keine grundsätzliche Ablehnung einer Frauenquote in der Einstellungspraxis der Behörden[22], doch lehnte man einen absoluten und unbedingten Vorrang von Frauen bei Benennungen oder Beförderungen in Form eines Automatismus ohne Prüfung eventueller Härtefälle, Sondersituationen für männliche Bewerber ab. In dem leitenden Rechtsgutachten des EuGH-Generalanwaltes Giuseppe Tesauro[23] wurde auf die durchaus eingestandene soziale und strukturell bedingte Benachteiligung von Frauen im Berufsleben verwiesen, die letztendlich jedoch nur durch politische Maßnahmen, wie Bereitstellung und Bezahlung von Kindergartenplätzen zu beheben sei. Die Quote in der vorliegenden Form hingegen führe zu einer Diskriminierung des anderen Geschlechts, der Männer. Für Tesauro stellt sich die Frage, ob es den Frauen in ihrem Selbstverständnis und ihrem emanzipatorischen Anliegen tatsächlich zugute kommt, wenn sie durch dieses Gleichheitsverständnis eine zunächst lediglich „(...) numerische und damit nur formale Gleichheit zu erreichen, allerdings zu dem Preis einer unbestreitbaren Verletzung eines Grundwertes jeder zivilisierten Gesellschaft: der gleichen Rechte der Gleichbehandlung jedes einzelnen“[24]. Der sog. „kompensatorische Ansatz“ der Rechtspolitik beantwortet diese Frage durchaus wissend um diese potentielle, wiederum geschlechtsspezifische Ungleichbehandlung gegenüber Männern, die im Bemühen um einen Ausgleich der in der Vergangenheit erfahrenen substantiellen Ungleichheit von Frauen in Kauf genommen wird: „Die Tatsache, daß bisher Männer bei Stellenvergaben begünstigt wurden, daß also Frauen formell und auf vielfältige Weise informell im Erwerbsbereich diskriminiert wurden, wird als wiedergutzumachendes

---

[22] Eine nicht unbestrittene Interpretation des Urteils, die beispielsweise von Sybille Raasch „Der EuGH zur Frauenquote“ in Kritische Justiz (Zs) 4/1995, S.493ff vertreten wird, im Gegensatz zu Ursula Rust („Anmerkung zum EuGh-Urteil vom 17.10.1995“ in Neue Justiz, Zs, 1996, S.102ff), die das Urteil als gegen einen geschlechtsbezogenen Vorrang bei Einstellung und Beförderung überhaupt wertet, gestützt auf die Randnummer 23 des Urteils, die sich vornehmlich für die Förderung der Chancengleichheit als zulässige Maßnahme der Frauenförderung ausspricht.

[23] Schlußanträge des Generalanwalts vom 6. April 1995 zur Rechtssache C-450/93:I-12. Siehe dazu Süddeutsche Zeitung (AP/dpa/Reuter) 18.10.1995, S.1 und Berghahn, Sabine „Die Frauenquote vor dem Europäischen Gerichtshof und dem Bundesarbeitsgericht“, S.234/235 in Gegenwartskunde (Zs)45/1995, S.229ff

[24] Tesauro, Giuseppe „Schlußanträge des Generalanwalts vom 6. April 1995 zur Rechtssache C-450/93:I-12“.

Unrecht begriffen, für das die Diskriminierten Kompensation erhalten müßten"[25]. Die Idee der retributiven (ausgleichende) Gerechtigkeit, die hier in aristotelischer Tradition[26] im Mittelpunkt dieser Argumentation steht, wird jedoch im Vergleich zum antiken Ursprungsmodell[27] in zweifacher Hinsicht modifiziert. Zum einen handelt es sich nicht um Individuen zwischen denen auszugleichen ist, sondern um gesellschaftliche Gruppen, und zum zweiten muß infolgedessen nicht etwa ein tatsächlich ausgeübtes oder erfahrenes „Unrecht" zwischen den beiden Gruppenangehörigen als Begründung für die kompensatorische Regelung vorliegen, daß der Angehörige der bislang gesellschaftlich benachteiligten Gruppe vorgezogen wird. Die formale Interpretation von Chancengleichheit als Kernbestandteil liberal orientierter politischer Theorie wird dabei hinsichtlich der rein statistisch zu bemerkenden Unausgeglichenheit der Ergebnisse des scheinbar „freien und gleichen Wettbewerbs" hinterfragt. Traditionelle Auswahlverfahren der Einstellung oder Beförderung nach Kriterien der verfassungsgebotenen formalen, d.h. abstrakten Gleichheit bei einer begrenzten Menge von Führungsposten in einer leistungsorientierten, meritokratischen und auf Konkurrenz basierenden Wirtschaftsform haben offensichtlich bislang zu einer allgemeinen Ungleichheit hinsichtlich des Erfolgs aller Gesellschaftsmitglieder geführt. Besorgniserregend erscheint vor allem eine zweite Überprüfung dieser Ungleichheit hinsichtlich der Erfolgsraten nach dem Kriterium der statistischen Häufigkeit von Mitgliedern aller größeren sozialen Gruppen der Gesellschaft: „Der zweite Typus ungleicher Ergebnisse hat (...) Liberale einer bestimmten Coleur beunruhigt. Denn diese Auswahlverfahren haben häufig dazu geführt, daß einige gesellschaftliche Gruppen unverhältnismäßig

[25] Rössler, Beate „Quotierung und Gerechtigkeit: Ein Überblick über die Debatte" s.o., S.17

[26] Siehe dazu Rössler, Beate „Quotierung und Gerechtigkeit: Ein Überblick über die Debatte", s.o. S.16ff und Fullinwider, Robert „Umgekehrte Diskriminierung und Chancengleichheit" S.104ff in diess. (ed.) „Quotierung und Gerechtigkeit" Opladen/1993

[27] Aristoteles „Nikomachische Ethik" 5. Buch: „Das Gerechte im Verkehr ist zwar (...) ein Gleiches und das Ungerechte ein Ungleiches, doch (...) nach der arithmetischen Proportionalität. (...) das Gesetz betrachtet nur den Unterschied des angerichteten Schadens und behandelt die Personen als gleiche und fragt nur, ob der eine Unrecht tat, der andere Unrecht litt, der eine schädigte, der andere geschädigt wurde. Das Ungerechte ist da in solcher Weise ein Ungleiches, und der Richter versucht es auszugleichen." (1131b 33 -1132a 4ff) München/1967 (übs./komm. Gigon, Olof).

erfolgreich und andere unverhältnismäßig erfolglos waren"[28]. Hier verdeutlicht sich die strukturell und sozial bedingte „Chancenungleichheit" in der modernen Industriegesellschaft, die sich insbesondere in der minimalen Repräsentanz von Frauen in den Führungsgruppen von Wirtschaft und Politik niederschlägt. Dies zeigt sich beispielsweise in einem deutlichen zahlenmäßigen Unterschied zwischen Männern und Frauen bei einem Vergleich des Anteils der Frauen (im Vergleich zu Männern) an den Studierenden und am Personal der Universitäten in der BRD von 1996 (in Prozent). Auch Mitte der neunziger Jahre zeigt sich, daß Frauen in den Spitzenpositionen der Wissenschaft[29] in der Bundesrepublik Deutschland verglichen mit ihrem inzwischen hohen Anteil an der Summe der Studierenden und Akademikern mit Studienabschluß noch immer unterrepräsentiert sind.

Studienanfänger		47,6
Studenten		42,5
Diplom/Magister	1995	38,8
Promotion	1995	31,5
Habilitation		**12,9**
Wiss. Mitarbeiterinnen	**1995**	**27,2**
Dozentinnen/Hochschulassistentinnen	**1995**	**24,2**
Professorinnen	**1995**	**8,2**

Quelle: Bundesminister für Bildung und Wissenschaft: Grund-und Strukturdaten 1997/98, S.202f (ohne Lektorinnen)

[28] O'Neill, Onara „Wie wissen wir, wann Chancen gleich sind?" S150 in Rössler, Beate „Quotierung und Gerechtigkeit", s.o., S.145. O'Neill analysiert die Befürwortung substantieller Chancengleichheit vor dem Hintergrund amerikanischer Verhältnisse, welche die Unterrepräsentanz nicht nur von Frauen, sondern auch von Farbigen in den höheren Einkommens- und Führungsschichten der USA als Frage sturktureller Benachteiligung thematisiert. Allerdings diskutiert O'Neill hier ein Verfahren, das nach dem Gutachten von Ernst Benda („Notwendigkeit und Möglichkeit positiver Aktionen zugunsten von Frauen im öffentlichen Dienst" siehe o. Anm.3) in der BRD nicht verfassungskonform wäre: „Bewerber aus jeder größeren sozialen Gruppe werden inmmer noch aufgrund ihrer Qualifikation eingestuft, aber Bewerber aus unterschiedlichen sozialen Gruppen werden gerade nicht im Vergleich zueinander eingestuft." (diess., ebda. S.156)

[29] Siehe dazu Grimm, Susanne/Meier, Ute „Zur Disparität der Geschlechter an deutschen Hochschulen" S.37ff in: Trützschler, Eugenie von (ed.) „Frauen im vereinten Europa" Erfurt/1998.

Entscheidend bei der deutlichen Vergangenheitsorientierung gemäß der impliziten Idee der Wiedergutmachung in der redistributiven Gerechtigkeit[30] ist im Fall der Quote in dieser Form allein die Gruppenzugehörigkeit qua Geschlecht. Ein Kriterium, das zu Recht für Empörung sorgte, aber im ersten Anlauf der Quotenregelung im öffentlichen Dienst dazu verhalf, erstmals die traditionelle Praxis der stillschweigenden Bevorzugung von Männern in der modernen Arbeitswelt zumindest zu Bewußtsein zu führen. Die allgemeine Diskussion in Fachkreisen und der Öffentlichkeit half, notwendige Nachbesserungen zu erörtern, Fehlentwicklungen zu vermeiden, ohne das grundlegende Problem zu negieren.

Am 11. November 1997 fällte der Europäische Gerichtshof abermals ein Urteil, das sich auf eine Quotenregelung auf der Landesebene Deutschlands bezog. Das sog. Marschall-Urteil[31] wurde von den Kritikern des vorangegangenen Quotenurteils als eine Art „Schadensbegrenzung“[32] der Konsequenzen aus dem Fall Kalanke gegen die Freie Hansestadt Bremen gewertet. Folgender Fall lag vor: Herr Marschall wehrte sich gegen eine quotenbedingte Bevorzugung seiner dienstaltersmäßig jüngeren Kollegin anläßlich einer Bewerbung um eine Beförderungsstelle. Deren Dienstalter war aufgrund von familienbedingter Teizeitbeschäftigung gekürzt worden, ohne diese Kürzung wäre sie von vornherein höheren Dienstalters gewesen als ihr männlicher Kollege, der auf diesem Kriterium als primären Aspekt der Beförderungswürdigkeit beharrte. Dienstalter, Lebensalter oder die Anzahl der unterhaltsberechtigten An-gehörigen als traditionelle, nicht leistungsbezogene Hilfskriterien des öffentlichen Dienstes in Deutschland stehen mit der Quote speziell als Instrument der Frauenförderung in Konflikt. Nicht zuletzt die „(...) beiden Hilfskritierien Dienstalter und unterhaltsberechtigte Angehörige wirken zum

[30] Wichtig dabei zu wissen ist, daß die iustitia distributiva nach Aristoteles eine Verteilung nach Anspruch, Würde oder Berechtigung gemäß einer proportional verfahrenden Maßgabe (diskrete oder geometrische Proportionalität) betrifft, während das „Recht auf Wiedervergeltung“ nach dem Maßstab der einfachen Gleichheit („Gleiches für Gleiches“) und damit der „Rachegedanke“ von Aristoteles abgelehnt wird. Siehe dazu Bien, Günther „Gerechtigkeit bei Aristoteles (V)“ S.162f in: Höffe, Otfried (ed.) „Aristoteles – Die Nikomachische Ethik“ Berlin/1995, S.135ff

[31] EuGH vom 11.11.1997 – C409/95

[32] Siehe Kodré, Petra “Zum Verhältnis von europäischer und deutscher Gleichstellungspolitik am Beispiel der Urteile Kalanke und Marshall“, S.341 in Kritische Justiz (Zs) 1998, S.338ff

Entscheidungsquoten	**Ergebnisquoten**
Zielvorgaben für Funktionsgruppen	*Quoten bei gleicher oder gleichwertiger Qualifikation*
Fristbestimmtes Erreichen eines bestimmten Geschlechterverhältnisses (z.B. 50%) in einzelnen Funktionen oder Positionen ohne vorgeschriebene Instrumente der Personalpolitik	Die Auswahl der Bewerben erfolgt zunächst allein nach dem Kriterium der Qualifikation. Bei gleicher oder gleichwertiger Qualifikation wird gemäß vorab festgelegter Quoten entschieden.
Zielvorgaben für Einstellung	*Quoten mit /ohne Mindestvoraussetzung*
Zu einem bestimmten Zeitpunkt bzw. innerhalb einer festgelegten Frist ist ein Mindestprozentsatz von Frauen bei Einstellung oder Beförderung leitend.	Unabhängig von der Qualifikation des Bewerbers, dessen Geschlecht nicht der vorgeschriebenen Quote entspricht, ist bei Erfüllung der Mindestvoraussetzungen/ bzw. trotz Nichterfüllung der Mindestvoraussetzungen der quotenrelevante Kandidat einzustellen.
	Arbeitsplatzfixierte Quoten
	Reservierung von ausgewähltern Arbeitsplätzen exklusiv für Angehörige eines bestimmten Geschlechts.

Weitere Unterscheidungskriterien sind die

- freiwillige Basis der Einhaltung von Quoten (programmatische Empfehlung)
- die unumgehbare rechtliche Bindung von Quoten (zu beachten: Härtefälle),
- die wirtschaftliche Sanktionierung der Einhaltung oder Nichterfüllung von Quoten.

(Quelle: Heide Pfarr „Quoten und Grundgesetz" Baden-Baden/1988, S.204ff)

Nachteil von Frauen. Beim Dienstalter folgt dies daraus, daß Frauen in der Vergangenheit seltener eingestellt wurden, daß Unterbrechungen der Tätigkeit und Ermäßigung der Arbeitszeit aus familienbedingten Gründen häufig zur Verminderung des Dienstalters führen und daß Frauen – traditionellen Geschlechtsstereotypen entsprechend – ihrem Partner häufig auch bei berufsbedingtem Ortswechseln folgen, wenn sie am neuen Wohnort (noch) keine Stelle haben und die alte Stelle wegen räumlicher Entfernung aufgeben. (...) Daß Frauen weniger unterhaltsberechtigte Angehörige haben als Männer ist in traditionellen Geschlechtsstereotypen sowie den wirtschaftlichen Bedingungen begründet, die Alternativen zu diesen erschweren“[33]. Der Europäische Gerichtshof hat sich angesichts dieser strukturell bedingten Benachteiligung von Frauen im genannten Konfliktfall für eine „flexible Entscheidungsquote“, die durch eine Einzelfallabwägung ergänzt ist, entschieden und gibt dadurch der Quote als einer positiven Maßnahme gegen die genannten mittelbaren Diskriminierungen von Frauen bei der Personalauswahl im öffentlichen Dienst eindeutig den Vorrang vor den sog. Hilfskriterien. Durch diese, in dem Marschall-Urteil anerkannte Bedeutung der strukturellen, historisch-kulturell bedingten Diskriminierung von Frauen in den meisten Mitgliedsstaaten der Europäischen Union ist in Gestalt der Leitlinie der Rechtssprechung auf Europaebene ein wertvoller Baustein zur Entwicklung substantieller Gleichheit von Männern und Frauen geschaffen worden. Auch im jüngsten Urteil vom 28. März 2000 des EuGH betreffend die nationalen Rechtsvorschriften zur Förderung der Einstellung und des Aufstiegs von Frauen im öffentlichen Dienst in der Bundesrepublik Deutschland, beurteilt am Hessischen Gesetz, wird dieser Tendenz definitiv bestärkt. Die in dem Hessischen Gesetz über die Gleichberechtigung von Frauen und Männern und zum Abbau von Diskriminierungen von Frauen in der öffentlichen Verwaltung mit der Richtlinie 76/207/EWG verwendete „flexible Ergebnisquote“ entspricht nach Prüfung des Gerichts den Richtlinien der Gemeinschaft, wie sie vor allem auch im Amsterdamer Vertrag artikuliert wurden: „Die im Gesetz enthaltenen Auswahlkriterien begünstigen im allgemeinen Frauen, obwohl sie geschlechtsneutral formuliert seien und sich somit auch zugunsten von Männern auswirken könnten. Sie sollten offenkundig eine *substantielle und nicht nur formale Gleichheit* herbeiführen, indem sie in der

---

[33] Schiek, Dagmar „Beförderung und Frauenquote“ S.98 in „Der Personalrat“ (Zs) 1998, S.96ff

sozialen Wirklichkeit auftretende faktische Ungleichheiten verringerten"[34]. Das Hessische Gesetz von 1993 verpflichtete die Dienststellen des Landes auf die Beseitigung von Unterrepräsentanz und die Gleichstellung von Frauen im öffentlichen Dienst mittels Frauenförderplänen hinzuwirken. Ihre Zielvorgabe beinhaltet, daß jeweils mehr als 50% der durch Neueinstellung oder Beförderung zu besetzenden Personalstellen der Bereiche, in denen Frauen unterrepräsentiert seien, für die Besetzung mit Frauen vorzusehen sind.

Der Ausgangspunkt des hier angewandten „asymetrischen Gleichheitsrechts", nach dem zunächst die Gleichstellung der traditionell benachteiligten gesellschaftlichen Gruppe gefördert werden muß, entspricht auch der UN-Konvention zur Beseitigung jeder Form von Diskriminierung von Frauen. Entscheidend ist hier im Vergleich zum Kalanke-Urteil die Zukunftsorientierung eines Begriffes von distributiver Gerechtigkeit. Die im aristotelischen Sinne austeilend verfahrende Gerechtigkeit, die sich auf die Verteilung von vorhandenen Gütern ohne den Aspekt des wiedergutmachenden Ausgleichs bezieht[35], sorgt zunächst mit der Zielsetzung einer gerechten Gesellschaft für die adäquate Repräsentation von allen gesellschaftlich relevanten Gruppierungen in allen Gesellschaftsbereichen und Ebenen im Sinne einer substantiellen Chancengleichheit. Nach dieser Maßgabe bedeutet es, daß „(...) Quotenregelungen in einer Situation ungleicher Verteilung moralisch gerechtfertigt und geboten sind, um den Grundsätzen der Gerechtigkeit Sorge zu tragen. Diese Grundsätze werden als wichtiger angesehen als das Prinzip einer scheinbar nur formalen Gleichbehandlung, da diese unter gegenwärtigen Bedingungen zu feststellbaren Diskriminierungen führt"[36]. Die hessische Regelung vermeidet zugleich, worauf der europäische Gerichtshof in seinem Urteil hinweist, jedoch die Mängel, die in den

---

[34] Presseerklärung des EuGHNr.22/2000 „Urteil des Gerichtshofes in der Rechtssache C-158/97, S.2

[35] Aristoteles „Nikomachische Ethik" 5. Buch: „Von der besonderen Gerechtigkeit nun und dem ihr entsprechenden Gerechten betrifft die eine Art die Zuteilung von Ehre, Geld und anderen Dingen, die unter den Mitgliedern der Gemeinschaft aufgeteilt werden können; denn hier kann der eine ungleich oder gleich viel erhalten wie der andere." (1130b 30ff) München/1967 (übs. U. komm. Gigon, Olof). Siehe dazu auch Günther, Kalus „Was heißt: ‚Jedem das Seine'? – Zur Wiederentdeckung der distributiven Gerechtigkeit" S.151 in Frankenberg,Günter (ed.) „Auf der Suche nach der gerechten Gesellschaft" Frankfurt a.M./1994.

Fällen „Kalanke" und Marschall" festgestellt wurden. Wichtig ist neben der Beachtung von Härtefällen, die eine grundsätzliche Zurückstellung von Männern modifiziert, vor allem auch die temporäre Perspektive der diesem Gesetz innewohnenden Grundhaltung. Denn Frauenförderung beinhaltet potentiell zwei Problempunkte, die mit ihrer Institutionalisierung einhergehen und in der Frauenbewegung selbst teilweise als kritisch, wenn nicht gar als kontraproduktiv für das Anliegen der Emanzipation der Frau beurteilt werden. Sie können mit einer nur auf Zeit geltenden Regelung umgangen werden. Zum einen besteht die Gefahr des Essentialismus, durch den alle Frauen als wesensmäßig gleich ungeachtet ihrer beispielsweise medizinisch-biologisch und soziologisch erfaßbaren Unterschiede bestimmbar erscheinen, zum anderen wird die Frau als hilfsbedürftiges Gesellschaftsmitglied charakterisiert und rückt durch die Dokumentation ihrer Bedürftigkeit in Gestalt instituionalisierter Fördermaßnahmen der Anerkennung als Gleiche möglicherweise noch weiter fern: „Statt das Ideal, daß der Unterschied der Geschlechter keinen institutionellen Ausdruck erhalten sollte, in Frage zu stellen, setzen Förderprogramme dieses Ideal letztlich voraus[37]. Die feministische Forschung setzt an eben diesen Streitpunkten in den moralphilosophischen und politiktheoretischen Debatten zu Fragen der Gerechtigkeit im Hinblick auf „Gleichheit" und/oder „Differenz" ein. Hier findet ein Diskurs statt, in dem nicht nur die Frage nach den leitenden Prinzipien der Gleichstellung der Frauen in den modernen Gesellschaften als Frage der Begründung von Gerechtigkeit einer Gesellschaft thematisiert wird, sondern in dem insbesondere auch die Prämissen einer bestimmten Kultur und Wirtschaftsordnung, denen sich der liberale Rechtsstaat in seiner Ausrichtung auf formale Gleichheit und auf dem Hintergrund klassischer Arbeitsteilung zu verdanken hat, kritisch betrachtet werden.

---

[36] Rössler, Beate „Quotierung und Gerechtigkeit: Ein Überblick über die Debatte", S.18 in diess. (ed.) „Quotierung und Gerechtigkeit" s.o.

[37] Jaggar, Alison „Differenz und Gleichheit der Geschlechter" S.199 in Rössler, Beate (ed.) „Quotierung und Gerechtigkeit" s.o., S. 139 ff

2. Differenz und/oder Gleichheit als Grundfragen der feministischen Ethik und Gerechtigkeitstheorie

Bereits 1791 hatte Olympe de Gouges, wie zu Beginn bereits erwähnt, eine explizite Aufnahme der Besonderheiten der Lebenslage der Frau in den Katalog der Menschenrechte gefordert und konkretisiert (siehe Anhang). „Gleichberechtigung" wurde von ihr dahingehend postuliert, daß die konkrete Besonderheit der Geschlechter und ihrer Lebensbedingungen Berücksichtigung auch im Recht finden müssen. Speziell durch die scheinbar neutralen Formulierung abstrakter Gleichheit wurde in der Erklärung der Menschenrechte implizit nur der männliche, erwerbstätige Bürger und Familienvorstand als Subjekt thematisiert. Die bestehenden Ungleichheiten zwischen den Geschlechtern wurden unhinterfragt fortgeschrieben, indem die Lebensform des männlichen Bürgers zum Maßstab für Gleichheit erhoben wurde. Trotz der Errungenschaften der französischen Revolution und der scheinbar grenzenlosen Möglichkeiten der Erkenntnis und Kritik durch die Aufklärung war die Entwicklung der bürgerlichen Gesellschaft deshalb im „(...) Hinblick auf das Geschlechterverhältnis (...) seit dem ausgehenden 18. Jahrhundert in sich äußerst widersprüchlich. Sie gab Männern politische und soziale Rechte, die sie Frauen explizit vorenthielt. Sie versah diese Rechte aber gleichwohl mit einem universalistischen Geltungsanspruch für alle Menschen"[1]. In der Öffentlichkeit tritt bedingt durch das Fortbestehen und die explizit wisenschaftlich-theoretische Untermauerung traditioneller Denkmuster sowie institutionalisiert durch die geschlechtsspezifische Arbeitsteilung der Industriegesell-

---

[1] Schissler, Hannah „Natur oder Konstrukt?" S.155 in: Christadler, Marieliuse (ed.) „Freiheit, Gleichheit, Weiblichkeit – Aufklärung, Revolution und die Frauen in Europa" Opladen/1990, S.155ff. Auf die Widersprüchlichkeiten hinsichtlich der mangelnden Chancengleichheit durch die Sozialstruktur der Gesellschaft und durch ökonomisch bedingten Ausbeutungsverhältnisse soll hier explizit nicht eingegangen werden.Für die Frauen des Dritten Standes galt es zudem, wie Anette Kuhn („Der Wahn des Weibes, dem Manne gleich zu sein" S.37ff in Christadler, Marieluise „Freiheit, Gleichheit, Weiblichkeit" s.o.) betont „(...) die ‚herrischen Reste der Despotie'sowohl im Sinne der alten Ständeordnung als auch im Sinne der innerfamilialen Despotie der Männer zu überwinden. Dies beiden Forderungen gehörten für sie zusammen, sie waren die zwei Seiten der gleichen Medaille. Männliche Herrschaft im familialen Bereich und im öffentlichen Raum waren für die Frauen des Dritten Standes ununterscheidbar."(S.40)

schaft seit dem 19. Jahrhundert weiterhin nur der Mann als mündiger Staatsbürger, als politischer Akteur in den Vordergrund. Die Frau bleibt in den Raum des Privaten, der Familie und der Reproduktion verbannt. Die Privatheit wird als entpolitisierter Raum gesehen. Das Wirken der Frauen und die von ihr im Feld der Sozialintegration und Sozialisation des Nachwuchses erworbenen gefühlsbetonten Handlungskompetenz gilt als für die Politik eines Staates und die Entwicklung einer Gesellschaft zweitrangige Fähigkeit, die zumindest keine Anerkennung im Sinne von materiellem Entgelt und von Mitspracherechten erhält. Die Idealisierung des bürgerlichen Haushaltes als symbiotische Einheit, in dem Mann und Frau in ihren scheinbar naturwüchsigen Handlungsfähigkeiten zusammenwirken[2], um die Familie zu erhalten, müssen die Frauen mit Unmündigkeit außerhalb dieses zugeschriebenen Tätigkeitsbereiches, d.h. eingeschränkten Rechten im öffentlichen Raum und mit materieller Abhängigkeit vom männlichen Haushaltsvorstand innerhalb des eigenen Hauses bezahlen. In der politisch relevanten Öffentlichkeit, die ihren spezifischen und exklusiven Ort hat, "(...) die grandiosen Hallen der Nationalversammlung und in verkleinertem Maßstab, die Rathäuser"[3], wird Politik von den männlichen Bürger bestimmt, im Privaten bleibt die Frau dem Mann in dessen rechtlich abgesicherter Dominanz Untertan. Die geschlechtsspezifische Disparität von Handlungskompetenzen und Zugangsberechtigungen spiegelt sich in Recht und Gesetz des 19. Jahrhunderts ohne Mo-

---

[2] Dagmar Herzog („Wo liegt der Unterschied?“ S.82 in: Schissler, Hannah ed. „Geschlechterverhältnisse im historischen Wandel“ s.o., S.80ff) spricht hier für das 18. Jahrhundert von einem „überraschenden Novum“ der Argumente, mit denen der Ausschluß der Frauen von der Öffentlichkeit damals begründet wurde: „Ein hierarchisches Modell der Geschlechterbeziehungen, in dem Frauen als ‚geringere‘ Männer – den Männern zwar unterlegen, aber im Prinzip gleichartig – gedacht wurden, wurde von einem Modell der Komplementarität abgelöst, in dem Frauen und Männer als völlig unterschieden voneinander, jedoch zur wechselseitigen Vervollkommnung einander benötigend, konzipiert wurde“. Sie verweist dabei z.B. auf Untersuchungen von Hausen, Karin „Die ‚Polarisierung der Geschlechtscharaktere“ S. 363ff in: Conze, Werner (ed.) Sozialgeschichte der Familie in der Neuzeit Europas“ Stuttgart/1976.

[3] Phillips, Anne "Geschlecht und Demokratie" Hamburg/1995 S. 151. Diesem institutionellen Verständnis von Politik stellt Phillips den Slogan der Frauenbewegung der 60er Jahre „Das Private ist politisch“ entgegen und veranschaulicht die zunehmende Komplexität und Differenzierung die in der feminsitischen Demokratietheorie hinsichtlich dieser radikalen These geleistet wurde.

difikation unreflektiert wieder[4] und verpflichtete die Frau zur Hausarbeit, wobei die Möglichkeit der Aufnahme einer Erwerbstätigkeit als potentieller Zugang zu öffentlicher Anerkennung und finanzieller Autonomie von der Zustimmung des Ehemannes abhängig blieb[5]. Der Mann verfügte noch lange Zeit unangefochten über das von der Frau in den Haushalt eingebrachte Geld und konnte selbst ihr Arbeitsverhältnis kündigen, ohne ihre Zustimmung dazu einzuholen: Doch auch das „(...) bis 1977 geltende Leitbild der Hausfrauenehe spiegelte noch nicht einmal korrekt die Verhältnisse des BGB um 1900 wider und hätte schon damals den tatsächlichen Verhältnissen entsprechend abgefaßt werden müssen. Statt dessen orientierte sich der Gesetzgeber des BGB der Jahrhundertwende ausschließlich an den für die Gesetzgebungstätigkeit jener Zeit maßgeblichen bürgerlichen Kreisen und ließ völlig unbeachtet, daß schon damals zumindest in Arbeiter-, aber auch Intellektuellenkreisen keineswegs nur der Mann, wie es bei Schiller geschrieben steht, ‚hinaus ins feindliche Leben' mußte, während die Frau schwanger war, stillte oder aus anderen, fraulichen Gründen' ans Haus gebunden war"[6].

Der Anspruch auf Gleichheit im Sinne der Durchsetzung rein formaler rechtlicher Gleichberechtigung hat bis heute mit diesen traditionellen Denkmustern zu kämpfen, die auf der moralisch-sittlichen Ebene des gesellschaftlichen Lebens weiterhin den Frauen die volle Anerkennung verweigern. Das arbeitsteilige Verhältnis von Mann und Frau ist nicht etwa als partnerschaftliches Zusammenwirken zweier Menschen unterschiedlichen Geschlechts mit jeweils spezifischen Kompetenzen erfaßt, sondern die Komplementarität der scheinbar natürlich bedingten Unterschiede von Mann und Frau sind in einem hierarchischen Verhältnis strukturell

---

[4] Siehe dazu: Gerhard, Ute „Die Rechtsstellung der Frau in der bürgerlichen Gesellschaft des 19. Jahrhunderts. Frankreich und Deutschland im Vergleich" S.439ff in Kocka, Jürgen „Bürgertum im 19. Jahrhundert" Bd.1 München/1988. Siehe auch Vogel, Ursula „Gleichheit und Herrschaft in der ehelichen Vertragsgesellschaft – Widersprüche der Aufklärung" S.265ff in Gerhard, Ute (ed.) „Frauen in der Geschichte des Rechts" München/1997, insb. S.275ff.

[5] Siehe dazu die Abhandlung von Jutta Limbach „Die Entwicklung des Familienrechts seit 1949" insb. Die vergleichende Darstellung auf S.34, in: Nave-Herz, Rosemarie (ed.) „Wandel und Kontinuität der Familie in der Bundesrepublik Deutschland" Stuttgart/1988, S.11ff.

[6] Lucke, Doris „Das Geschlechterverhältnis im rechtspolitischen Diskurs" Bremen/1991.

gebunden[7]: „Historisch falsch", wäre es aber nach Ute Frevert, „die fortdauernde Ungleichheit von Männern und Frauen als Modernisierungsdefizit zu kennzeichnen, als Überhang vorindustrieller Traditionen, die den gesellschaftlichen Fortschritt im Zaum halten und die im bürgerlichen Entwurf einer geschlechtsneutralen Arbeitsgesellschaft angelegte Gleichheitschance unzeitgemäß durchkreuzen. Die Trennung von Erwerbs- und Famlienarbeit, die Ausdifferenzierung eines eigenen Tätigkeitsfeldes ‚Hausarbeit' und seine ausschließliche Besetzung mit Frauen sind vielmehr originäre Produkte der sozioökonomischen Modernisierung"[8]. Die für die Entwicklung der moderne Industriegesellschaft typische Trennung von Erwerbs- und Familienarbeit, die Aufhebung der vormals im sog. „Haushalt" (oikos) scheinbar natürlich gewobenen Einheit von Arbeit und Leben erst führte zur Degradierung der Hausarbeit als „nichtentlohnte, aber lohnverzehrenden Tätigkeit", deren Leistung für den Fortbestand und die Entwicklung der sog. Arbeitsgesellschaft unterbelichtet blieb: „Bis in die heutige Zeit bliebt das Modell polarer Geschlechtsrollen, das Frauen als geborene Hausarbeiterinnen nur bedingt und auf Abruf einen nachrangigen Platz in der Erwerbssphäre einräumte, beinahe uneingeschränkt deutungsmächtig"[9].

Zu bedenken bleibt anläßlich dieser rein auf sozioökonomischer Ebene angelegten Deutung der Geschichte, daß in theologischer, philosophischer und rechtlicher Perspektive die „Gleichwertigkeit" der Geschlechter bereits seit Jahrhunderten abgestritten wurde und mit der geschlechtsspezifischen Arbeitsteilung in den Industriegesellschaften bis in die Gegenwart die hierarchische Einschätzung des Geschlechterverhältnisses eine Fortsetzung, nicht etwa den Ansatz seiner Aufhe-

[7] Ursula Beer („Theorie geschlechtlicher Arbeitsteilung" Frankfurt a.M./1984) erfaßt diese Aufteilung hinsichtlich der biologischen Differenzen auf einer horizontalen Ebene, wohingegen der Aspekt von Dominanz und Unterordnung die vertikale Trennung zwischen den Geschlechtern thematisiert.

[8] Frevert, Ute „Frauengeschichte – Zwischen bürgerlicher Verbesserung und neuer Weiblichkeit" Frankfurt a.M./1986. Siehe dazu auch die interessanten Ausführungen von Anna Yeatman („Jenseits des Naturrechts – Die bedingungen für einen universalen Staatsbürgerstatus" S.315ff in Nagl-Docekal, Herta (u.a.eds.) „Politische Theorie - Differenz und Lebensqualität" Frankfurt a.M./1996), die mit Hinweis auf diese Problemstellung (insb.S.329ff u. S.334f),

[9] Frevert, Ute „Frauengeschichte – Zwischen bürgerlicher Verbesserung und neuer Weiblichkeit" s.o., S.295, die Lösungsvorschläge von Naturrechtsansätzen und Wohlfahrtsaat diskutiert.

bung gefunden hat[10]. Auf philosophischer Ebene lieferte zur Zeit der Aufklärung beispielsweise Jean-Jaques Rousseau in seinem Erziehungsroman „Emile oder über die Erziehung" eine Begründung für die geschlechtsspezifische Arbeitsteilung und innerfamiliäre Hierarchie: „In der Vereinigung beider Geschlechter tragen beide gleichmäßig zum gemeinsamen Zweck bei, aber nicht auf die gleiche Wiese. Daraus ergibt sich der erste bestimmbare Unterschied in ihren gegenseitigen moralischen Beziehungen. Der eine muß aktiv und stark sein, der andere passiv und schwach: notwendigerweise muß der eine wollen und können; es genügt, wenn der andere wenig Widerstand leistet. Steht dieser Grundsatz fest, so folgt daraus, daß die Frau eigens geschaffen ist, um dem Mann zu gefallen"[11]. Und auch Johann G. Fichte, der Recht vernunftgemäß begründen will und nicht etwa mit ontologisierendem Verweis auf die Natur, schreibt in der „Grundlage des Naturrechts" von der grundsätzlichen Überlegenheit des Mannes als freies Rechtssubjekt, da der „fortdauernde Wunsch der Frau, unterworfen zu sein", sie von allen eigenen Rechten ausschließen müsse, d.h. zufolge „(...) ihres eigenen, notwendigen Willens ist der Mann der Verwalter aller ihrer Rechte"[12].

Die Diskussion um die natürliche, sprich physiologisch bedingte Geschlechts-Differenz (sex), die gegen Ende des 18. Jahrhunderts zentrales Thema von wis-

[10] Das heißt „noch bevor die ‚allgemeinen' Menschenrechte laut von allen Dächern gepredigt wurden, hatten die politischen Theoretiker und Wegbereiter der französischen Revolution die Eigenschaft Geschlecht, die Geschlechtsrolle als politisches Unterscheidungsmerkmal definiert und im Rückgriff auf die weibliche ‚Natur' das Legitimationsmuster weiblicher Unterordnung und rechtlicher Ungleichheit gefunden, das die Rechtstheorie und Praxis bis in die Gegenwart anleiten sollte." (Ute Gerhard „Frauenrechte, Männerrechte, Menschenrechte" S.35 in Dialektik – Enzyklopädische Zeitschrift für Philosophie und Wissenschaften 1994/1, S.31ff

[11] Rousseau, Jean-Jacques „Emile oder über die Erziehung" Paderborn/1987, S.386. Differenzierte Untersuchungen zur Position von Rousseau finden sich z.B. bei Doris Alder „Die Wurzel der Polaritäten" Frankfurt a.M/1992, die in Anm.196 auf S.156 auf weitere Forschungsbeiträge verweist. Eine historisch gegliederte Quellensammlung zu Aussagen über das Geschlechterverhältnis von berühmten und bedeutenden Literaten und Philosophen bietet Stopczyk, Annegret „Muse, Mutter, Megäre" Berlin/1997.

[12] Fichte, Johann G. „Grundlage des Naturrechts nach den Prinzipien der Wissenschaftslehre" (1796) S.341 Hamburg/1961. Siehe dazu Ute Gerhard „Gleichheit ohne Angleichung" insb. S.39ff München/1990. In der Anmerkung 120 (S.44 ebda.) verweist Gerhard auf die feministische Diskussion dieser zeitgenössi-

senschaftlichen Untersuchungen der Medizin, Pädagogik und Philosophie geworden war, lieferte vor allem Material für den Legitimationszusammenhang der genannten Diskriminierung von Frauen und begründete den expliziten Ausschlusses von Frauen aus der politisch-rechtlichen und innerfamilialen Gleichberechtigung, indem die Frau als das „Andere", und zwar nach der Maßgabe des Mannes und seiner Lebensformen als das „defizitäre Andere" definiert wurde. „Gleichheit" jedoch erweist sich in der kritischen Perspektive der Frauenforschung als ein Begriff, der nicht etwa eine absolute Maßgabe vorgibt, sondern der erst in einem Vergleich von Verschiedenem seine inhaltliche Bestimmung findet: Gleichheit als „Verhältnisbegriff" „(...) drückt eine Beziehung zwischen zwei Gegenständen, Personen oder Sachverhalten aus und bestimmt, in welcher Hinsicht sie als gleich zu betrachten sind. D.h. Gleichheit muß immer erst gesucht, gefordert und hergestellt werden und sie setzt voraus, daß das zu Vergleichende an sich verschieden ist"[13]. Die Perspektive, unter der verglichen wird, der Aspekt, der den Maßstab bestimmt, ist das Ergebnis eines Werturteils, das als unbewußte Implikation des Urteils oder als explizite Maßgabe einfließt: Es ist daher für Frauen von großer Wichtigkeit, darauf zu insistieren, daß die Bestimmung des Maßstabs ein politischer und gesellschaftlicher Akt ist, an dem die Menschen, die an ihm gemessen werden sollen, auch beteiligt sein müssen, so auch die Frauen"[14]. Betreffend die Diskrepanz zwischen dem menschenrechtlichen Anspruch formaler Rechtsgleichheit aller Bürger und der geschlechtsspezifischen Einschränkung der realen Umsetzung dieses Anspruches führt dies zu folgenden Erwägungen.

"Mit der französischen Revolution und der Überwindung der feudalen Standesschranken hätte für Frauen (...) erstmals Gleichheit konkret werden können: alle äußeren Hindernisse waren beseitigt. (...) Aber sobald sich die neue Macht auch mit Hilfe der Frauen etabliert hatte, wurde dem naturrechtlichen Anspruch auf Gleichheit die ‚Natur' der Frau entgegengehalten, um Frauen davon auszuschlie-

---

schen philosophischen Begründungen von Ungleichheit insb. auch zu Rousseau und Fichte.

13 Gerhard, Ute „Gleichheit ohne Angleichung" S.13, s.o.

14 Maihofer, Andrea „Gleichheit nur für Gleiche? S.359 in Gerhard, Ute „Gleichheit und Differenz" 1990, S.352ff. Maihofer spricht hier prägnant von der Lo-

ßen (...). Die politische Auseinandersetzung um die Frage nach einer Gleichberechtigung der Frauen wurde also dadurch umgangen, daß auf die physiologische Eigenart der Frau verwiesen wurde"[15]. In der Form eines naturalistischen Fehlschlusses wurde die Fortsetzung der Ungleichheit der ökonomischen, politischen und sozialen Partizipationsrechte und –chancen für Frauen im Vergleich zu den Rechten und Möglichkeiten der männlichen Staatsbürger begründet.

„Natur“ als die Maßgabe dieser Bemessungen von „Gleichheit“ oder „Diskriminierung“ zwischen den Geschlechter wird in der Sozialforschung der Gegenwart nicht nur kritisch hinterfragt, sondern es wird davon ausgegangen wird, daß „Geschlecht“ nicht gleichzusetzen ist mit der „sexuellen Identität“, der natürlich-biologischen Grundausstattung des menschlichen Lebewesens als Mann oder Frau. Die moderne sozialwissenschaftliche Forschung in Europa geht entgegen den Vorstellungen von naturgegebenen Eigenschaften und Kompetenzen der Geschlechter fast übereinstimmend ungefähr seit den 70er Jahren - nachfolgend dem amerikanischen Diskurs - davon aus, daß zwischen biologischem (sex) und sozialem Geschlecht (gender) ein kulturell und historisch vermittelter kausaler Zusammenhang besteht. Trotz Uneinigkeit über das Ausmaß der Materialität dieser Kategorie "Geschlecht", über das Ausmaß und die Form der soziokulturellen Bedingtheit der Geschlechtscharaktere sind sich die Teilnehmer an diesem wissenschaftlichen Diskurs darüber einig, daß sowohl die akademische Betrachtung des biologischen wie auch des sozialen Geschlechts historisch-kulturell bedingt ausgelegt wurden. Dies bedeutet, der „(...) Blick auf weibliche Geschlechtsdifferenz in männlich dominierten Gesellschaften ist mit einem Paradoxon konfrontiert: Sowohl Werte, Vorschriften und Normen als auch Standards von Gleichheit und Differenz, die uns als universalistsche Werte vorgeführt werden, sind auf dem Hintergrund gesellschaftlicher Traditionen entstanden, in denen Frauen keine oder nur unvollständige kulturelle und politische Einflußmöglichkeiten besaßen. Daher muß davon ausgegangen werden, daß gesellschaftliche Handlungskontexte normativ am männlichen Geschlecht orientiert sind“[16]. Nicht zuletzt ist ebenfalls von Bedeutung, daß auch in der Wissenschaft jahrhunderte-

---

gik des einen Maßstabes, der eine plurale Logik entgegenzusetzen wäre. (S.359 ebda.)

[15] Alder, Doris "Die Wurzel der Polaritäten" s.o., S. 186/187.

lang die Frau keine Stimme besaß, um diese Verengung des Blickwinkels zumindest kritisch in Frage zu stellen. Diese doppelte Selektivität staatstheoretischen Denkens, wie beispielsweise Politik als Thematisierung von Machtverhältnissen, die nur in der öffentlichen Sphäre angesiedelt sind, und implizit nur das Handeln männlicher Akteure zu thematisieren, verdankt sich nicht zuletzt der unvermeidlich erscheinenden soziale Bedingtheit wissenschaftlicher Erkenntnis: Sie bindet den Theoretiker bzw. die Theoretikerin, in seiner oder ihrer Erkenntnis neben der Bedingtheit durch eigene persönlichen Kompetenzen und Interessen in zweifacher Weise an Ort und Zeit der wissenschaftlichen Tätigkeit zurück: Zum einen bewegt er oder sie sich als Wissenschaftler innerhalb des sozialen System des Wissenschaftsbetriebs mit seinen spezifischen Wissenshorizonten und gesellschaftlichen Funktionen zur jeweiligen Lebenszeit. Zum anderen ist er oder sie selbst als Mensch und Wissenschaftler Teil der Gesamtgesellschaft, die durch kulturell bedingte Denkmuster und bestimmte soziale wie ökonomische Rahmenbedingungen gekennzeichnet ist. Begriffe, als Ergebnis wissenschaftlichen Arbeitens, können deshalb immer nur "perspektivische Erkenntnismittel"[17] darstellen. Letztendlich bedeutet dies: „Eine präzise Kenntnis der zu verschiedenen Zeiten an verschiedenen Orten gefundenen Übereinkünfte darüber, was Männer und was Frauen sind, fehlt uns bis heute ebenso, wie uns Informationen darüber fehlen, auf welche Weise und von wem, unter welchen Bedingungen und mit welchem Ergebnis solche Übereinkünfte ausgehandelt wurden“[18], wobei keine bewußt und explizit vorgenommene Aushandlungsprozesse jenseits der eigenen Bedingtheit durch Geschichte Kultur und Interessen gemeint sein können.

Auch betreffend die Diskussionen um die Bestimmung und Begründung von „Gleichheit“/“Gleichberechtigung“ der Geschlechter ist mittlerweile eine Entwicklung zu den Positionen zwischen „Gleichheit“ und/oder „Differenz“ zu erkennen, die aus real-historischen Erfahrungen der Frauenbewegung, dem all-

[16] Dietzen, Agnes „Soziales Geschlecht“ S. 17, Opladen/1990

[17] Patzelt, Werner "Einführung in die Politikwissenschaft", S. 63, Passau/1992.

[18] Eifert, Christiane (ed.) „Was sind Frauen, was sind Männer? – Geschlechterkonstruktionen im historischen Wandel“ Einleitung, S.8 Frankfurt a.M./1996. Nach Dietzen („Soziales Geschlecht“ s.o., S.16) klassifiziert diese Positon als „minimalistisches Modell“, das im Unterschied zum maximalistischen Modell von einer stark sozial vermittelten Prägung der Geschlechtsidentität und weniger von biologisch/ psychosexuellen Bestimmungen ausgeht.

mählich sich abzeichnenden kulturellen Wandel unserer modernen Gesellschaft wie auch aus dem Verlauf der wissenschaftlich-theoretischen Debatte innerhalb des Feminismus und interdisziplinär-orientierten Forschungen resultiert.

Insbesondere an den Forderungen nach einer Umsetzung von Gleichheits- oder Differenzvorstellungen im Recht entzündeten sich Auseinandersetzungen, die sich um die im liberalen Rechtsstaat vorherrschende Idee eines „neutralen Rechts", bzw. „formalen Rechts" drehten. Betrachtet man beispielsweise, wie Sabine Berghahn es aus feministischem Blickwinkel vollzieht, in der Bundesrepublik Deutschland „(...) das Familienrecht auf der einen Seite und Arbeits- Sozial- und Steuerrecht auf der anderen, so wird deutlich, daß die Nachteile von Frauen im Erwerbsleben, in der Sozialversicherung, in der Einkommens- und Vermögensverteilung, in der Aufteilung von Betreuungsarbeit, in der sozialen Anerkennung und der politischen Partizipation mit subtil oder offen diskriminierenden Systemstrukturen korrelieren. In Form von rechtlichen Ermöglichungen gepaart mit ökonomischen Anreizen werden bei Männern und Frauen immer wieder unterschiedliche Weichen gestellt, Nachteilskarrieren im Lebenslauf verfestigt, so daß sich trotz aller postmodernen Vielfalt und Individualisierung die bekannten soziologischen Asymetrien mehr oder weniger reproduzieren"[19]. Die grundlegende Vorstellung der abstrakt-rechtlichen Gleichheit der Menschen wird zugunsten eines materialen Rechtes unter der Berücksichtigung der sozial und kulturell bedingten Differenzen der Bürger in der arbeitsteiligen und durch soziale Ungleichheit gekennzeichneten Gesellschaft von einem Großteil der feministischen Wissenschaftlerinnen radikal in Frage gestellt. Das sog. „geschlechtsblinde Recht", das Anhängerinnen der liberalen Staatsidee fordern, wird mit der Forderung nach konkreter Anerkennung der besonderen Situation, Denk- und Lebensweise von Frauen (Differenz) konfrontiert. Die Anhängerinnen eines radikal

[19] Berghahn, Sabine „Die Verrechtlichung des Privaten" S.258 in Leviathan (Zs) 1996, S.241ff. Doris Lucke („Das Geschlechterverhältnis im rechtspolitischen Diskurs"Bremen/1991) verweist in diesem Zusammenhang bei Rechts-Innovationen kritisch auf den sog. „gesetzgeberischen ‚double talk' zwischen offizieller Nicht- und tatsächlich stattfindender Verwendung (und vice versa)" von sozologischen/sozialwissenschaftlichen Ergebnissen, Konzepten und Modellen mit empirischer Basis zur Grundlegung der Ehe- und Familienrechtsreform auf. Gemeint ist die strategische Falsch- oder Scheinverwendung des wissenschaftlich erarbeiteten Materials (insb.S.76ff).

humanistischen Feminismus fordern die konkrete Umsetzung der inhaltlichen Ansprüche der Menschenrechtserklärungen im Sinne einer Rechtsgleichheit in Anbetracht der Verschiedenheit von Menschen und in Absetzung von einer „Angleichung an die Mannesstellung“: Die Gesetzgebung „(...) muß gleichwertige Rechte als Rechte einschließen und nicht bloß als Privilegien, die gebraucht werden, um die den Frauen auferzwungene Ungleichheit zu korrigieren. Noch sind diese Rechte ein bloßes Mittel, um Frauen im Namen einer einzigen, von sexueller Differenz ungeteilten Art dabei zu helfen, Männern ähnlicher zu werden“[20]. Die feministische Orientierung der „Politik des Unterschiedes“, die sich auf die Annahme und Wirklichkeit einer grundsätzlichen Unterschiedlichkeit von Mann und Frau stützt, geht hingegen davon aus, daß die sexuelle Differenz sich als ein zentrales strukturbildenes Moment unserer Gesellschaft auch in Gestalt eines geschlechtsdifferenzierten Rechts wiederspiegeln müsse. So argumentiert z.B. Luce Irigeray, Protagonistin dieser auf Differenz hin orientierten Spielart des Feminismus: „Ohne eigens auf unser Geschlecht ausgerichtete Rechte sind wir als Frauen nichts, jedenfalls sind wir keine Angehörigen der Zivilgesellschaft (personnes ziviles). (....) Viele Frauen verwechseln außerdem die Übertragung weiblicher Eigenschaften von einer Frau auf die andere mit der Notwendigkeit gleicher Zivilrechte für alle Frauen als solche. Wir müssen die Gleichheit der Rechte von der Zivilgesellschaft fordern, um zu verhindern, daß jede von uns auf die minimale Identität, die eine Frau erreicht hat, reduziert wird. Diese unter Frauen übliche Vergeltungsjustiz verdeutlicht, wie stark ihr Bedürfnis nach einer Gesetzgebung ist, die ihnen ein Modell für eine Identität als Angehörige der Zivilgesellschaft anbietet“[21]. Angesichts der folgenden schematischen Gegenüberstellung der Entwicklung feministischer Grundpositionen darf die Vielfalt der realen Diskussion bei aller Systematisierung nicht unterschätzt werden.

---

[20] Cornell, Drucilla „Gender, Geschlecht und gleichwertige Rechte“ S.83 in Benhabib, Seyla (u.a.eds.) „Der Streit um Differenz“ Frankfurt a.M./1993, S.80ff. Cornell zeigt am Beispiel der Homosexualität als Dekonstruktion der rigiden Gender-Stereotypen Mann/Frau den Beitrag des sog. Poststrukturalismus französischer Autoren auf. Doch die Dekonstruktion der Gender-Identität scheint die Frau als das „unbekannte Andere“ wieder auferstehen zu lassen. (Benhabib, Seyla „Feminismus und Postmoderne. Ein prekäres Bündnis“ S.9ff).

[21] Irigeray; Luce „Über die Notwendigkeit geschlechtsdifferenzierter Rechte“ S.340 in Ute Gerhard (ed.) „Differenz und Gleichheit“ 1994

ENTWICKLUNG DER FEMINISTISCHEN DEBATTE*: GLEICHHEIT UND/ODER DIFFERENZ

Der Begriff der „Gleichheit“ wird hier im Sinne von Identität deskriptiv, normativ im Sinne von rechtlicher Anerkennung verwendet. Der Begriff der „Differenz“ bezieht sich in deskriptiver Perspektive auf Rollenstereotypen, in normativer Hinsicht auf die Anerkennung von Verschiedenheit.

* (nach Andrea Maihofer „Gleichheit und/oder Differenz“ in: „Geschlechterverhältnisse im Kontext politischer Transformation“ Kreisky, Eva u.a.eds Opladen/1998).

1. Stadium: Position der GLEICHHEIT	2. Stadium : Position der DIFFERENZ
Forderung: Gesellschaftliche Gleichberechtigung als reale Gleichbehandlung in allen gesellschaftlichen Bereichen. Forderung nach „geschlechtsblindem Recht	*Forderung:* Frauen sollen „anders“ behandelt werden, jedoch nicht in einem hierarchischen Sinne von Verschiedenheit untergeordnet wie bisher. Vorrang der konkreten Anerkennung vor rechtlicher Gleichstellung.
Anthropologische Grundannahme: Materiell bedingte Ungleichheit zwischen den Geschlechtern, so daß materielle Unabhängigkeit der Frauen allgemeine Gleichstellung und Anerkennung bewirken wird. Typisch weibliche Eigenschaften werden als Produkt hegemonialer Zuschreibungen, Folge der eingeschränkten Möglichkeiten der weibl. Selbstverwirklichung bewertet.	*Anthropologische Grundannahme:* Im liberalen Rechtsstaat herrschende Logik des „Einen“ verleugnet Verschiedenheit. Differenz und Vielfalt werden nur als das „Andere“ erfaßt und abgewertet. Typisch weibliche Eigenschaften werden vornehmlich als Produkt sexueller Differenz gesehen, die Ungleichheit ihrer Anerkennung als gesellschaftliches Problem.
Zielvorstellung: Angleichung der materiellen Lage, der gesellschaftlichen und individuellen Handlungsspielräume von Frauen an das männliche Modell.	*Zielvorstellung:* Schaffung gesellschaftlicher Bedingungen für die freie Entfaltung und Anerkennung genuiner Weiblichkeit.
Problemstellung: In der Auflehnung gegen die traditionell weibliche Rolle, gegen Gesellschaftlich definierte “Weiblichkeit“ werden die anerkannten männlichen Standards unhinterfragt übernommen.	*Problemstellung:* Verherrlichung vermeintlich genuin weiblicher Eigenschaften und Fähigkeiten (naturalist. Fehlschluß) in monokausaler Analyse als naives Gegenbild zu agressiven Momenten der Kultur der Moderne.

3.Stadium der Debatte: Position der GLEICHHEIT oder Position der DIFFERENZ	
Forderung Gleichheitsperspektive: Forderung nach „egalitärem Recht“	*Forderung* Differenzperspektive: Forderung nach „geschlechtsdifferenziertem“ Recht
Grundannahme: Frauenfördermaßnahmen, (z.B. Quoten-, Mutterschutzregelungen) zu institutionalisieren, um Gleichstellung zu ermöglichen. Frauen im Grunde genommen als defizitär begriffen, d.h. hilfsbedürftig im Vergleich zum männlichen Rechtssubjekt.	*Grundnannahme:* Aufgrund der inhärenten Logik des „Einen“ ist das vorherrschende Recht nicht nur zu verbessern, sondern erfordert die Neukonzeption von „Gleichheit“, um der Würde und Autonomie zweier verschiedener Subjekte entsprechen zu können.
Zielvorstellung: Rollentausch zu ermöglichen, die Überwindung geschlechtsspezifischer Arbeitsteilung in Familie und Erwerbsleben. Insgesamt: Die Abkehr von männlichen Lebensstandards, d.h. die Angleichung an den männlichen Lebensstandard führt zugleich zu einem notwendigen Wandel des traditionellen Männerbildes.	*Zielvorstellung:* Entwicklung weiblichen Lebenskonzeptes frei von traditionellen Vorstellungen, Formulierung „eigener Rechte“ für Frauen (z.B. Verbot der kommerziellen Verfremdung des Frauenbildes, Verbot religiöser oder staatlicher Zweckentfremdung des Mutterbildes), Etablierung des Rechts der Frau auf sexuelle Selbstbestimmung auch außerhalb der Schwangerschaft

Im 3.Stadium der Debatte bestehen die zunächst in den 60er und 70er Jahren einander nachfolgenden Positionen von„Gleichheit“ und „Differenz“ zur gleichen Zeit nebeneinander und bilden innerhalb des Feminismus und der Frauenbewegung einander konfrontativ entgegengesetzte Positionen, die auch unterschiedliche Strategien der Emanzipation der Frau nahelegen. Während die Gleichheitsperspektive sich als Ziel gesetzt hat, durch die gesellschaftliche Anerkennung der weiblichen Lebens- und Denkmuster als gesellschaftlich notwendige und moralisch wertvolle Orientierungen langfristig einen Rollentausch für Männer und Frauen, bzw. die Entwicklung neuer Geschlechts-Identitäten zu ermöglichen, setzt die Differenzperspektive noch immer darauf, daß ein eigenständiges Modell „weiblicher Freiheit“ notwendig zu entwickeln ist. Diese Entwicklung zur Uneinheitlichkeit innerhalb des Feminismus entspricht interessanterweise gemäß der These von Deborah Rhode dem genuinen Anspruch feministischer Methodologieselbst, keine neuen normativen Vorgaben des „einen“, richtigen Lebensmodells zu begründen: „Wir brauchen und sollten uns nicht auf eine einzige Vision der ökonomischen Struktur oder der kulturellen Unterschiede in einem idealen Universum festlegen. Vielmehr sollten wir die Einstellung eines selbstkritischen Agnostizismus beibehalten“[22]. Jedoch birgt diese kritische/selbstkritische Position in sich die gleichen selbstzerstörerischen Gefahren, wie sie sich der späten Kritischen Theorie hinsichtlich praxisrelevante Umsetzungen in Politik und Recht offenbarten und könnten als ursächlich dafür angesehen werden, daß in der Gegenwart die Diversität der Strömungen und individuellen Umsetzungen oftmals als „Flaute der Frauenbewegung“[23] diagnostiziert wird. Vernachlässigt wird bei der Flauten-Diagnose jedoch, daß durch die verwendeten Maßgaben von „Organisation“, Öffentlichkeit“, der gleiche Fehler im Feld des Politischen wiederholt wird, den der Feminismus selbst mit dem Slogan „Das Private ist politisch“ kriti-

---

[22] Rhode Deborah „Prinzipien und Prioritäten“ in: Nagl-Docekal, H. (u.a.eds.) „Politische Theorie, Differenz und Lebensqualität“ S.298, Frankfurt a.M./1995 S.281ff

[23] Siehe dazu Ute Gerhard „“Atempause – Feminismus als demokratisches Projekt“ Frankfurt a.M./1999: „Daß die unterschiedlichen Bedürfnisse und Interessen und die Vielfalt der Stimmen dennoch auf etwas Gemeinsames zielten – auf die Achtung, Selbstachtung und die Anerkennung des Strebens nach Individualität auch der Frauen -, war der zündende Funke oder auch Bazillus, der ansteckend war und mobilisierend wirkte.“ (S.8)

siert hatte: D.h., „(...) nach wie vor nur das Handeln als politisch bedeutsam und effizient anzuerkennen, das im Bereich institutionalisierter Politik oder auf dem formellen Arbeitsmarkt repräsentiert ist und damit den herkömmlichen Bewertungen von öffentlichen versus privaten Interessen folgt.“[24] Die Gefahr einer Disassoziation der feministischen Bemühungen ist ebenso wie die Gefährdung der öffentlichkeitswirksamen und politischen Durchsetzungskraft durch eine radikale Individualisierung freilich gegeben.

Ende der 80er Jahre kommt es zwar zur wechselseitigen Integration der Einwände der genannten Grundpositionen (4.Stadium) von Differenz und Gleichheit, die Polarisierung jedoch bleibt weiterhin bestehen. „Gleichheit“ bedeutet jedoch in der Zwischenzeit sicherlich für alle durch die verschiedenen Gruppierungen vertretenen Frauen inzwischen nicht mehr simplifizierend die Forderung nach einer „Angleichung“ an die Rechtsstellung des Mannes, sondern „Rechtsgleichheit“ meint „Gleichheit“ „(...) gerade in Anbetracht der Verschiedenheiten von Menschen, also auch von Männern und Frauen. D.h. es geht darum, die Maßstäbe zu rechtlicher Geltung und Wirksamkeit zu bringen, die auch der Lebenssituation von Frauen angemessen sind und ihren Vorstellungen von Gerechtigkeit, Fürsorge und Verantwortung entsprechen“[25]. Für den gegenwärtigen Stand der Debatte, das nach ihrer Zählweise in den neunziger Jahren bis in die Gegenwart reichende 5.Stadium, spricht Andrea Maihofer von einem Dilemma, denn, obwohl offensichtlich die Erkenntnis innerhalb der beiden Antipoden wächst, daß keine der beiden Grundpositionen für sich in politisch-rechtlichen Auseinandersetzungen eine duchsetzungsfähige Basis bildet, scheinen sich die jeweiligen gegenseitigen Kritikansätze noch weiter zu vertiefen.

Doch zugleich wird der feministische Diskurs wie am vorhergehenden Zitat von Ute Gerhard in immer stärkerem Maße anschlußfähig an Ansätze, die sich mit Fragen der Gerechtigkeit auch außerhalb der geschlechtsspezifischen Perspektive beschäftigen: „Während es vorher vor allem um die Frage der Gleichberechtigung zwischen den Geschlechtern oder um die positive nicht-hierarchische Anerken-

---

[24] Siehe dazu Ute Gerhard „Atempause: Die aktuelle Bedeutung der Frauenbewegungen für eine zivile Gesellschaft“ S.157 in diess. „“Atempause – Feminismus als demokratisches Projekt“ Frankfurt a.M./1999, S.157ff.

[25] Gerhard, Ute „Frauenrechte, Männerrechte, Menschenrechte“ S.41 in: Dialektik 1994/131ff.

nung der Frau in ihrer Verschiedenheit ging, gewinnt jetzt zunehmend die Frage kultureller Differenzen (also ‚Rasse', Ethnizität, Klasse etc.) an Gewicht, und zwar sowohl der kulturellen Differenzen zwischen Frauen als auch überhaupt zwischen den Individuen"[26].

Insbesondere der sog. beziehungsorientierte Feminismus, der in der Sparte des auf Gleichheit hinorientierten Feminismus einzuordnen wäre und die Differenz von Mann und Frau in ihren historisch und kulturell verankerten Beziehungen begründet sieht, erscheint anschlußfähig an die obengenannte Debatte zur Gerechtigkeitstheorie in globaler Perspektive. Er sucht Ethik und Politik zu verbinden und reiht sich ein in die Tradition praktischer Philosophie. Die Besonderheit dieses Theoriestranges zeigt sich vor allem darin, daß er anders "(...) als viele Beiträge des auf Differenz abzielenden Diskurses, der ihm vorausgegangen ist, (...) dieser Teil feministischer Theorie nicht nur die Werte, die traditionell mit Frauen in Verbindung gebracht werden, (nicht nur glorifiziert, i.E. Verfin.). Er hat darauf bestanden, diese Werte zu schätzen und hat Veränderungen der Arbeitsstrukturen, der öffentlichen Politik und männlicher Einstellungen gefordert"[27]. Theoretisch stützt sich diese Bewegung, die sich als "bedeutsames Gegengewicht zur herrschenden Kultur"[28] außerhalb jeder künftigen geschlechtsspezifischen Zuordnung der Handlungskompetenzen verstehen läßt, auf empirisch ermittelte, 1982 veröffentlichte Ergebnisse der moralpsychologischen Untersu-

---

[26] Maihofer, Andrea „Gleichheit und/oder Differenz" Zum Verlauf einer Debatte" S.174 in: Kreisky, Eva „Geschlechterverhältnisse im Kontext politischer Transformation" Opladen/1997, S.155ff.

[27] Rhode, Deborah "Prinzipien und Prioritäten" (s. o.), S. 287.

[28] Wie Jürgen Habermas (Zur Legitimation durch Menschenrechte" in ders. „Die Einbeziehung des Anderen" Frankfurt a.M/1998, S.170ff)prägnant verdeutlicht, besteht hier trotz verwandter Ausrichtung ein deutlicher Unterschied zum Selbstverständnis und zur Zielsetzung des Kampfes unterdrückter ethnischer und kultureller Minderheiten um die Anereknnung kollektiver Identitäten innerhalb der westeuropäischen Gesellschaften: Während für den Feminismus der Kampf um Anerkennung „(mit der kolektiven Identität der frauen auch das Verhältnis zwischen den Geschlechtern" verändert und dadurch „das Selbstverständnis der Männer unmittelbar"affiziert, also das „ganze Werteregister der Gesellschaft" zur Diskussion stellt, so muß in der multikulturellen Auseinandersetzung für die repräsentierten Minderheiten „(...) die veränderte Interpretation von Leistungen und Interessen anderer die eigene Rolle nicht in gleicher Weise verändern wie die Uminterpretation des Geschlechterverhältnisses die Rolle des mannes." (S.246/247)

chungen von Carol Gilligan[29], die diese in kritischer Ergänzung zu Lawrence Kohlbergs Studien[30] zu den Stufen des moralischen Urteils vom, Kind bis zum Erwachsenen aufgenommen hatte. Ausgehend von dem Standpunkt, daß Kohlbergs Theorie falsche, dem männlichen, vornehmlich berufsbezogenen Lebensentwurf entstammende Generalisierungen zum Angelpunkt der Interpretation seiner Interviewergebnisse gemacht hatte, zielte Gilligans Untersuchung darauf ab, die für Frauen typische Form von Moralität in den Mittelpunkt zu stellen. Ohne die Voraussetzung eines kulturell und historisch geprägten Kerns der Geschlechtscharaktere (gender) sind die durch hohe Plausibilität überzeugenden Ergebnisse der Studie in Gefahr, geschlechtsessentialistische Thesen und naturrechtliche Ansätze zu legitimieren. Die Studie geht jedoch davon aus, daß die geschlechtsspezifischen Ausprägungen des Verständnisses von Moralität in der amerikanischen und westeuropäischen Kultur, Reflex, nicht Ursache der geschlechtsspezifischen Arbeitsteilung in der industriellen Gesellschaft sind. Es zeichneten sich als Ergebnis wie auch bei anderen Studien zu dieser sog. Geschlechtsbezogenen Binnendifferenz der Moral drei nähere Bestimmungen ab, die geschlechtsspezifische Eigenheiten der moralischen Urteilsfindung bei Frauen umschreiben: "Demnach ist die moralische Wahrnehmung bei Frauen, verglichen mit derjenigen der Männer, erstens kontextsensitiv und narrativ, zweitens an Beziehungen und Verbundenheit orientiert, nicht an Abgrenzung gegenüber anderen bzw. am Prinzip der Nichteinmischung, drittens von Gefühlen wie Empathie und Wohlwollen geleitet, nicht vom Verstand"[31]. Durch die Frontstellung der Gerechtigkeitsvorstellungen, die kurz mit "Fürsorglichkeit gegenüber konkreter Besonderheit versus Gleichbehandlung abstrakter Gleichheit" gekennzeichnet werden kann, ergibt sich eine kritische Perspektive der vorherrschenden Idee von

---

[29] Gilligan, Carol "Die andere Stimme" München/1988.

[30] Diess. Dazu: "An Gilligans Arbeit wurde besonders kritisiert, daß ihr Ansatz bestimmte, an Kohlberg monierte Fehler selbst wiederholte: Verallgemeinerung auf der Basis einer kleinen, nichtrepräsentativen Stichprobe und die Festsetzung unzureichender Rechtfertigungen für ihre Vorgehensweise bei der Kategorisierung moralischer Antworten" (S. 288). Siehe Kohlberg, Lawrence "Moral Stages and Moralization. The Cognitive-Developmental Approach" in Lickona, Thomas (u.a.eds.) "Moral Development and Behavior" New York/1976

[31] Nagl-Docekal, Herta "Jenseits der Geschlechtermoral", S. 10 in: diess. (u. a. ebs.) „Jenseits der Geschlechtermoral" Frankfurt a. M./1993, S. 3ff.

Gleichberechtigung in unserer Gesellschaft. Die bereits von der Frauenbewegung seit den sechziger Jahren aufgenommene Thematisierung von Ungleichheiten im Privaten, die eine Politisierung dieses bislang in seiner arbeitsteilig bedingten Hierarchie unhinterfragt gebliebenen Bereiches leistete, wird in der Gegenwart gefolgt von dem Bemühen, das Engagement von Frauen in Wirtschaft und Politik, also im öffentlichen Leben auch im Sinne eines kulturellen Beitrags zu verstehen, der für Akteure beiden Geschlechts produktiv wirksam werden kann. Der pragmatisch orientierte Einschnitt, den die Quotenregel in der gegenwärtigen Form in die Ausbildungs-, Einstellungs-, Beförderungspraxis im öffentlichen Dienst der Bundesrepublik und auch in anderen europäischen Ländern vollzieht, wird aus dieser Sicht begleitet von der Hoffnung, daß das Modell des homo oeconomicus als Leitbild der modernen Kultur langfristig durch eine stärkere Gewichtung der Bedürftigkeit von und Differenz zwischen den Menschen verändert werden wird. Diese, bislang als lediglich störend und kostenverursachend gewerteten Aspekte des menschlichen Lebens wurden ebenso wie die Verantwortung für die Sozialisation und Sozialintegration der Kinder als Zukunft unserer Gesellschaft nicht nur im ökonomischen Sinne in den Bereich des Privaten abgeschoben. Trotz alledem wird im liberalen Rechtsstaat ständig unhinterfragt auf diese Ressource der emotionalen, wie ethisch-moralischen Verbundenheit der Menschen zu einer Gemeinschaft, die nicht zuletzt durch die Handlungsorientierung der Fürsorglichkeit und Nächstenliebe geleitet wird, zurückgegriffen. Die liberale Subjektkonzeption abstrahiert von den genannten Handlungsorientierungen und zwischenmenschlichen Bindungen, die nicht nur notwendig sind, um Sozialisation und Sozialintegration von Kindern und Jugendlichen zu gewährleisten, sondern auch die emotionale und physische Reproduktion des Erwachsenen zu garantieren. Das liberale Bild vom bindungslosen „autonomen Individuum" geht, wie Seylah Benhabib richtig bemerkt, von einer seltsamen Welt aus: Es ist „(...) eine, in der der Einzelne erwachsen ist, bevor er überhaupt geboren wurde, in der Jungen schon Männer sind, bevor sie Kinder waren; eine Welt ohne Mütter, Schwestern und Gattinnen"[32]. Die Untersuchung und Betonung dieser zwischenmenschlichen Sphäre als konstitutiv für das sogenannte „Andere" der Gerechtig-

[32] Benhabib, Seylah „Der verallgemeinerte und der konkrete Andere" S.175 in Benhabib, Seylah „Selbst im Kontext" Frankfurt a.M./1995

keit, das der Feminismus in der Handlungsorientierung der Fürsorglichkeit begründet sieht, leistet einen notwendigen und bedeutsamen Beitrag zur gegenwärtigen Diskussion der Gerechtigkeitstheorie der Politischen Theorie und Philosophie. Die aktuelle Rechtsprechung des Europäischen Gerichtshofes folgt mit ihrer normativen Ausrichtung an der „Chancengleichheit" zwar dem traditionellen Bild von Gleichberechtigung unter der Annahme abstrakt gleiche Individuen würden im Wettbewerb miteinander stehen, doch sie durchbricht mit dem Votum für eine befristeten Ausgleich zugunsten der Personen des benachteiligten Geschlechts zumindest in zeitlicher Perspektive die Annahme diese Grundannahme, ohne jedoch das Ziel zu relativieren oder den sog. privaten Kontext der individuellen Lebensgestaltung zu tangieren. Mehr ist auf dieser juristischen und internationalen Ebene, die rechtsstaatlichen Prinzipien gehorcht, nicht möglich, ist es scheinbar auch nur ein Tropfen auf den heißen Stein: Denn es ist, wie Anna Sporrer richtig kommentiert, nicht nur die verpflichtende Reichweite der EuGH-Urteile begrenzt, sondern die Urteile sind auch begrenzt auf nur einen kleinen Teil aller Beschäftigungsformen in der modernen Gesellschaft mit Bedarf an sozialpolitischer Rückendeckung im nationalen Rahmen und mit Bedarf an individuellem Engagement zugunsten der Gleichstellung der Geschlechter. Erreicht wurde zumindest folgendes: „Solange die legislativen Organe auf nationaler und EG-rechtlicher Ebene darüberhinaus auch im sozialpolitischen Bereich nicht weiter tätig werden, bleibt der EuGH im Rahmen des EG-Rechtes jedenfalls Garant der Bewahrung bereits errungener Positionen und Förderer von sozialen Interessen im Rahmen der wirtschaftlichen Freiheiten"[33].

In der Theoriediskussion ist der Feminismus als Gegenpart zu Positionen des Liberalismus und Kommunitarismus[34] inzwischen jedoch ein ernst zunehmender Gesprächspartner geworden, der auch unabhängig vom Fortschritt der realen Umsetzung der Gleichstellung von Frauen und Männern in der modernen Gesellschaft wie z.B durch die Einführung von rechtlich verbindlichen Quoten bei Aus-

[33] Sporrer, Anna „Grundrechte für Frauen in Europa" S.103 in „Kritik und Fortschritt im Rechtsstaat" Wien/1995, S.89ff

[34] Neben vielen anderen siehe dazu: Pauer-Studer, Herlinde „Das Andere der Gerechtigkeit" insb. S.158ff Berlin/1996 und Rössler, Beate „Gemeinschaft und Freiheit" S74ff in: Zahlmann, Christine (ed.) „Kommunitarismus in der Diskussion" Berlin/1994

bildung, Einstellung und Beförderung im Arbeitsbereich, einen wichtigen Anteil an der Beantwortung der aktuellen Problemstellungen im Globalisierungsprozeß haben könnte.

Die beiden einander gegenüberstehenden, sich aber auch im Austausch befindlichen feministischen Grundpositionen von Gleichheit und Differenz aber werden in ihrem Bezug auf das konkrete Alltagsleben und die sich wandelnden Bedingungen der Identitätssuche der Individuen in der modernen Gesellschaft im Zeithorizont der weiteren Entwicklungen, die auch durch die konkrete Rechtspolitik der EU gestaltet wird, eine Antwort auf ihre These finden: Es werden sich durch neue gesellschaftliche Rahmenbedingungen entweder bestimmte geschlechtsspeziifische Handlungsorientierungen in neuen Handlungsfeldern bewähren oder doch neue normative Leitbilder für beide Geschlechter durch neue Herausforderungen entwickeln müssen. Insbesondere in der sog. Krise der sog. „Arbeitsgesellschaft“ kündigt sich zudem ein Wandel[35] an, der die moderne Gesellschaft vom restriktiven Bild des homo oeconomicus lösen wird und sowohl bei der Suche nach neuen gesamtgesellschaftlichen Orientierungen wie auch für die Problemstellung individueller Suche nach Identität Anleihen in der feministischen Diskussion um Gleichheit und/oder Differenz nahelegt.. Das mit dem Aspekt der „Fürsorglichkeit“ thematisierte „Andere“ der Gerechtigkeit verweist vor allem auf Aspekte und kulturelle Potentiale der Gesellschaftsentwicklung der modernen Industriestaaten hin, die außerhalb der bislang steuernden Kriterien der formalen Gleichheit und Kosten-Nutzen-Analysen die Sittlichkeit des menschlichen Zusammenlebens betreffen, die allein durch rechtliche Regelung nicht garantiert oder gefördert werden kann.

[35] Die kritische und warnende Analyse von Brigitte Young („Politik und Ökonomie im Kontext von Globalisierung“ S.136ff in Kreisky, Eva u.a.ed. „Geschlechterverhältnisse im Kontext politischer Transformation“ Opladen/1997) geht allerdings von einer Statik des Leitbildes des homo oeconomicus aus, die im Zuge der Herausbildung der Dienstleistungsgesellschaft ohne sozialstaatlichen Rückhalt eine weitere Verschlechterung der Stellung der Frauen, also einen Rückschritt in der Gleichstellung und eine zunehmende Ausdifferenzierung zwischen den Frauen innerhalb der modernen Industriegesellschaften annimmt: Immer weniger Frauen wird eine Berufskarriere mit Vollzeitarbeit möglich sein, unter anderem nur dadurch, daß sie auf die Dienstleistung von unterprivegierten, meist zugewanderten weiblichen Arbeitskräften im Reproduktionsbereich zurückgreifen kann (siehe insb. S.148/149).

Resumeé:
Praktische Philosophie und das „Andere“ der Gerechtigkeit

Am Beginn des vorliegenden Buches stand die Aufgabenstellung der Einsicht in die Notwendigkeit einer kritischen Selbstvergewisserung der westeuropäischen Gesellschaften, wie sie beispielsweise in der aktuellen Rechtsprechung beansprucht wird. Sich der eigenen kulturellen Ressourcen unter anderem auch durch den Rückblick auf die geistesgeschichtlichen Wurzeln des Menschenrechtes bewußt zu werden und auf moralisch-praktischer Ebene einen Beitrag zur Suche der Identität der modernen Gesellschaft zu liefern, ist ein Schritt auf dieses Ziel hin. Noch immer sind die modernen westeuropäischen Gesellschaften dazu angehalten, die Frage nach der Natur des Menschen und der Bestimmung von politisch, sozial und rechtlich ausdfifferenzierter Gerechtigkeit zu beantworten. Nicht zuletzt, um sich den kulturellen Herausforderungen der Gegenwart stellen, die sich im Rahmen von sozialem Wandel innerhalb der Gesellschaft und durch den Prozeß der Globalisierung als neue Dimension der internationalen Verflechtung vollziehen. Auf der moralisch-praktischen Ebene unserer individuellen Handlungsorientierungen und der abstrakten Ebene der ethischen Begründbarkeit der Prinzipien unseres Zusammenlebens sind neue Antworten ebenso von Nöten wie auf der ökonomischen, rechtlichen und politischen Ebene der institutionellen Absicherung dieser Entwicklungsprozesse. Das aristotelische Modell der praktischen Philosophie zeigt uns einen von vielen Wegen auf, die Verbindung all dieser Fragestellungen mit der normativen Orientierung am „guten Leben“ für den Einzelnen nicht aus den Augen zu verlieren.

Praktische Philosophie, deren Tradition Aristoteles mit seinen Schriften zu Politik und Ethik begründet hat, beginnt ihre Suche nach normativen Kriterien für das menschliche Handeln und die Gerechtigkeit im Staat nicht mit der Suche nach einer idealen Staatsform, sondern ist vor allem interessiert an der Frage nach dem Guten, das für den Menschen auch zu verwirklichen oder zu erwerben ist. Aristoteles spricht selbst in der Nikomachischen Ethik vom Ausgangspunkt des menschlichen Handelns für seine Untersuchungen[1]. Das aristotelische Philoso-

[1]Wie auch Gregor Schöllgen in einem allgemeinen Abriß zur Geschichte des Handlungsbegriffs („Handlungsfreiheit und Zweckrationalität“ Tübingen

phieren war von Beginn an praxisorientiert und analysiert verschiedene Formen der tätigen Auseinandersetzung des Menschen mit der Welt, geordnet durch eine Klassifikation der Handlungsziele. Aristoteles' Ansatz setzt sich dadurch methodisch ab von Platon's Suche nach der Idee des Guten, dem Guten an sich. Demgemäß zu verstehen ist folgendes Zitat des Aristoteles: "Wir dürfen nicht übersehen, daß ein Unterschied besteht zwischen den Untersuchungen, die von den Prinzipien ausgehen und denen, die zu den Prinzipien hinführen. (...) Wir werden wohl mit dem für uns Bekannten anfangen müssen." (Nikomachische Ethik 1095 a 30).

Durch diese methodische Besonderheit entfaltet Praktische Philosophie auch in der Gegenwart ihre kritische Kraft. Denn entsprechend der obenstehenden Erläuterungen und Definitionen kann der „(...) Aufgabenbereich einer Philosophie der Praxis (...) allgemein durch die Aspekte der Analyse der strukturellen und historischen Bedingungen menschlicher Praxis, der Erörterung und der Begründung der für sie normativen Prinzipien sowie des realitätskritischen und ‚utopischen' Entwurfes neuer Möglichkeiten humaner Praxis umrissen werden"[2]. Der gesamtgesellschaftliche Lebenszusammenhang, der nicht nur auf die in der Öffentlichkeit situierten formal geregelten Kommunikationssphären in Politik, Recht und Wirtschaft beschränkt gesehen wird, wird aus dieser Perspektive auch durch den Privatbereich und die dort vorherrschenden Handlungsrationalitäten bestimmt beurteilt. Die private Sphäre gilt aus diesem Blickwinkel, der quer zum traditionellen Ansatz von Demokratietheorie und Wirtschaftswissenschaften steht, nicht als abgekoppelter Lebensraum privater Selbstverwirklichung und Freiheit. Als Reproduktions- und Sozialisationsbereich der Gesellschaft, der in zwar funktionaler Interdependenz mit den Direktiven von Ökonomie und Staatsapparat zu stehen scheint, besitzen hier Fragen nach dem guten Leben und die Orientierung an der Bedürftigkeit des konkreten Einzelnen Vorrang vor den Kriterien universaler Gerechtigkeitsprinzipien, die das öffentliche Leben bestimmen.

/1984) einleitend bemerkt, läßt sich erst seit Aristoteles definitiv von einer Handlungstheorie sprechen (ebda. S.11).

[2] Fahrenbach, Helmut „Ein programmatischer Aufriß der Probleme und systematischen Ansatzmöglichkeiten praktischer Philosophie" S.39 in Riedel, Manfred (ed.) „Rehabilitierung der praktischen Philosophie" Freiburg i.Br./1972, S.15ff.

Die in diesem Ansatz verankerte enge Verknüpfung von Fragen der Ethik und Politik findet unter anderem auch Eingang in die kritische Perspektive der modernen feministischen Ethik[3]. In geschlechtsspezifischer Analyse des sog. „Privatbereiches" des gesellschaftlichen Lebens wird bis hin zur Anerkennung der politischen und ökonomischen Relevanz das Alltagshandeln, wie z.B. Erziehungs- und Hausarbeit, in den Blick genommen. Feministische Analyse erschließt durch diese Perspektivenerweiterung moralisch-praktische Orientierungen des gesellschaftlichen Lebens, die bisher aus dem geistes- und sozialwissenschaftlichen Interesse ausgespart blieben Damit verfolgt sie in kritischer Analyse und normativer Orientierung die traditionellen Aufgaben, die Praktischer Philosophie in ihrer Praxisorientierung gegeben sind. Die bereits vorhandene normative Verfaßtheit gesellschaftlich-politischer Praxis wird beleuchtet und in kritischer Reflexion relativiert. "Fürsorglichkeit" als Zentralbegriff der feministischen Ethik leistet einen Beitrag auf die Frage, „(...) wie sich der zentralen Bedeutung des Gerechtigkeits- und des Fürsorgeprinzips im menschlichen Leben gerecht werden läßt und wie der Bereich des Moralischen zu erweitern wäre, damit er das Fürsorgeprinzip mit einschlösse, ohne die Rechtfertigungszwänge aufzugeben, die in universalistisches Denken bei der Artikulation des Moralischen erfährt"[4]. Sie bildete als Baustein emotional vermittelter Solidarität den notwendigen konkreten Erfahrungsgrund für die Stabilität einer staatlich organisierten Solidarität in der abstrakten Form von Recht und Gerechtigkeit, soll und kann letzteres aber nicht ersetzen. Doch die Handlungsorientierung der „Fürsorglichkeit", die in feministischen Untersuchungen und Theorieansätzen zur Ethik begründet wird, hat sich bislang entsprechend ihres Entstehungshintergrundes nur im kommunikativen Nahbereich, d.h. in der Familie, deren Umfeld, in Freundschaften oder auch in nachbarschaftlichen Beziehungen bewähren können, die einen hohen persönlichen Betroffenheits- und Bekanntheitsgrad voraussetzen. Als Baustein für gesamtgesellschaftliche Solidarität bedarf es einer wesentlich weiterreichenden

[3] Siehe dazu auch die Umschreibung des rekonstruktiven Ethik-Verständnisses, das Anette Baier („Moral Prejudices" Cambridge, Mass./1994, S.3) den feministischen Moralphilosophinnen attestiert: „In it's widest sense a moral theory is simply an internal consistent fairly comprehensive account of what morality is and why it merits our acceptance and support."

Tragfähigkeit moralischer Handlungsorientierung, um die Abstraktheit rechtlich-formaler Solidar-Beziehungen[5] konterkarieren zu können.
Ein weiterer Beitrag zur Begründung des „Anderen" der Gerechtigkeit, wie es im modernen Rechtsstaat als quasi naturwüchsige Ressource des Alltagshandelns seiner Bürger vorausgesetzt wird, eröffnet sich durch die Reflektion von Handlungsorientierungen, die sich der christlichen Tradition des Abendlandes verdanken. Wohlfahrts- und sozialstaatliche Mechanismen, die das abstrakt verfahrende Leitmodell des Kosten-Nutzen-Kalkül der leistungsorientierten und auf individuellen Vorteil hin ausgerichteten Ordnungen der modernen Industriegesellschaften bislang mildern und kompensieren sollten, sind im christlichen Gedankengut der Nächstenliebe und Solidarität begründet. Durch ihre Institutionalisierung in Umverteilungs- und Sozialhilfeprogrammen der staatlichen Verwaltung droht aber in der Gegenwart zum einen ihr Ursprung in der individuelle Handlungsorientierung verloren zu gehen, andererseits scheinen die Menschen angesichts der zunehmenden Knappheit der Staatshaushalte Westeuropas bei gleichzeitigem Anstieg der Anzahl der Bedürftigen durch die Überalterungs- und Arbeitslosenproblematik mehr denn je auf tätige „Nächstenliebe" des konkreten Mitmenschen als die ursprüngliche Quelle von Solidarität angewiesen zu sein.
Gegenüber dem Anderen als Einzelnem, eben dem jeweils Begegnenden, konstituiert sich gemäß Sören Kierkegaard dieses Verhältnis der "Nächstenliebe", das ihm als wesentlich für ein gelungenes Selbstverhältnis gilt, in einer besonderen Weise, die sich von der ethischen Richtlinie abstrakter Universalisierung und der Verengung im Namen eigener Interessen unterscheidet. Denn nach Kierkegaard sucht „(...) der wahrhaft Liebende (...) nicht sein Eigenes. Er versteht sich nicht auf die Forderungen des strengen Rechts oder die Gerechtigkeit"[6], er ist dem „Nächsten", jeweils Begegnenden[7] zugewendet, um diesen auf dem Weg zum wahren Selbstverhältnis zu unterstützen. In dieser Besonderheit der „Nächstenlie-

---

[4] Benhabib, Seylah „ Ein Blick zurück auf die Debatte über 'Frauen und Moraltheorie",S.208 in diess. „Selbst im Kontext, s.o., S.192ff.
[5] Siehe dazu Brunkhorst, Hauke. „Solidarität unter Fremden" Frankfurt a.M./1999
[6] Kierkegaard, Sören „Der Liebe Tun" S.59, Düsseldorf/1966
[7] Kierkegaard, Sören („Der Liebe Tun" Düsseldorf/1966): „(...) es gibt in der ganzen Welt keinen einzigen Menschen, der so sicher und so leicht zu erkennen ist wie der Nächste. Du kannst ihn niemals mit einem anderen verwechseln, denn der Nächste sind ja alle Menschen." (S.59)

be" liegt das Element, in dem sich „Fürsorglichkeit" und christliche Handlungsorientierung als ethische Direktive zu verbinden vermögen ohne zugleich den Zugang zu dem Bezug von gesellschaftlicher Solidarität zu versperren. Das heißt, was Freiheit für das Individuum und seine Mitmenschen im Sinne Kierkegaards ermöglichen soll, (...) ist nicht die Errichtung der dazu notwendigen ökonomischen und sozialen Bedingungen, sondern ausschließlich die Fähigkeit des Menschen ein Einzelner zu werden. Das worauf es ankommt, ist also nicht das Gewahrwerden der Freiheit und ihrer Situation innerhalb einer technisch-ökonomischen und allgemein-sozialen Lage, sondern das Achtsamwerden des Menschen auf sich als Einzelnen. Bevor nicht die Fähigkeit zur Einzelheit geweckt ist, kann es keine Freiheit geben."[8]. Als Einzelner konstituiert sich das Individuum aus dieser existentialistischen Perspektive in seinem Selbstverständnis als eines, das sich qualitativ entscheidend von der Quantität der Menge differenziert und für sich selbst, d.h. seinem Gewissen verantwortlich ist.

Für die Entwicklung der Menschenrechte gilt der Übergang zur Demokratie als der entscheidende Schritt, durch den die Legitimität der politischen Macht nicht mehr traditionalistisch fundiert ist, sondern dem Willen der Individuen, der Volkssouveränität entsprechen muß: „Macht steht den Bürgern nicht mehr gegenüber, sie sind nicht mehr Untertanen, sondern sie nehmen jetzt – idealiter gesehen (...) – an der Macht selbst teil"[9]. Doch die Frage bleibt offen, inwieweit das hypothetisch zugrundegelegte Modell des Kontraktes, das im vertragstheoretischen Konzept zentral ist und bereits in einem früheren Kapitel vorgestellt wurde, realen Voraussetzungen in der Demokratie überhaupt entspricht[10] und demzufolge Verantwortung für den Einzelnen, sei es in Gestalt von Fürsorglichkeit, Nächstenliebe oder Solidarität außerhalb seiner rechtlichen Verpflichtungen überhaupt umsetzbar macht: Historische, ökonomische und kulturelle Voraussetzungen spielen in diesem Sinne nicht nur in die Entwicklung des „Anderen" der Gerechtigkeit, wie in den Kapiteln zu den Begriffen des „Gewissen's" und der

---

[8] Schmidinger, Heinrich „Das Problem des Interesses und die Philosophie Sören Kierkegaards" S.422, München/1983

[9] Tugendhat, Ernst „Die Kontroverse um die Menschenrechte" s.o. S.50

[10] Zu den neueren Entwicklungen, auf die einzugehen, den Rahmen des vorliegenden Buches sprengen würde, siehe Koller, Peter „Theorien des Sozialkon-

„Gleichheit" aufgezeigt, hinein, sondern ihre Wirksamkeit und das selbstverantwortliche Agieren der Bürger auf der Basis dieser normativen Orientierungen ist wiederum auf die „Gleichursprünglichkeit von Freiheits-und Bürgerrechten"[11] angewiesen. Ein Raum positiver Freiheit muß für ihre Umsetzung gewährleistet sein: „Daraus ergeben sich ergibt sich die staatliche Verpflichtung auf Schaffung angemessener Arbeitsbedingungen für alle, die dazu fähig sind, insbesondere also das Recht auf Arbeit, das in vielen Menschenrechtserklärungen anerkannt ist, aber noch in keinem kapitalistischen Land verwirklicht ist. Und daraus ergeben sich eine Reihe von Forderungen zur Schaffung gleicher Ausgangsbedingungen (...). Die Hervorhebung des Begriffs der positiven Freiheit ist auch deswegen wichtig, weil es das Prinzip Hilfe zur Selbsthilfe unterstreicht und ein falsches Verständnis des Wohlfahrtsstaates verbietet, demzufolge es sich um eine bloße Kompensation durch Güter handeln könnte"[12]. Doch die rein rechtliche Absicherung der Grund- und Menschenrechte, die sich innerhalb einer Gesellschaft immer weiter differenzieren und spezifizieren kann bis hin zu einer maximalen „Verrechtlichung"[13] des gesellschaftlichen Lebens, vermag den Nerv nicht zu treffen, der für Handlungsorientierungen gemäß Nächstenliebe, Fürsorglichkeit und Solidarität durch die Kraft des Gewissens gefordert ist. Es geht um die Frage des Bestandserhaltes eines Gesellschaftssystems, das Freiheit und Gleichheit immer nur auf der Basis einer gegenseitigen solidarischen Verpflichtung erhalten

---

trakts" S.7ff und Ballestrem, Karl Graf von „Die Idee des impliziten Vertrages" S.35ff in: Kern, Lucian „Gerechtigkeit, Diskurs oder Markt" Opladen/1986.

11 Habermas, Jürgen „Zur Legitimation durch Menschenrechte" S.177 in ders. „Posttraditionale Konstellation" S.170ff, Frankfurt a.M./1998

12 Tugendhat, Ernst „Die Kontroverse um die Menschenrechte" s.o. S.58

13 Siehe dazu Berghahn, Sabine „Die Verrechtlichung des Privaten"S.241ff in „Leviathan" (Zs) 3/1996. Sie kommt abschließend zu dem Statement: „Die fortgeschrittene Zivilgesellschaft , die wir sicherlich noch lange nicht erreicht haben, wird sich – wenn überhaupt – wohl doch nur aus der heutigen Gemengelage von Staat und Gesellschaft entwickeln lassen und ohne ein gewisses Maß an Interventionismus und rechtlicher Steuerung nicht auskommen. Halbwegs egalitäre Geschlechterverhältnisse bedürfen daher eines entsprechenden Sets an rechtlicher Institutionalisierung, die mit der gebotenen Unparteilichkeit des Rechts für Gleichheit und Partizipation Partei ergreift" (S.271). Zur Problemstellung der „Verrechtlichung" allgemein: Eckertz, Rainer „Die Kompetenz des Bundesverfassungsgerichts und die Eigenheit des Politischen" in „Der Staat" (Zs) 17/1978, S.183ff. Voigt, Rüdiger (ed.) „Verrechtlichung" Königstein Ts./1980

konnte und in der Gegenwart scheinbar von einer zunehmenden Tendenz des Individualismus auseinandergerissen wird, die durch eine Verrechtlichung in ihren Grundlagen der Anspruchshaltung nur verstärkt werden würde. Wie auch Jürgen Habermas gegenüber feministischer Kritik eingesteht, handelt es sich um ein komplementäres Verhältnis, in dem Solidarität und Gerechtigkeit stehen, d.h. "Gerechtigkeit fordert als ihr Anderes Solidarität. (...) Jede autonome Moral muß zwei Aufgaben in einem lösen: sie bringt die Unantastbarkeit der vergesellschafteten Individuen zur Geltung, indem sie Gleichbehandlung und damit gleichmäßigen Respekt vor der Würde eines jeden fordert; und sie schützt die intersubjektiven Beziehungen reziproker Anerkennung, indem sie von den Individuen als Angehörigen einer Gemeinschaft, in der sie sozialisiert worden sind, Solidarität fordert"[14]. Der "Gemeinschaftsgeist", der die Gemeinschaft als das Ganze thematisiert, ohne das die Teile nicht existieren könnten, muß angesichts der ökonomischen und letztendlich moralischen Krise der modernen Gesellschaften in aristotelischer Tradition wieder ins Bewußtsein der Bürger gerufen werden, bevor materielle Not oder die Angst vor der Ausgestoßenheit aus der sog. „Arbeitsgesellschaft" die Menschen dazu führt, sich noch stärker nur auf sich selbst und die Sorge um die Seinen zurückzuziehen und strategisch operierende Handlungsmaximen zu präferieren. Denn, wie Otfried Höffe richtig diagnostiziert, enthält die Konstruktion der gegenwärtigen anonym, meist institutionell und rechtlich vermittelten Solidargemeinschaft der modernen westeuropäischen Gesellschaften einen entscheidenden „(...) ‚Webfehler‘: Obwohl alles Menschliche von Pleonexie, von ausufernden Begehrlichkeiten, bedroht ist, kommen die traditionellen sowohl 'konkreten' als auch persönlich überschaubaren Solidargemeinschaften damit gut zurecht. Der ‚objektiven‘ Sorge für die Bedürftigen entspricht nämlich eine ‚subjektive‘ Haltung, ein Ethos wechselseitiger Rücksichtnahme und Kontrolle, das den beiden Seiten der Pleonexie, sowohl die Verweigerung der Solidarität als auch deren übermäßige oder sogar mißbräuchliche Inanspruchnahme, entgegentritt. Auf diese Weise leistet das Ethos eine Bestandsgarantie. In der modernen, jetzt abstrakten und unpersönlichen Solidargemeinschaft gehen aber diese Gegenkräfte der Pleonexie verloren. Nicht etwa aus Bosheit, sondern ‚sy-

[14] Habermas, Jürgen „Erläuterungen zur Diskursethik", S.70, Frankfurt a.M./1991

stembedingt' macht sich die für private Güter und den Markt charakteristische Maximierungsstrategie breit"[15].

Vielleicht kann das vorliegende Buch, indem es nicht nur die Menschenrechtsentwicklung und ihre Problemstellungen aufweist, sondern auch die historischen, kulturellen und ökonomischen Hintergründe ihrer Genese betont, die in der Gegenwart weiterhin unabgeschlossene Suche nach der angemessenen Interpretation normativer Orientierungen und Grundwerte wie Freiheit, Gleichheit, Solidarität und Gerechtigkeit unterstützen. Die Angewieseneit der Menschen als selbstverantwortliche Gewissenssubjekte auf Rechts- und Lebensverhältnisse, die durch den Geist von Nächstenliebe, Fürsorglichkeit und Solidarität geprägt sind, soll den Weg weisen.

[15] Höffe, Otfried „Demokratie im Zeitalter der Globalisierung" München/1999.

Anhang

Die „Erklärung der Rechte der Frau und Bürgerin" von Olympe de Gouges (7. September 1791)

Die Übersetzung stammt von Th. Sauter und G. Guttenberg (teilweise) und wurde dem Band „Die Frau ist frei geboren", hg. v. H. Schröder, München 1979, S. 35-40, entnommen. Kursiv gesetzte Textteile wurden von Ute Gerhard neu übersetzt.

(...)

Erklärung der Rechte der Frau und Bürgerin

Von der Nationalversammlung am Ende dieser oder bei der nächsten Legislaturperiode zu verabschieden

Präambel

Wir, Mütter, Töchter, Schwestern, Vertreterinnen der Nation, verlangen, in die Nationalversammlung aufgenommen zu werden. In Anbetracht dessen, daß *Unkenntnis, Vergessen* oder Mißachtung der Rechte der Frauen die alleinigen Ursachen öffentlichen Elends und der Korruptheit der Regierungen sind, haben wir uns entschlossen, in einer feierlichen Erklärung die natürlichen, unveräußerlichen und heiligen Rechte der Frau darzulegen, *damit* die Erklärung allen Mitgliedern der Gesellschaft ständig vor Augen *ist und* sie unablässig an ihre Rechte und Pflichen erinnert; *damit* die Machtausübung von Frauen ebenso wie jene von Männern jederzeit am Zweck der politischen Einrichtung gemessen und somit auch mehr geachtet werden kann; *damit* die Beschwerden von Bürgerinnen, nunmehr gestützt auf einfache und unangreifbare Grundsätze, sich immer zur Erhaltung der Verfassung, der guten Sitten und zum Wohle aller auswirken mögen.

Das an Schönheit wie Mut im Ertragen der Mutterschaft überlegene Geschlecht anerkennt und erklärt somit, in Gegenwart und mit dem Beistand des Allmächtigen, die folgenden Rechte der Frau und Bürgerin:

Artikel 1

Die Frau ist frei geboren und bleibt dem Manne gleich in allen Rechten. Die sozialen Unterschiede können nur im allgemeinen Nutzen begründet sein.

Artikel 2

Ziel und Zweck jedes politischen Zusammenschlusses ist der Schutz der natürlichen und unveräußerlichen Rechte sowohl der Frau als auch des Mannes. Diese Rechte sind: Freiheit, Sicherheit, das Recht auf Eigentum und besonders das Recht auf Widerstand gegen Unterdrückung.

Artikel 3

Das Prinzip jeder Herrschaft ruht wesentlich in der Nation, die nichts anderes darstellt als eine Vereinigung von Frauen und Männern. Keine Körperschaft und keine einzelne Person kann Macht ausüben, die nicht ausdrücklich daraus hervorgeht.

Artikel 4

Freiheit und Gerechtigkeit bestehen darin, den anderen zurückzugeben, was ihnen *zusteht.* So wird die Frau an der Ausübung ihrer natürlichen Rechte nur durch die fortdauernde Tyrannei, die der Mann ihr entgegensetzt, gehindert. Diese Schranken müssen durch Gesetz der Natur und Vernunft revidiert werden.

Artikel 5

Die Gesetze der Natur und Vernunft wehren alle Handlungen von der Gesellschaft ab, die ihr schaden könnten. Alles, was durch diese weisen und göttlichen Gesetze nicht verboten ist, darf nicht behindert werden, und niemand darf gezwungen werden, etwas zu tun, was diese Gesetze nicht ausdrücklich vorschreiben.

Artikel 6

Das Gesetz sollte Ausdruck des *allgemeinen Willens* sein. Alle Bürgerinnen und Bürger sollen persönlich oder durch ihre Vertreter an seiner Gestaltung mitwirken. Es muß für alle das gleiche sein. Alle Bürgerinnen und Bürger, die gleich sind vor den Augen des Gesetzes, müssen gleichermaßen nach ihren Fähigkeiten, ohne andere Unterschiede als die ihrer Tugenden und Talente, zu allen Würden, Ämtern und Stellungen im öffentlichen Leben zugelassen werden.

Artikel 7

Für Frauen gibt es keine Sonderrechte; sie werden verklagt, in Haft genommen und *gefangen gehalten, in den durch das Gesetz bestimmten Fällen.* Frauen unterstehen wie Männer den gleichen Strafgesetzen.

Artikel 8

Das Gesetz soll nur Strafen verhängen, die unumgänglich und offensichtlich notwendig sind, und niemand darf bestraft werden, es sei denn kraft eines rechtsgültigen Gesetzes, das bereits vor *der Tat* in Kraft war und das legal auf Frauen angewandt wird.

Artikel 9

Gegenüber jeder Frau, die für schuldig befunden wurde, *muß das Gesetz mit großer Strenge angewendet werden.*

Artikel 10

Niemand darf wegen seiner Meinung, auch wenn sie grundsätzlicher Art ist, verfolgt werden. Die Frau hat das Recht, das Schafott zu besteigen. Sie muß gleichermaßen das Recht haben, die Tribüne zu besteigen, vorausgesetzt, daß ihre Handlungen und Äußerungen die vom Gesetz gewahrte öffentliche Ordnung nicht stören.

Artikel 11

Die freie Gedanken- und Meinungsäußerung ist eines der kostbarsten Rechte der Frau, denn diese Freiheit garantiert die Vaterschaft der Väter an ihren Kindern. Jede Bürgerin kann folglich in aller Freiheit sagen: „Ich bin die Mutter eines Kindes, das du gezeugt hast", ohne daß ein barbarisches Vorurteil sie zwingt, die Wahrheit zu verschleiern. Dadurch soll ihr nicht die Verantwortung für den Mißbrauch dieser Freiheit in den *durch Gesetz bestimmten Fällen* abgenommen werden.

Artikel 12

Ein höherer Nutzen erfordert die Garantie der Rechte der Frau und Bürgerin. Diese Garantie soll zum Vorteil aller und nicht zum persönlichen Vorteil derjenigen *dienen*, denen *diese Rechte* anvertraut *sind.*

Artikel 13

Für den Unterhalt der Polizei und für die Verwaltungskosten werden von der Frau wie vom Manne gleiche Beiträge gefordert. Hat die Frau teil an allen Pflichten und Lasten, dann muß sie ebenso teilhaben an der Verteilung der Posten und Arbeiten, in niederen und hohen Ämtern, und im Gewerbe.

Artikel 14

Die Bürgerinnen und Bürger haben das Recht, selbst oder durch ihre Repräsentanten über die jeweilige Notwendigkeit der öffentlichen Beiträge zu befinden. Die Bürgerinnen können dem Prinzip, Steuern in gleicher Höhe aus ihren Vermögen zu zahlen, nur dann beipflichten, wenn sie an der öffentlichen Verwaltung teilhaben und die Steuern, ihre Verwendung, ihre Einziehung und Zeitdauer mit festsetzen.

Artikel 15

Die weibliche Bevölkerung, die gleich der männlichen Beiträge leistet, hat das Recht, von jeder öffentlichen Instanz einen Rechenschaftsbericht zu verlangen.

Artikel 16

Eine Gesellschaft, in der die Garantie der Rechte nicht gesichert und die Trennung der Gewalten nicht festgelegt ist, hat keine Verfassung. *Die Verfassung ist null und nichtig,* wenn die Mehrheit der Individuen, die *die Nation* darstellen, an ihrem Zustandekommen nicht mitgewirkt hat.

Artikel 17

Das Eigentum gehört beiden Geschlechtern vereint oder einzeln. Jede Person hat darauf ein unverletzliches und heiliges Anrecht. Niemandem darf es als *wahres Erbteil der Nation* vorenthalten werden, es sei denn, eine öffentliche Notwendigkeit, die *gesetzlich festgelegt ist*, mache es *augenscheinlich* erforderlich, *jedoch* unter der Voraussetzung einer gerechten und vorher festgelegten Entschädigung.

Allgemeine Erklärung der Menschenrechte[1] vom 10. Dezember 1948

Präambel

Da die Anerkennung der allen Mitgliedern der menschlichen Familie innewohnenden Würde und ihrer gleichen und unveräußerlichen Rechte die Grundlage der Freiheit, der Gerechtigkeit und des Friedens in der Welt bildet,
da Verkennung und Mißachtung der Menschenrechte zu Akten der Barbarei führen, die das Gewissen der Menschheit tief verletzt haben, und da die Schaffung einer Welt, in der den Menschen, frei von Furcht und Not, Rede- und Glaubensfreiheit zuteil wird, als das höchste Bestreben der Menschheit verkündet worden ist,
da es wesentlich ist, die Menschenrechte durch die Herrschaft des Rechtes zu schützen, damit der Mensch nicht zum Aufstand gegen Tyrannei und Unterdrückung als letztem Mittel gezwungen wird,
da es wesentlich, die Entwicklung freundschaftlicher Beziehungen zwischen Nationen zu fördern,
da die Völker der Vereinten Nationen in der Satzung ihren Glauben an die grundlegenden Menschenrechte, an die Würde und den Wert der menschlichen Person und an die Gleichbereichtigung von Mann und Frau erneut bekräftigt und beschlossen haben, den sozialen Fortschritt und bessere Lebensbedingungen bei größerer Freiheit zu fördern,
da die Mitgliedstaaten sich verpflichtet haben, in Zusammenarbeit mit den Vereinten Nationen die allgemeine Achtung und Verwirklichung der Menschenrechte und Grundfreiheiten durchzusetzen, da eine gemeinsame Auffassung über die Rechte und Freiheiten von größter Wichtigkeit für die volle Erfüllung dieser Verpflichtung ist, verkündet die Generalversammlung die vorliegende Allgemeine Erklärung der Menschenrechte als das von allen Völkern und Nationen zu erreichende gemeinsame Ideal, damit jeder einzelne und alle Organe der Gesellschaft sich diese Erklärung stets gegenwärtig halten und sich bemühen, durch Unterricht und Erziehung die Achtung dieser Rechte und Freiheiten zu fördern und durch fortschreitende Maßnahmen im nationalen und internationalen Bereiche ihre allgemeine und tatsächliche Anerkennung und Verwirklichung bei der Bevölkerung sowohl der Mitgliedstaaten wie der ihrer Oberhoheit unterstehenden Gebieten zu gewährleisten.

Artikel 1

Alle Menschen sind frei und gleich an Würde und Rechten geboren. Sie sind mit Vernunft und Gewissen begabt und sollen einander im Geiste der Brüderlichkeit begegnen.

---

[1] Genehmigt und verkündet von der Generalversammlung der Vereinten Nationen am 10. Dezember 1948. Der offizielle Wortlaut wurde in den fünf Amtssprachen chinesisch, englisch, französisch, russisch und spanisch veröffentlicht. Der vorliegende Text ist die in Deutschland gebilligte Fassung.

Artikel 2

1. Jeder Mensch hat Anspruch auf die in dieser Erklärung verkündeten Rechte und Freiheiten, ohne irgendeine Unterscheidung, wie etwa nach Rasse, Farbe, Geschlecht, Sprache, Religion, politischer und sonstiger Überzeugung, nationaler oder sozialer Herkunft, nach Eigentum, Geburt oder sonstigen Umständen.
2. Weiter darf keine Unterscheidung gemacht werden auf Grund der politischen, rechtlichen oder internationalen Stellung des Landes oder Gebietes, dem eine Person angehört, ohne Rücksicht darauf, ob es unabhängig ist, unter Treuhandschaft steht, keine Selbstregierung besitzt oder irgendeiner anderen Beschränkung seiner Souveränität unterworfen ist.

Artikel 3

Jeder Mensch hat das Recht auf Leben, Freiheit und Sicherheit der Person.

Artikel 4

Niemand darf in Sklaverei oder Leibeigenschaft gehalten werden; Sklaverei und Sklavenhandel sind in allen ihren Formen verboten.

Artikel 5

Niemand darf der Folter oder grausamer, unmenschlicher oder erniedrigender Behandlung oder Straße unterworfen werden.

Artikel 6

Jeder Mensch hat überall Anspruch auf Anerkennung als Rechtsperson.

Artikel 7

Alle Menschen sind vor dem Gesetz gleich und haben ohne Unterschied Anspruch auf gleichen Schutz durch das Gesetz. Alle haben Anspruch auf gleichen Schutz gegen jede unterschiedliche Behandlung, welche die vorliegende Erklärung verletzen würde, und gegen jede Aufreizung zu einer derartigen unterschiedlichen Behandlung.

Artikel 8

Jeder Mensch hat Anspruch auf wirksamen Rechtsschutz vor den zuständigen innerstaatlichen Gerichten gegen alle Handlungen, die seine ihm nach der Verfassung oder nach dem Gesetz zustehenden Grundrechte verletzen.

Artikel 9

Niemand darf willkürlich festgenommen, in Haft gehalten oder des Landes verwiesen werden.

Artikel 10

Jeder Mensch hat in voller Gleichberechtigung Anspruch auf ein der Billigkeit entsprechendes und öffentliches Verfahren vor einem unabhängigen und unparteiischen Gericht, das über seine Rechte und Verpflichtungen oder aber über irgendeine gegen ihn erhobene strafrechtliche Beschuldigung zu entscheiden hat.

Artikel 11

1. Jeder Mensch, der einer strafbaren Handlung beschuldigt wird, ist so lange als unschuldig anzusehen, bis seine Schuld in einem öffentlichen Verfahren, in dem alle für seine Verteidigung nötigen Voraussetzungen gewährleistet waren, gemäß dem Gesetz nachgewiesen ist.
2. Niemand kann wegen einer Handlung oder Unterlassung verurteilt werden, die im Zeitpunkt, da sie erfolgte, auf Grund des nationalen oder internationalen Rechts nicht strafbar war. Desgleichen kann keine schwerere Strafe verhängt werden als die, welche im Zeitpunkt der Begehung der strafbaren Handlung anwendbar war.

Artikel 12

Niemand darf willkürlichen Eingriffen in sein Privatleben, seine Familie, sein Heim oder seinen Briefwechsel noch Angriffen auf seine Ehre und seinen Ruf ausgesetzt werden. Jeder Mensch hat Anspruch auf rechtlichen Schutz gegen derartige Eingriffe oder Anschläge.

Artikel 13

1. Jeder Mensch hat das Recht auf Freizügigkeit und freie Wahl seines Wohnsitzes innerhalb eines Staates.
2. Jeder Mensch hat das Recht, jedes Land, einschließlich seines eigenen, zu verlassen sowie in sein Land zurückzukehren.

Artikel 14

1. Jeder Mensch hat das Recht, in anderen Ländern vor Verfolgung Asyl zu suchen und zu genießen.
2. Dieses Recht kann jedoch im Falle einer Verfolgung wegen nichtpolitischer Verbrechen oder wegen Handlungen, die gegen die Ziele und Grundsätze der Vereinten Nationen verstoßen, nicht in Anspruch genommen werden.

Artikel 15

1. Jeder Mensch hat Anspruch auf eine Staatsangehörigkeit.
2. Niemandem darf seine Staatsangehörigkeit willkürlich entzogen noch ihm das Recht versagt werden, seine Staatsangehörigkeit zu wechseln.

Artikel 16

1. Heiratsfähige Männer und Frauen haben ohne Beschränkung durch Rasse, Staatsbürgerschaft oder Religion das Recht, eine Ehe zu schließen und eine Familie zu gründen. Sie haben bei der Eheschließung, während der Ehe und bei deren Auflösung gleiche Rechte.
2. Die Ehe darf nur auf Grund der freien und vollen Willenseinigung der zukünftigen Ehegatten geschlossen werden.
3. Die Familie ist die natürliche und grundlegende Einheit der Gesellschaft und hat Anspruch auf Schutz durch Gesellschaft und Staat.

Artikel 17

1. Jeder Mensch hat allein oder in Gemeinschaft mit anderen Recht auf Eigentum.
2. Niemand darf willkürlich seines Eigentums beraubt werden.

Artikel 18

Jeder Mensch hat Anspruch auf Gedanken,- Gewissens- und Religionsfreiheit; dieses Recht umfaßt die Freiheit, seine Religion oder seine Überzeugung zu wechseln, sowie die Freiheit, seine Religion oder seine Überzeugung allein oder in Gemeinschaft mit anderen, in der Öffentlichkeit oder privat, durch Lehre, Ausübung, Gottesdienst und Vollziehung von Riten zu bekunden.

Artikel 19

Jeder Mensch hat das Recht auf freie Meinungsäußerung; dieses Recht umfaßt die Freiheit, Meinungen unangefochten anzuhängen und Informationen und Ideen mit allen Verständigungsmitteln ohne Rücksicht auf Grenzen zu suchen, zu empfangen und zu verbreiten.

Artikel 20

1. Jeder Mensch hat das Recht auf Versammlungs- und Vereinigungsfreiheit zu friedlichen Zwecken.
2. Niemand darf gezwungen werden, einer Vereinigung anzugehören.

Artikel 21

1. Jeder Mensch hat das Recht, an der Leitung der öffentlichen Angelegenheiten seines Landes unmittelbar oder durch frei gewählte Vertreter teilzunehmen.
2. Jeder Mensch hat unter gleichen Bedingungen das Recht auf Zulassung zu öffentlichen Ämtern in seinem Lande.
3. Der Wille des Volkes bildet die Grundlage für die Autorität der öffentlichen Gewalt; dieser Wille muß durch periodische und unverfälschte Wahlen mit allgemeinen und gleichem Wahlrecht bei geheimer Stimmabgabe oder in einem gleichwertigen freien Wahlverfahren zum Ausdruck kommen.

Artikel 22

Jeder Mensch hat als Mitglied der Gesellschaft Recht auf soziale Sicherheit; er hat Anspruch darauf, durch innerstaatliche Maßnahmen und internationale Zusammenarbeit unter Berücksichtigung der Organisation und der Hilfsmittel jedes Staates in den Genuß der für seine Würde und die freie Entwicklung seiner Persönlichkeit unentbehrliche wirtschaftlichen, sozialen und kulturellen Rechte zu gelangen.

Artikel 23

1. Jeder Mensch hat das Recht auf Arbeit, auf freie Berufswahl, auf angemessene und befriedigende Arbeitsbedingungen sowie auf Schutz gegen Arbeitslosigkeit.
2. Alle Menschen haben ohne jede unterschiedliche Behandlung das Recht auf gleichen Lohn für gleiche Arbeit.

3. Jeder Mensch, der arbeitet, hat das Recht auf angemessene und befriedigende Entlohnung, die ihm und seiner Familie eine der menschlichen Würde entsprechende Existenz sichert und die, wenn nötig, durch andere soziale Schutzmaßnahmen zu ergänzen ist.
4. Jeder Mensch hat das Recht, zum Schutz seiner Interessen Berufsvereinigungen zu bilden und solchen beizutreten.

Artikel 24

Jeder Mensch hat Anspruch auf Erhebung und Freizeit sowie auf eine vernünftige Begrenzung der Arbeitszeit und auf periodischen, bezahlten Urlaub.

Artikel 25

1. Jeder Mensch hat Anspruch auf eine Lebenshaltung, die seine und seiner Familie Gesundheit und Wohlbefinden einschließlich Nahrung, Kleidung, Wohnung, ärztlicher Betreuung und der notwendigen Leistungen der sozialen Fürsorge gewährleistet; er hat das Recht auf Sicherheit im Falle von Arbeitslosigkeit, Krankheit, Invalidität, Verwitwung, Alter oder von anderweitigen Verlust seiner Unterhaltsmittel durch unverschuldete Umstände.
2. Mutter und Kind haben Anspurch auf besondere Hilfe und Unterstützung. Alle Kinder, eheliche und uneheliche, genießen den gleichen sozialen Schutz.

Artikel 26

1. Jeder Mensch hat das Recht auf Bildung. Der Unterricht muß wenigstens in den Elementar- und Grundschulen unentgeltlich sein. Der Elementarunterricht ist obligatorisch. Fachlicher und beruflicher Unterricht soll allgemein zugänglich sein; die höheren Studien sollen allen nach Maßgabe ihrer Fähigkeiten und Leistungen in gleicher Weise offenstehen.
2. Die Ausbildung soll die volle Entfaltung der menschlichen Persönlichkeit und die Stärkung der Achtung der Menschrechte und Grundfreiheiten zum Ziel haben. Sie soll Verständnis, Duldamkeit und Freundschaft zwischen allen Nationen und allen rassischen oder religiösen Gruppen fördern und die Tätigkeit der Vereinten Nationen zur Aufrechterhaltung des Friedens begünstigen.
3. In erster Linie haben die Eltern das Recht, die Art der ihren Kindern zuteil werdenden Bildung zu bestimmen.

Artikel 27

1. Jeder Mensch hat das Recht, am kulturellen Leben der Gemeinschaft frei teilzunehmen, sich der Künste zu erfreuen und am wissenschaftlichen Fortschritt und dessen Wohltaten teilzuhaben.
2. Jeder Mensch hat das Recht auf Schutz der moralischen und materiellen Interessen, die sich aus jeder wissenschaftlichen, literarischen oder künterlischen Produktion ergeben, deren Urheber er ist.

Artikel 28

Jeder Mensch hat Anspruch auf eine soziale und internationale Ordnung, in welcher die in der vorliegenden Erklärung angeführten Rechte und Freiheiten voll verwirklicht werden können.

Artikel 29

1. Jeder Mensch hat Pflichten gegenüber der Gemeinschaft, in der allein die freie und volle Entwicklung seiner Persönlichkeit möglich ist.

2. Jeder Mensch ist in Ausübung seiner Rechte und Freiheiten nur den Beschränkungen unterworfen, die das Gesetz ausschlielich zu dem Zwecke vorsieht, um die Anerkennung und Achtung der Rechte und Freiheiten der anderen zu gewährleisten und den gerechten Anforderungen der Moral, der öffentlichen Ordnung und der allgemeinen Wohlfahrt in einer demokratischen Gesellschaft zu genügen.

3. Rechte und Freiheiten dürfen in keinem Fall im Widerspruch zu den Zielen und Grundsätzen der Vereinten Nationen ausgeübt werden.

Artikel 30

Keine Bestimmung der vorliegenden Erklärung darf so ausgelegt werden, daß sich daraus für einen Staat, eine Gruppe oder eine Person irgendein Recht ergibt, eine Tätigkeit auszuüben oder eine Handlung zu setzen, welche auf die Vernichtung der in dieser Erklärung angeführten Rechte und Freiheiten abzielen.

Allgemeine Erklärung der Menschenpflichten

Den Vereinten Nationen und der Weltöffentlichkeit zur Diskussion vorgelegt vom InterAction Council (1997)

Präambel

Da die Anerkennung der allen Mitgliedern der menschlichen Familie innewohnenden Würde und der gleichen und unveräußerlichen Rechte die Grundlage für Freiheit, Gerechtigkeit und Frieden in der Welt ist und Pflichten oder Verantwortlichkeiten (responsibilities) einschließt,

da das exklusive Bestehen auf Rechten Konflikt, Spaltung und endlosen Streit zur Folge haben und die Vernachlässigung der Menschenpflichten zu Gesetzlosigkeit und Chaos führen kann,

da die Herrschaft des Rechts und die Förderung der Menschenrechte abhängen von der Bereitschaft von Männern wie Frauen, gerecht zu handeln,

da globale Probleme globale Lösungen verlangen, was nur erreicht werden kann durch von allen Kulturen und Gesellschaften beachtete Ideen, Werte und Normen,

da alle Menschen nach bestem Wissen und Vermögen eine Verantwortung haben, sowohl vor Ort als auch global eine bessere Gesellschaftsordnung zu fördern - ein Ziel, das mit Gesetzen, Vorschriften und Konventionen allein nicht erreicht werden kann, da menschliche Bestrebungen für Fortschritt und Verbesserung nur verwirklicht werden können durch übereinstimmende Werte und Maßstäbe, die jederzeit für alle Menschen und Institutionen gelten,

deshalb verkündet
die Generalversammlung der Vereinten Nationen

diese allgemeine Erklärung der Menschenpflichten. Sie soll ein gemeinsamer Maßstab sein für alle Völker und Nationen, mit dem Ziel, daß jedes Individuum und jede gesellschaftliche Einrichtung, dieser Erklärung stets eingedenk, zum Fortschritt der Gemeinschaften und zur Aufklärung all ihrer Mitglieder beitragen mögen. Wir, die Völker der Erde, erneuern und verstärken hiermit die schon durch die Allgemeine Erklärung der Menschenrechte proklamierten Verpflichtungen: die volle Akzeptanz der Würde aller Menschen, ihrer unveräußerlichen Freiheit und Gleichheit und ihrer Solidarität untereinander. Bewußtsein und Akzeptanz dieser Pflichten sollen in der ganzen Welt gelehrt und gefördert werden.

Fundamentale Prinzipien für Humanität

Artikel 1
Jede Person, gleich welchen Geschlechts, welcher ethischen Herkunft, welchen sozialen Status, welcher politischen Überzeugung, welcher Sprache, welchen Alters, welcher Nationalität oder Religion, **hat die Pflicht, alle Menschen menschlich zu behandeln.**

Artikel 2
Keine Person soll unmenschliches Verhalten, welcher Art auch immer, unterstützen, vielmehr haben alle Menschen die Pflicht, sich für die Würde und die Selbstachtung aller anderen Menschen einzusetzen.

Artikel 3
Keine Person, keine Gruppe oder Organisation, kein Staat, keine Armee oder Polizei steht jenseits von Gut und Böse; sie alle unterstehen moralischen Maßstäben. Jeder Mensch hat die Pflicht, unter allen Umständen Gutes zu fördern und Böses zu meiden.

Artikel 4
Alle Menschen, begabt mit Vernunft und Gewissen, müssen im Geist der Solidarität Verantwortung übernehmen gegenüber jeden und allen, Familien und Gemeinschaften, Rassen, Nationen und Religionen: **Was du nicht willst, das man dir tu, das füg auch keinem andern zu.**

Gewaltlosigkeit und Achtung vor dem Leben

Artikel 5
Jede Person hat die Pflicht, **Leben zu achten**. Niemand hat das Recht, eine andere menschliche Person zu verletzen, zu foltern oder zu töten. Dies schließt das Recht auf gerechtfertigte Selbstverteidigung von Individuen und Gemeinschaften nicht aus.

Artikel 6
Streitigkeiten zwischen Staaten, Gruppen oder Individuen sollen ohne Gewalt ausgetragen werden. Keine Regierung darf Akte des Völkermords oder des Terrorismus tolerieren oder sich daran beteiligen, noch darf sie Frauen, Kinder oder irgendwelche anderen zivilen Personen als Mittel zur Kriegsführung mißbrauchen. Jeder Bürger und öffentliche Verantwortungsträger hat die Pflicht, auf friedliche, gewaltfreie Weise zu handeln.

Artikel 7
Jede Person ist unendlich kostbar und muß unbedingt geschützt werden. Schutz verlangen auch die Tiere und die natürliche Umwelt. Alle Menschen haben die Pflicht, Luft, Wasser und Boden um der gegenwärtigen Bewohner und der zukünftigen Generationen willen zu schützen.

Gerechtigkeit und Solidarität

Artikel 8
Jede Person hat die Pflicht, sich **integer, ehrlich und fair** zu verhalten. Keine Person oder Gruppe soll irgendeine andere Person oder Gruppe ihres Besitzes berauben oder ihn willkürlich wegnehmen.

Artikel 9
Alle Menschen, denen die notwendigen Mittel gegeben sind, haben die Pflicht, ernsthafte Anstrengungen zu unternehmen, um Armut, Unterernährung, Unwissenheit und Ungerechtigkeit zu überwinden. Sie sollen überall auf der Welt eine nachhaltige Entwicklung fördern, um für alle Menschen Würde, Freiheit, Sicherheit und Gerechtigkeit zu gewährleisten.

Artikel 10
Alle Menschen haben die Pflicht, ihre Fähigkeiten durch Fleiß und Anstrengung zu entwickeln; sie sollen gleichen Zugang zu Ausbildung und sinnvoller Arbeit haben. Jeder soll den Bedürftigen, Benachteiligten, Behinderten und den Opfern von Diskriminierung Unterstützung zukommen lassen.

Artikel 11
Alles Eigentum und aller Reichtum müssen in Übereinstimmung mit der Gerechtigkeit und zum Fortschritt der Menschheit verantwortungsvoll verwendet werden. Wirtschaftliche und politische Macht darf nicht als Mittel zur Herrschaft eingesetzt werden, sondern im Dienst wirtschaftlicher Gerechtigkeit und sozialer Ordnung.

Wahrhaftigkeit und Toleranz

Artikel 12
Jeder Mensch hat die Pflicht, **wahrhaftig zu reden und zu handeln**. Niemand, wie hoch oder mächtig auch immer, darf lügen. Das Recht auf Privatsphäre und auf persönliche oder berufliche Vertraulichkeit muß respektiert werden. Niemand ist verpflichtet, die volle Wahrheit jedem zu jeder Zeit zu sagen.

Artikel 13
Keine Politiker, Beamten, Wirtschaftsführer, Wissenschaftler, Schriftsteller oder Künstler sind von allgemeinen ethischen Maßstäben entbunden, noch sind es Ärzte, Juristen und andere Berufe, die Klienten gegenüber besondere Pflichten haben. Berufsspezifische oder andersartige Ethikkodizes sollen den Vorrang allgemeiner Maßstäbe wie etwa Wahrhaftigkeit und Fairneß widerspiegeln.

Artikel 14
Die Freiheit der Medien, die Öffentlichkeit zu informieren und gesellschaftliche Einrichtungen wie Regierungsmaßnahmen zu kritisieren - was für eine gerechte

Gesellschaft wesentlich ist -, muß mit Verantwortung und Umsicht gebraucht werden. Die Freiheit der Medien bringt eine besondere Verantwortung für genaue und wahrheitsgemäße Berichterstattung mit sich. Sensationsberichte, welche die menschliche Person oder die Würde erniedrigen, müssen stets vermieden werden.

Artikel 15
Während Religionsfreiheit garantiert sein muß, haben die Repräsentanten der Religionen eine besondere Pflicht, Äußerungen von Vorurteilen und diskriminierende Handlungen gegenüber Andersgläubigen zu vermeiden. Sie sollen Haß, Fanatismus oder Glaubenskriege weder anstiften noch legitimieren, vielmehr sollen sie Toleranz und gegenseitige Achtung unter allen Menschen fördern.

Gegenseitige Achtung und Partnerschaft

Artikel 16
Alle Männer und alle Frauen haben die Pflicht, einander **Achtung und Verständnis** in ihrer Partnerschaft zu **zeigen**. Niemand soll eine andere Person sexueller Ausbeutung oder Abhängigkeit unterwerfen. Vielmehr sollen Geschlechtspartner die Verantwortung für die Sorge um das Wohlergehen des anderen wahrnehmen.

Artikel 17
Die Ehe erfordert - bei allen kulturellen und religiösen Verschiedenheiten - Liebe, Treue und Vergebung, und sie soll zum Ziel haben, Sicherheit und gegenseitige Unterstützung zu garantieren.

Artikel 18
Vernünftige Familienplanung ist die Verantwortung eines jeden Paares. Die Beziehung zwischen Eltern und Kindern soll gegenseitige Liebe, Achtung, Wertschätzung und Sorge widerspiegeln. Weder Eltern noch andere Erwachsene sollen Kinder ausbeuten, mißbrauchen oder mißhandeln.

Schluß

Artikel 19
Keine Bestimmung dieser Erklärung darf so ausgelegt werden, daß sich daraus für den Staat, eine Gruppe oder eine Person irgendein Recht ergibt, eine Tätigkeit auszuüben oder eine Handlung vorzunehmen, welche auf die Vernichtung der in dieser Erklärung und der Allgemeinen Erklärung der Menschenrechte von 1948 angeführten Pflichten, Rechte und Freiheiten abzielen.

„Zur Strafbarkeit von Mauerschützen"

StGB §§ 2,7; GG Art. 103II; IPBPR; WStG §%; DDR-Grenzgesetz

(Quelle: NJW 1983, H.2, Entscheidungen – Strafrecht BGH, S.141ff)

Zum Sachverhalt:

Die Angekl. waren als Angehörige der Grenztruppen der DDR – *W* als Unteroffizier und Führer eines aus zwei Personen bestehenden Postens, *H* als Soldat – an der Berliner Mauer eingesetzt. Dort haben sie am 1.12.1984 um 3.15 Uhr auf den 20 Jahren alten, aus der DDR stammenden S geschossen, der sich anschickte, die Mauer vom Stadtbezirk Pankow aus in Richtung auf den Bezirk Wedding zu übersteigen. S wurde, während er auf einer an die Mauer gelehnten Leiter hochstieg, von Geschossen aus den automatischen Infanteriegewehren der Angekl. getroffen. Ein Geschoß aus der Waffe des Angekl. W drang in seinen Rücken ein, als er bereits eine Hand auf die Mauerkrone gelegt hatte; diese Verletzung führte zum Tode. S wurde auch von einem Geschoß aus der Waffe des Angekl. H getroffen, und zwar am Knie; diese Verletzung war für den Tod ohne Bedeutung. Die zeitliche Abfolge der beiden Schußverletzungen ist nicht geklärt. S wurde erst kurz vor 5.30 Uhr in das Krankenhaus der Volkspolizei eingeliefert, wo er um 6.20 Uhr starb. Er wäre bei unverzüglicher ärztlicher Hilfe gerettet worden. Die Verzögerung war die Folge von Geheimhaltungs- und Zuständigkeitsregeln, die den Angekl. nicht bekannt waren. Die Angekl. sind nicht bei der Bergung und dem Abtransport des Opfers eingesetzt worden. Bei den Schüssen, die *S* getroffen haben, waren die Gewehre der beiden Angekl. auf „Dauerfeuer" eingestellt. Der Angekl. H hat in den fünf Sekunden, während derer S auf der Leiter nach oben stieg, insgesamt 25 Patronen verschossen; aus dem Gewehr des Angekl. W wurden 27 Patronen verschossen. Der Angekl. W, der zuvor auf Zuruf zum Stehenbleiben aufgefordert und Warnschüsse abgegeben hatte, schoß aus einer Entfernung von 150 m aus dem Postenturm auf S. Der Angekl. H, der beim Auftauchen des Flüchtlings auf Anweisung des Angekl. W den Turm verlassen hatte, schoß, an die Mauer gelehnt, aus einer Entfernung von ca. 110 m. Beide Angekl. wollten S, den sie nicht für einen Spion, Saboteur oder „Kriminellen" hielten, nicht töten. Sie erkannten aber die Möglichkeit eines tödlichen Treffers. „Auch um diesen

Preis wollten sie aber gemäß dem Befehl, den sie für bindend hielten, das Gelingen der Flucht verhindern. Um die Ausführung des Befehls auf jeden Fall sicherzustellen, der zur Vereitelung der Flucht auch die bewußte Tötung des Flüchtenden einschloß, schossen sie – das als Vorstufe vorgeschriebene gezielte Einzelfeuer auslassend – in kurzen Feuerstößen Dauerfeuer. Sie wußten, daß dieses zwar die Trefferwahrscheinlichkeit, wenn auch nicht in dem anvisierten Bereich, erhöhte, damit aber auch das Risiko eines tödlichen Schusses." Die Angekl. waren vor dem Antritt ihres Dienstes an der Grenze gefragt worden, ob sie bereit seien, gegen „Grenzbrecher" die Waffe einzusetzen; sie hatten die Frage ohne innere Vorbehalte bejaht. Die §§ 26, 27 des Grenzgesetzes vom 25.3.1982 (DDR-GBl. I, 197) waren bei ihrer Ausbildung erörtert worden. Nach § 27 II 1 dieses Gesetzes war die Anwendung der Schußwaffe „gerechtfertigt, um die unmittelbar bevorstehende Ausführung oder die Fortsetzung einer Straftat zu verhindern, die sich den Umständen nach als ein Verbrechen darstellt". Die Jugendkammer hat als wahr unterstellt, daß Verstöße gegen § 213 DDR-StGB („Ungesetzlicher Grenzübertritt") mit unmittelbarem Kontakt zur Berliner Mauer zur Tatzeit in den meisten Fällen nach § 213 II DDR-StGB als Verbrechen gewertet und mit mehr als zwei Jahren Freiheitsstrafe bestraft wurden; der Tatrichter hält es für möglich, daß bei der Schulung der Angekl. die Vorschrift des § 213 DDR-StGB, deren Grundtatbestand ein Vergehen war, ohne Differenzierung nach der Tatschwere besprochen, also der Fluchtversuch an der Mauer generell als Verbrechen dargestellt worden ist. Zur Befehlslage heißt es in den Urteilsgründen: „Die auch für die Angekl. maßgebliche, von ihnen so verstandene und akzeptierte Befehlslage ging dahin, auf jeden Fall und letztlich mit allen Mitteln zu verhindern, daß der Flüchtende ‚feindliches Territorium' (hier: Berlin-West) erreichte. Dementsprechend lautete eine der bei der ‚Vergatterung' auch gegenüber den Angekl. verwendeten Formulierung in ihrem Kernsatz: ‚Grenzdurchbrüche sind auf keinen Fall zuzulassen. Grenzverletzer sind zu stellen oder zu vernichten' ... Vor jedem Ausrücken zum Grenzdienst erfolgte die Vergatterung; durch sie wurde den Grenzposten noch einmal der konkrete Einsatz und in allgemeiner Form die gestellte Aufgabe bewußt gemacht"'. Die in der Schulung behandelte Befehlslage sah folgendes Handlungsschema vor, wobei jeweils zur nächsten Handlungsstufe überzugehen war, wenn die vorherigen keine Erfolg zeigte oder sich von vornherein als nicht erfolgversprechend darstellte: Anrufen des Flüchtenden – Versuch des Postens, den Flüchtenden zu Fuß zu erreichen – Warnschuß – gezieltes Einzelfeuer, falls erforderlich mehrmals, auf die Beine – „Weiterschießen, egal wie, notfalls auch erschießen, bis die Flucht verhindert ist". Als Faustregel galt: „Besser der Flüchtling ist tot, als daß die Flucht gelingt". Die Jugendkammer nimmt an, daß die Angekl. mit bedingtem Vorsatz einen gemeinschaftlichen Totschlag begangen haben. Sie wendet die §§ 212, 213 StGB als das gegenüber dem Strafrecht der DDR mildere Recht an (Art. 315 I EGStGB i. V. mit § 2 III StGB). Nach ihrer Ansicht war zwar das durch § 27 DDR-GrenzG i. V. mit § 213 III DDR-StGB bestimmte Grenzregime an der Demarkationslinie mit den völkerrechtlichen Verpflichtungen der DDR und mit dem ordre public der Bundesrepublik Deutschland unvereinbar. Daraus folgt aber nach Auffassung der Jugendkammer nicht, daß zum Nachteil der Angekl. der im Recht der DDR vorgesehene Rechtfertigungsgrund außer Betracht bleiben kann. Die Jugendkammer beruft sich insoweit auf Art. 103 II GG sowie auf den Gesichtspunkt der Rechtssicherheit; die Rechtssicherheit habe hier Vorrang, weil ein Extremfall, wie er etwa in BGHSt 2, 234 zur Entscheidung stand, nicht vorgelegen habe. Die Jugendkammer führt jedoch weiter aus: Auch wenn hiernach ein Rechtfertigungsgrund nach dem Recht der DDR in Betracht komme, so sei es gleichwohl wegen der besonderen Umstände der Tat auf die Schüsse der Angekl. nicht anwendbar. Wie sich aus der Systematik der §§ 26, 27 DDR-GrenzG ergebe, seien diese Vorschriften, ebenso wie die Bestimmungen des Gesetzes über die Anwendung unmittelbaren Zwangs über den Schußwaffengebrauch, am Prinzip der Verhältnismäßigkeit orientiert; § 27 I 1 bezeichne die Anwendung der Schußwaffe als „die äußerste Maßnahme der Gewaltanwendung". Eine den Gesichtspunkt der Verhältnismäßigkeit beachtende Auslegung des Rechtfertigungsgrundes ergebe hier, daß das von den Angekl. abgegebene Dauerfeuer nicht durch § 27 DDR-GrenzG gedeckt sondern nur Einzelfeuer gestattet gewesen sei; dafür spreche auch die Regelung des § 27 V des Grenzgesetzes, nach der Menschenleben nach Möglichkeit zu schonen sei. Zwar hätten die Angekl. auf die Beine gezielt. Ihnen sei aber bewußt gewesen, daß bei einem Dauerfeuer mit kurzen Feuerstößen die Waffe nach dem ersten Schuß „auswandere". Das Verhalten der Angekl. ist nach Ansicht des LG nicht durch dienstlichen Befehl (§ 5 WStG; § 258 DDR-StGB) entschuldigt gewesen. Befohlen sei in der Tatsituation Einzelfeuer auf die Beine gewesen; die Angekl. seien in vorauseilendem Gehorsam über diesen Befehl hinausgegangen, um durch Dauerfeuer die Chance, den Flüchtling zu treffen und damit an der Überschreitung der Grenze zu hindern, zu erhöhen. „Daß die Angekl. dabei geglaubt haben, dieses Vorgehen sei durch den Befehl, den Grenzverletzer in jedem Fall zu stellen, ihn als letztes Mittel sogar zu vernichten (= töten), gedeckt, vermag sie nicht zu entlasten, denn die Ausführung des Befehls, einen Flüchtling notfalls zu erschießen ..., verstieß offensichtlich gegen das Strafgesetz, nämlich das Tötungsverbot der §§ 112, 113 DDR-StGB." Das Mißverhältnis des wirtschaftlichen und politischen Interesses der DDR an der Verhinderung einer unkontrollierten Ausreise ihrer Bürger zu dem Rechtsgut des Lebens sei offensichtlich gewesen; Rechtsblindheit werde auch durch § 258 DDR-StGB nicht privilegiert. Deswegen sei ein Verbotsirrtum (§ 17 StGB) vermeidbar gewesen. Die Jugendkammer hat bei der Strafbemessung, auch hinsichtlich des Angekl. W, angenommen, daß die Voraussetzung des § 213 StGB (minder schwerer Fall des Totschlages) vorlägen. Die Jugendkammer hat die Angekl. W (geb. am 11.4.1964) und H (geb. am 16.7.1961) wegen Totschlages verurteilt, und zwar den Angekl. W zu einer Jugendstrafe von einem Jahr und sechs Monaten und den Angekl. H zu einer Freiheitsstrafe von einem Jahr und neun Monaten; sie hat die Vollstreckung beider Strafen zur Bewährung ausgesetzt.

Die Revision des Angekl. W beanstandete, das LG habe gegen ein „Bestrafungsverbot" verstoßen, das aus der „act of state doctrine" herzuleiten sei; der Angekl. habe nämlich als Funktionsträger, im Auftrag und im Interesse eines anderen Staates, der DDR, gehandelt und dürfe deswegen nicht zur Verantwortung gezogen werden. Damit soll ersichtlich ein Verfahrenshindernis geltend gemacht werden. Es besteht nicht. Die Revisionen wurden verworfen.

„Tötungen an der DDR-Grenze in mittelbarer Täterschaft"
StGB §§25, 212

Zur strafrechtlichen Verantwortlichkeit von Mitgliedern des Politbüros des Zentralkomitteses der SED für Vorsätzliche Tötungen durch Grenzsoldaten der DDR (im Anschluß an BGH St 40, 218 = NJW 1994, 2703=NStZ 1995, 537)

(Quelle: NJW 2000, H.6 „Entscheidungen – Strafgerichte BGH, S.443ff)

Zum Sachverhalt:
Gegenstand des vorliegenden Verfahrens ist die Tötung von vier Menschen, die zwischen 1984 und 1989 unbewaffnet und ohne Gefährdung anderer aus der DDR über die innerdeutsche Grenze fliehen wollten. Das LG hält die Angekl. *Schabowski* und *Kleiber* aufgrund ihrer Mitwirkung an zwei Beschlüssen des Politbüros des Zentralkomitees der Sozialistischen Einheitspartei Deutschlands (SED) der DDR für (mit-)verantwortlich für den Tod der drei Flüchtlinge B, S und G. Es erachtet den Angekl. *Krenz* aufgrund seiner Mitwirkung an einem Beschluß des Nationalen Verteidigungsrates der DDR zum einen für (mit-) verantwortlich am Tod des Flüchtlings S; es hält diesen Angekl. zum anderen wegen seiner Mitwirkung an einem weiteren Beschluß des Nationalen Verteidigungsrates sowie wegen seiner Mitwirkung an den genannten Beschlüssen des Politbüros für (mit-) verantwortlich am Tod der drei zuvor genannten Flüchtlinge. Das LG hat folgende Feststellungen getroffen: Der Angekl. *Schabowski* war seit April 1981 Mitglied des Zentralkomitees der SED und Kandidat des Politbüros, seit Mai 1984 war er bis zu seinem Rücktritt am 8.11.1989 Mitglied des Politbüros; seit November 1985 war er zudem Erster Sekretär der Bezirksleitung Berlin der SED und aufgrund dieser Stellung seit April 1986 Sekretär des Zentralkomitees der SED. Der Angekl. *Kleiber* war seit 1967 Mitglied des Zentralkomitees der SED und Kandidat des Politbüros, seit Mai 1984 war er bis zu seinem Rücktritt im November 1989 Mitglied des Politbüros; von 1973 bis 1986 war er Minister für Allgemeinen Maschinen-, Landmaschinen und Fahrzeugbau, anschließend bis 1989 ständiger Vertreter der DDR im Rat für gegenseitige Wirtschaftshilfe

(RGW); am 25.11.1988 wurde der Angekl. *Kleiber* zum Mitglied des Nationalen Verteidigungsrates berufen. Der Angekl. *Krenz* wurde im Mai 1976 Kandidat und im November 1983 Mitglied des Politbüros und Sekretär des Zentralkomitees; zu seinem Verantwortungsbereich gehörte unter anderem die Abteilung des Zentralkomitees für Sicherheitsfragen; im Jahr 1981 wurde er Mitglied des Staatsrates und im Jahr 1984 Stellvertreter des Vorsitzenden des Staatsrates; seit Ende 1983 war er Mitglied des Nationalen Verteidigungsrates; im Oktober 1989 wurde er durch das Zentralkomitee der SED auf Vorschlag des Politbüros zum Nachfolger *Erich Honeckers* als Generalsekretär des Zentralkomitees der SED und durch die Volkskammer zum Vorsitzenden des Staatsrates und des Nationalen Verteidigungsrates gewählt. Sein Amt als Generalsekretär des Zentralkomitees der SED endete am 3.12.1989, Vorsitzender des Staatsrates und des Nationalen Verteidigungsrats blieb er bis zum 6.12.1989. Zu der Tötung von S hat das LG festgestellt:

Der Angekl. Krenz nahm als Mitglied des Nationalen Verteidigungsrats an der Sitzung des Gremiums am 2.2.1984 teil. In dieser Sitzung faßte der Nationale Verteidigungsrat den Beschluß, daß bei der Durchführung von Baumaßnahmen im Grenzbereich und der Umstrukturierung der Grenze die erforderlichen Maßnahmen zur Gewährleistung der Sicherheit und Ordnung zu treffen seien; eine Verminderung der Sicherheit und Ordnung im Grenzgebiet sei nicht zuzulassen. Im Übrigen bestätigte der Nationale Verteidigungsrat seinen Beschluß vom 1.7.1983, in dem er den beabsichtigten Abbau der am vorderen, der Bundesrepublik Deutschland zugewandten Grenzzaun installierten Splitterminen und den Ausbau der Grenzsicherungsanlagen genehmigt und den Vorsitzenden des Ministerrats beauftragt hatte, die Forschung und Entwicklung zur beschleunigten Schaffung von modernen Grenzsicherungsanlagen mit physikalischen Wirkprinzipien ohne Minen und von Ergänzungseinrichtungen für die vorhandenen Sperr- und Signalelemente sowie die Bereitstellung der für die Errichtung von Grenzsicherungsanlagen in der Tiefe des Schutzstreifens erforderlichen land- und forstwirtschaftlichen Flächen durch die dafür zuständigen Organe zu gewährleisten. Aufgrund dieses Beschlusses erließ der Minister für Nationale Verteidigung *Hofmann* – sowohl Mitglied des Politbüros wie des Nationalen Verteidigungsrates – den zum 1.12.1984 in Kraft tretenden Jahresbefehl 101/84 vom 24.9.1984, der das Grenzregime im bereits dargestellten Umfang aufrechterhielt. Umgesetzt wurde dieser Jahresbefehl durch die Befehle Nr. 80/84 vom 9.10.1984, Nr. 40/84 vom 6.11.1984 und Nr. 20/84 jeweils mit Wirkung vom 1.12.1984 und durch die Vergatterung der Grenzsoldaten. Infolge dieser Befehlskette wurde am 1.12.1984 S, der die innerdeutsche Grenze von Berlin-Pankow (Berlin-Ost) nach Berlin-Wedding (Berlin-West) überqueren wollte, durch Dauerfeuer der Grenzsoldaten getötet. Zu der Tötung von B, S und G hat das LG folgende Feststellung getroffen: Alle drei Angekl. waren an zwei Beschlüssen des Politbüros, der Angekl. *Krenz* des Weiteren an einem Beschluß des Nationalen Verteidigungsrates beteiligt, die letztlich zu den tödlichen Schüssen führten. Unter Mitwirkung des Angekl. *Krenz* befaßte sich der Nationale Verteidigungsrat erneut mit dem Grenzregime in seiner Sitzung am 25.1.1985. Der Nationale Verteidigungsrat beschloß, die innerdeutsche Grenze noch wirksamer als bisher zu schützen. Der Minister für Nationale Verteidigung wurde beauftragt, Forschung und Entwicklung von modernen Grenzsicherungsanlagen mit physikalischen Wirkprinzipien ohne Minen, aber gleichwohl hoher Sperrwirkung gemäß Beschluß des Nationalen Verteidigungsrates vom 1.7.1983 zu beschleunigen. In der Begründung der Beschlußvorlage war ausgeführt: „Die weitere Erhöhung der Wirksamkeit bei der Sicherung der Staatsgrenze der DDR und der Durchsetzung einer hohen Sicherheit und Ordnung in den Grenzgebieten und Seegewässern erfordert eine höhere Qualität des Zusammenwirkens der Grenztruppen mit den anderen Schutz- und Sicherungsorganen und der Zusammenarbeit mit den örtlichen Partei- und Staatsorganen sowie der Bevölkerung der Grenzgebiete." Das Politbüro nahm unter Mitwirkung aller drei Angekl. am 11.6.1985 in Vorbereitung des vom 17. bis zum 21.4. 1986 stattfindenden XI. Parteitages zustimmend einen „Bericht der politischen Hauptverwaltung der Nationalen Volksarmee über die politisch-ideologische Arbeit zur Verwirklichung des vom X. Parteitag der SED übertragenen Klassenauftrags" zur Kenntnis und nahm zu diesem Bericht positiv Stellung. In dem Bericht wurde dargelegt, wie die Nationale Volksarmee den „Klassenauftrag" des X. Parteitages erfüllt hatte: „Einen bestimmenden Einfluß auf die Wehrmotivation übt die von der überwiegenden Mehrheit vertretene Auffassung aus, daß jeder, der die DDR angreift, als Feind betrachtet und bedingungslos bekämpft werden muß. ... Stets handeln die Kommunisten in den Streitkräften nach dem Grundsatz: Die Gewährleistung einer ständig hohen Gefechtsbereitschaft ist letztlich der entscheidende Maßstab wirksamer Parteiarbeit. Dafür sprechen die in der gesamten Periode nach dem X. Parteitag bei der Verwirklichung der Befehle 100 und 101 des Ministers für Nationale Verteidigung erreichten Ergebnisse." Das Politbüro schloß aus diesem Bericht, daß die Parteiorganisationen der SED in der Nationalen Volksarmee und in den Grenztruppen der DDR den vom X. Parteitag der SED gestellten „Klassenauftrag" zuverlässig erfüllt hätten; das Politbüro empfahl, unter anderem die Aufgabe in den Mittelpunkt der politischen Arbeit zu stellen, daß die Nationale Volksarmee „jederzeit und unter allen Bedingungen gemäß ihrem Klassenauftrag entschlossen und erfolgreich" handele. Besonders in der mündlichen Argumentation sei „das illusionslose Feindbild über den politischen Gegner zu festigen". Der in Bericht und Stellungnahme in Bezug genommene „Klassenauftrag" für die Grenztruppen war durch den X. Parteitag wie folgt festgelegt worden: Für Nationale Volksarmee und Grenztruppen der DDR sei es „Klassenauftrag, die sozialistische Ordnung und das friedliche Leben der Bürger der DDR und aller Staaten der sozialistischen Gemeinschaft gegen jegliche Angriffe der aggressiven Kräfte des Imperialismus und der Reaktion zu schützen, die Souveränität der DDR, ihre territoriale Integrität, die Unverletzlichkeit ihrer Grenzen und ihre staatliche Sicherheit zu gewährleisten". Bericht und Stellungnahme wurden den Grundorganisationen der SED in der Nationalen Volksarmee und den Grenztruppen der DDR zur Auswertung überlassen. Am 11.3.1986 bestätigte das Politbüro unter Mitwirkung aller drei Angekl. den Entwurf des Berichts des Zentralkomitees an den XI. Parteitag der SED. In diesem Entwurf, der insoweit bis auf unwesentliche sprachliche Abweichungen mit dem später einstimmig auf dem XI. Parteitag beschlossenen Bericht des Zentralkomitees übereinstimmte, ist ausgeführt, die Grenztruppen der DDR „erfüllten standhaft ihren Klassenauftrag, die sozialistische Ordnung und das friedliche Leben der Bürger gegen jeden Feind zu schützen"; es bleibe ihr Auftrag, „die Souveränität, die territoriale Integrität, die Unverletzlichkeit der Grenzen und die Sicherheit der DDR zu gewährleisten". Mit seinem Beschluß legte das Politbüro den „Klassenauftrag" für die Grenztruppen vom XI. bis zum XII. Parteitag fest, der besagte, daß weiterhin die Schußwaffe gegen einen

Flüchtling anzuwenden sei, wenn anders das Überwinden der Grenze nicht verhindert werden könne, und notfalls auch sein Tod in Kauf zu nehmen sei. Die Beschlüsse des Politbüros vom 11.6.1985 und vom 11.3.1986 bedeuteten die Bestätigung des Auftrags an die mit der Grenzsicherung befaßten Organe, in der bisher praktizierten Art und Weise die Unverletzlichkeit der Grenzen der DDR zu gewährleisten. Die Formulierung des „Klassenauftrags" in der Sitzung des Politbüros vom 11.3.1986 war die letzte sich auf die Grenzsicherung unmittelbar beziehende Beschlußfassung der Angekl. als Mitglieder des Nationalen Verteidigungsrats bzw. des Politbüros. Der Nationale Verteidigungsrat befaßte sich danach nicht mehr mit diesem Themenkreis, das Politbüro war in den folgenden Jahren bis zu seiner Auflösung nur noch mittelbar mit diesem Themenkreis befaßt, etwa durch die Bestätigung einer Rede des Ministers für Nationale Verteidigung zum 40. Jahrestag der Grenztruppen, der Beschäftigung mit Fragen der Aus- und Übersiedlung und der Wahrung der Menschenrechte und der Kenntnisnahme von Gesprächen mit Politikern. Bis weit in das Jahr 1989 hinein verhielt sich das Politbüro diesbezüglich äußerst restriktiv und machte in einer Reihe von Entscheidungen unmißverständlich deutlich, daß es weiterhin keine Freizügigkeit und keinen unkontrollierten Grenzübertritt für Bürger der DDR geben dürfe. Die dargestellten Beschlüsse des Nationalen Verteidigungsrats und des Politbüros waren kausal für die Tötung von B, S und G. Der Beschluß des Politbüros vom 11.6.1985 nahm in den folgenden Jahren bestimmenden Einfluß auf die Aufrechterhaltung des Grenzregimes. So wurde in den Befehlen Nr. 101/85 des Ministers für Nationale Verteidigung vom 27.9.1985, Nr. 80/85 des Stellvertreters des Ministers und Chef der Grenztruppen vom 18.10.1985 und Nr. 40/85 des Kommandeurs des Grenzkommandos Mitte vom 6.11.1985 ausdrücklich auf diesen Beschluß Bezug genommen und angeordnet, „Grenzdruchbrüche" zu verhindern. Diese Befehle wurden durch den Befehl Nr. 20/85 vom Kommandeur des zum Grenzkommando Mitte gehörenden Grenzregiments 38 in Hennigsdorf und die daraus folgende Vergatterung der einzelnen Soldaten umgesetzt. Infolge dieser Befehlskette wurde am 24.11.1986 durch Dauerfeuer der Grenzsoldaten B getötet, als er die innerdeutsche Grenze im Kreis Oranienburg (DDR) nach Berlin-West überqueren wollte. Die Beschlüsse des Politbüros vom 11.6.1985 und vom 11.3.1986 waren in der Folgezeit auch Grundlage der Befehle Nr. 101/86 des

Ministers für Nationale Verteidigung vom 6.10.1986, Nr. 80/86 des Chefs der Grenztruppen, Nr. 40/86 des Kommandeurs des Grenzkommandos Mitte, Nr. 20/86 des Kommandeurs des im Grenzkommando Mitte gelegenen Grenzregiments 33 und mündeten in der Vergatterung der Grenzsoldaten der ersten Grenzkompanie des Grenzregiments 33. Aufgrund dieser Befehlskette wurde am 12.2.1987 S durch Einzelfeuer getötet, als er die innerdeutsche Grenze von Berlin-Ost nach Berlin-West überqueren wollte. Neben dem vom Politbüro inhaltlich bestimmten „Klassenauftrag" für die Grenztruppen waren auch der in den Beschlüssen des Nationalen Verteidigungsrats vom 2.2.1984 und vom 25.1.1985 aufrechterhaltene Beschluß des Nationalen Verteidigungsrats vom 1.7.1983 ausdrücklich genannte Grundlage der im Jahr 1988 im Bereich der Grenztruppen erteilten Befehle. Aufgrund dieser Beschlüsse erließ der Minister für Nationale Verteidigung am 12.9.1988 den Befehl Nr. 101/88, in dem er unter anderem die Verhinderung von „Grenzdurchbrüchen" und den pionier- und signaltechnischen Ausbau der Grenzanlagen anordnete. Auf Grundlage dieses Befehls ergingen die Befehle Nr. 80/88 des Chefs der Grenztruppen, Nr. 40/88 des Kommandeurs des Grenzkommandos Mitte, Nr. 20/88 des Kommandeurs des Grenzregiments 33 und erfolgte schließlich die Vergatterung der Grenzsoldaten im Spätdienst der ersten Grenzkompanie des Grenzregiments 33. Als Folge dieser Vorgabe wurde am 5.2.1989 G durch Einzelfeuer getötet, als er die innerdeutsche Grenze von Berlin-Ost nach Berlin-West überqueren wollte. Zu den Vorstellungen der Angekl. hat das LG festgestellt: Die Mitglieder des Politbüros wurden regelmäßig über Vorfälle mit gewaltsam verhinderten Fluchten und über unter aufsehenerregenden Umständen gelungene Fluchten informiert. Im Übrigen standen ihnen die westlichen Medien zur Verfügung, die über die Ereignisse an der Grenze berichteten. Ihnen war bekannt, daß die praktizierte Form der Grenzsicherung im westlichen Ausland als menschenrechtswidrig angesehen und scharf kritisiert wurde. Der Angekl. *Krenz* strebte stets die Unüberwindbarkeit der innerdeutschen Grenze an. Zwar war es ihm von Beginn seiner Tätigkeit als Sekretär des Zentralkomitees und Mitglied des Nationalen Verteidigungsrats und des Politbüros ein Anliegen, die Grenzsicherungsanlagen so zu gestalten, daß es möglichst nicht zum Schußwaffeneinsatz gegenüber Flüchtlingen zu kommen brauchte. Gleichwohl nahm er im Tatzeitraum den nicht erstrebten, stets als möglich erkannten tödlichen Erfolg der von ihm mitgestalteten Grenzsicherung billiegend in Kauf und maß dem Leben der Flüchtenden geringere Bedeutung bei als dem Ziel der Fluchtverhinderung. Bei seiner Mitwirkung an den genannten Beschlüssen des Nationalen Verteidigungsrats war dem Angekl. *Krenz* die Ausgestaltung der praktizierten Grenzsicherung detailliert bekannt. Er war insbesondere darüber informiert, daß die Grenzsoldaten gegenüber Flüchtlingen die Schußwaffe – mit möglicherweise tödlichen Folgen für den Flüchtling – anwendeten, wenn anders ein unerlaubtes Überwinden der Grenzsperranlagen nicht zu verhindern war. Ihm war bekannt, daß die Beschlüsse des Nationalen Verteidigungsrats durch das Ministerium für Nationale Verteidigung umgesetzt wurden und daß aufgrund der von ihm mitgetragenen Beschlüsse es zu einem weiteren Ausbau der Grenzanlagen und einer Verfestigung des Grenzregimes mit möglicherweise tödlichen Folgen für die Flüchtlinge kommen würde. Bei ihrer Mitwirkung an den Beschlüssen des Politbüros vom 11.6.1985 und vom 11.3.1986 war allen drei Angekl. bewußt, daß den Beschlüssen des Politbüros praktisch absolute Bindungswirkung gegenüber sämtlichen staatlichen Organen innerhalb der DDR zukam. Sie wußten und wollten, daß ihre in den Beschlüssen zum Ausdruck gebrachte Billigung der bisher praktizierten Grenzsicherung den Ministern für Nationale Verteidigung veranlassen würde, mit seinen in der Folgezeit zu erlassenden Befehlen das bestehende Grenzregime aufrechtzuerhalten und zu festigen. Auch wenn nicht festgestellt werden konnte, daß die Angekl. *Kleiber* und *Schabowski* in gleicher Weise wie der Angekl. Krenz detailliert über die Ausgestaltung des Grenzsicherungssystems informiert waren, war ihnen doch bekannt, daß die Grenzsoldaten gegenüber Flüchtlingen die Schußwaffen anwendeten, wenn anders ein unerlaubte Überwinden der Grenzsperranlagen nicht zu verhindern war. Ihnen war bekannt, daß sie mit den von ihnen getragenen Beschlüssen das Grenzregime aufrecherhalten und daß sich hierdurch weitere Todesfälle ereignen würden. Die Tötung strebten sie nicht an. Ihr Ziel war es, die Grenzsicherungsanlagen in einem möglichst unüberwindbaren Zustand zu erhalten. Sollte dieses Ziel nur um den Preis des Lebens einzelner Flüchtlinge zu verwirklichen sein, fanden sie sich auch damit ab.

Das LG hat die drei Angekl. wegen tateinheitlich begangenen dreifachen Totschlags, den Angekl. *Krenz* zudem wegen eines weiteren Totschlags verurteilt, die Angekl. *Schabowski* und *Kleiber* zu einer Freiheitsstrafe von jeweils drei Jahren und den Angekl. *Krenz* zu einer Gesamtfreiheitsstrafe von sechs Jahren und sechs Monaten. Die Revisionen hatten keinen Erfolg.

Bundesgerichtshof - Mitteilungen der Pressestelle Nr. 89/1999

Urteil im Politbüro-Prozeß rechtskräftig

Das Landgericht Berlin hatte am 25. August 1997 die Mitglieder des Politbüros der DDR Egon Krenz wegen Totschlags von vier Flüchtlingen sowie Günter Schabowski und Günther Kleiber wegen Totschlags von drei Flüchtlingen an der innerdeutschen Grenze in den Jahren 1984 bis 1989 verurteilt. Die Angeklagten hatten an Beschlüssen des Politbüros – Krenz zudem an Beschlüssen des Nationalen Verteidigungsrats – mitgewirkt, die das Grenzregime aufrechterhielten. Krenz wurde zu einer Freiheitsstrafe von sechs Jahren und sechs Monaten, Schabowski und Kleiber wurden zu Freiheitsstrafen von je drei Jahren verurteilt. Der 5. (Leipziger) Strafsenat des Bundesgerichtshofs hat die Revisionen der Angeklagten und die auf höhere Strafen abzielenden Revisionen der Staatsanwaltschaft verworfen. Damit ist das Urteil des Landgerichts Berlin rechtskräftig.

Der Bundesgerichtshof hat entschieden, daß die Angeklagten als mittelbare Täter für die Erschießung der Flüchtlinge strafrechtlich verantwortlich sind. Sie gehörten dem Politbüro an, dem höchsten Entscheidungsgremium der SED und damit dem höchsten Machtorgan der DDR. Ihm war der Nationale Verteidigungsrat – das zentrale staatliche Organ, dem die einheitliche Leitung der Verteidigungs- und Sicherheitsmaßnahmen der DDR oblag – untergeordnet. Das Politbüro definierte den "Klassenauftrag" an die Grenztruppen; hinter diesem Begriff verbarg sich auch der vielfach sogenannte "Schießbefehl". Dieser ging dahin, die Grenze der DDR nach innen gegen "Grenzverletzer" zu sichern und dabei die Schußwaffe auch unter Inkaufnahme der Tötung von Flüchtlingen einzusetzen.

Die Angeklagten waren mittelbare Täter ("Täter hinter den Mauerschützen"), weil sie Organisationsstrukturen und Rahmenbedingungen geschaffen und ausgenutzt haben, innerhalb derer ihre Tatbeiträge regelhafte Abläufe – die jährlich neu gefaßten Befehlsketten innerhalb der Grenztruppen bis hinunter zu den Grenzsoldaten – auslösten.

Die Angeklagten hatten auch – trotz der eingeschränkten Souveränität der DDR – die Tatherrschaft und zudem ein eigenes Tatinteresse. Das Politbüro hatte ein mit der UdSSR gleichgerichtetes ureigenes Interesse an der Aufrechterhaltung des Grenzregimes. Auch die Angeklagten wollten keine Destabilisierung der DDR und der SED-Herrschaft. Das hätte ihre herausgehobene Stellung gefährdet und wäre ihren politischen Vorstellungen zuwider gelaufen. Den – wie die Geschichte gezeigt hat – mit der Öffnung der Grenze zwangsläufig verbundenen Verfall der DDR und der SED-Herrschaft wollten sie in ihrem eigenen Interesse verhindern; deshalb nahmen sie die Tötung der Flüchtlinge in Kauf. Die Aufrechterhaltung und Ausgestaltung des Grenzregimes hatte die UdSSR weitgehend der DDR überlassen, und zwar auch deshalb, weil sie wußte, daß deren politische Führung gleichgerichtete Interessen verfolgte. Für die Umsetzung des in die Hände der DDR gelegten Grenzregimes waren daher entsprechende eigenständige und eigenverantwortliche Entscheidungen des Politbüros unerläßlich. Dies bezweckten und erreichten auch die Beschlüsse, in denen die Angeklagten selbständig die politische Generallinie festgelegt und bestimmt haben, daß und wie das bestehende System aufrechtzuerhalten war. Dafür hatten sie eine wesentliche, selbständige Entscheidungs- und Anordnungskompetenz, und sie haben davon Gebrauch gemacht.

Der Bundesgerichtshof hat an seiner bisherigen – vom Bundesverfassungsgericht bestätigten – Rechtsprechung festgehalten, daß die Taten wegen offenkundiger Menschenrechtsverletzung auch nicht gerechtfertigt waren.

Urteil vom 08. November 1999 - 5 StR 632/98

Karlsruhe, den 08. November 1999

URTEIL DES GERICHTSHOFES C-158/97

28. März 2000 (1)

Gleichbehandlung von Männern und Frauen - Beschäftigung in der öffentlichen Verwaltung - Maßnahmen, die der Beförderung von Frauen den Vorrang einräumen

In der Rechtssache C-158/97
betreffend ein dem Gerichtshof nach Artikel 177 EG-Vertrag (jetzt Artikel 234 EG) vom Staatsgerichtshof des Landes Hessen in dem bei diesem anhängigen Normenkontrollverfahren auf Antrag von

Georg Badeck u. a.,

Beteiligte:
der Hessische Ministerpräsident
und
der Landesanwalt beim Staatsgerichtshof des Landes Hessen,

vorgelegtes Ersuchen um Vorabentscheidung über die Auslegung von Artikel 2 Absätze 1 und 4 der Richtlinie 76/207/EWG des Rates vom 9. Februar 1976 zur Verwirklichung des Grundsatzes der Gleichbehandlung von Männern und Frauenhinsichtlich des Zugangs zur Beschäftigung, zur Berufsbildung und zum beruflichen Aufstieg sowie in bezug auf die Arbeitsbedingungen (ABl. L 39, S. 40) erläßt

DER GERICHTSHOF

unter Mitwirkung des Präsidenten G. C. Rodríguez Iglesias, der Kammerpräsidenten J. C. Moitinho de Almeida und R. Schintgen sowie der Richter P. J. G. Kapteyn (Berichterstatter), C. Gulmann, J.-P. Puissochet, G. Hirsch, P. Jann und M. Wathelet, Generalanwalt: A. Saggio, Kanzler: H. A. Rühl, Hauptverwaltungsrat unter Berücksichtigung der schriftlichen Erklärungen

-von Herrn Badeck u. a., vertreten durch Professor M. Sachs, Universität Düsseldorf,

-des Hessischen Ministerpräsidenten, vertreten durch die Professoren E. Denninger und S. Simitis, Universität Frankfurt am Main, als Bevollmächtigte,

-des Landesanwalts beim Staatsgerichtshof des Landes Hessen, K. Apel,

-der niederländischen Regierung, vertreten durch den Rechtsberater im Ministerium für auswärtige Angelegenheiten A. Bos als Bevollmächtigten,

-der finnischen Regierung, vertreten durch Botschafter H. Rotkirch, Leiter der Abteilung für Rechtsfragen im Ministerium für auswärtige Angelegenheiten, als Bevollmächtigten,

-der Kommission der Europäischen Gemeinschaften, vertreten durch Rechtsberater J. Grunwald und durch M. Wolfcarius, Juristischer Dienst, als Bevollmächtigte,

aufgrund des Sitzungsberichts,

nach Anhörung der mündlichen Ausführungen von Herrn Badeck u. a., vertreten durch M. Sachs, des Hessischen Ministerpräsidenten, vertreten durch E. Denninger und S. Simitis, des Landesanwalts beim Staatsgerichtshof des Landes Hessen, K. Apel, der niederländischen Regierung, vertreten durch den Rechtsberater im Ministerium für auswärtige Angelegenheiten J. S. van den Oosterkamp als Bevollmächtigten, der finnischen Regierung, vertreten durch die Rechtsberaterin im Ministerium für auswärtige Angelegenheiten T. Pynnä als Bevollmächtigte, und der Kommission, vertreten durch J. Grunwald und M. Wolfcarius, in der Sitzung vom 13. Oktober 1998,

nach Anhörung der Schlußanträge des Generalanwalts in der Sitzung vom 10. Juni 1999, folgendes

Urteil

1. Der Staatsgerichtshof des Landes Hessen hat mit Beschluß vom 16. April 1997, beim Gerichtshof eingegangen am 24. April 1997, gemäß Artikel 177 EG-Vertrag (jetzt Artikel 234 EG) eine Frage nach der Auslegung von Artikel 2 Absätze 1 und 4 der Richtlinie 76/207/EWG des Rates vom 9. Februar 1976 zur Verwirklichung des Grundsatzes der Gleichbehandlung von Männern und Frauen hinsichtlich des Zugangs zur Beschäftigung, zur Berufsbildung und zum beruflichen Aufstieg sowie in bezug auf die Arbeitsbedingungen (ABl. L 39, S. 40; im folgenden: Richtlinie) zur Vorabentscheidung vorgelegt.

2. Diese Frage stellt sich in einem Normenkontrollverfahren auf Antrag von Georg Badeck u. a., an dem sich der Hessische Ministerpräsident (im folgenden: Ministerpräsident) und der Landesanwalt beim Staatsgerichtshof des Landes Hessen (im folgenden: Landesanwalt) beteiligt haben.

Rechtlicher Rahmen

A - Gemeinschaftsrecht

3. Die Absätze 1 und 4 von Artikel 2 der Richtlinie lauten:

(1) Der Grundsatz der Gleichbehandlung im Sinne der nachstehenden Bestimmungen beinhaltet, daß keine unmittelbare oder mittelbare Diskriminierung auf Grund des Geschlechts - insbesondere unter Bezugnahme auf den Ehe- oder Familienstand - erfolgen darf.

(4) Diese Richtlinie steht nicht den Maßnahmen zur Förderung der Chancengleichheit für Männer und Frauen, insbesondere durch Beseitigung der tatsächlich bestehenden Ungleichheiten, die die Chancen der Frauen in den in Artikel 1 Absatz 1 genannten Bereichen beeinträchtigen, entgegen.

4. In der dritten Begründungserwägung der Empfehlung 84/635/EWG des Rates vom 13. Dezember 1984 zur Förderung positiver Maßnahmen für Frauen (ABl. L 331, S. 34) heißt es: Die geltenden Rechtsvorschriften über die Gleichbehandlung, die zur Stärkung der Rechte des einzelnen erlassen wurden, reichen nicht aus, um alle faktischen Ungleichheiten zu beseitigen, wenn nicht die Regierungen, die Sozialpartner und sonstige beteiligte Stellen gleichzeitig tätig werden, um gegen die Benachteiligung der Frauen in der Arbeitswelt vorzugehen, die durch Einstellungen, Verhaltensmuster und Strukturen in der Gesellschaft verursacht wird. Unter ausdrücklicher Bezugnahme auf Artikel 2 Absatz 4 der Richtlinie empfahl der Rat den Mitgliedstaaten,

1.eine Politik positiver Maßnahmen anzunehmen, um die faktischen Ungleichheiten, mit denen die Frauen im Berufsleben konfrontiert sind, zu beseitigen, sowie die Aufhebung der Geschlechtertrennung am Arbeitsmarkt zu fördern; diese Politik umfaßt im Rahmen der einzelstaatlichen Politiken und der einzelstaatlichen Praxis sowie unter voller Beachtung der Zuständigkeiten der Sozialpartner geeignete allgemeine und spezifische Maßnahmen, deren Ziel es ist,

a) der Benachteiligung der erwerbstätigen oder arbeitsuchenden Frauen aufgrund der vorhandenen Einstellungen, Verhaltensmuster und Strukturen, die auf einer herkömmlichen Rollenverteilung in der Gesellschaft zwischen Männern und Frauen basieren, entgegenzuwirken oder sie auszugleichen;
b) die Beteiligung der Frauen in den verschiedenen Berufen und Bereichen des Arbeitslebens, in denen sie gegenwärtig unterrepräsentiert sind, insbesondere in den zukunftsträchtigen Sektoren, und auf den Ebenen mit höherer Verantwortung zu fördern, um zu einer besseren Nutzung aller menschlichen Ressourcen zu gelangen;....

5. Seit dem Inkrafttreten des Vertrages von Amsterdam am 1. Mai 1999 lauten die Absätze 1 und 4 von Artikel 141 EG:

(1) Jeder Mitgliedstaat stellt die Anwendung des Grundsatzes des gleichen Entgelts für Männer und Frauen bei gleicher oder gleichwertiger Arbeit sicher.

...

(4) Im Hinblick auf die effektive Gewährleistung der vollen Gleichstellung von Männern und Frauen im Arbeitsleben hindert der Grundsatz der Gleichbehandlung die Mitgliedstaaten nicht daran, zur Erleichterung der Berufstätigkeit des unterrepräsentierten Geschlechts oder zur Verhinderung bzw. zum Ausgleich vonBenachteiligungen in der beruflichen Laufbahn spezifische Vergünstigungen beizubehalten oder zu beschließen.

6. Die dem Vertrag von Amsterdam beigefügte Erklärung Nr. 28 zu Artikel 141 (ex-Artikel 119) Absatz 4 des Vertrages zur Gründung der Europäischen Gemeinschaft sieht folgendes vor:

Maßnahmen der Mitgliedstaaten nach Artikel 141 Absatz 4 des Vertrags zur Gründung der Europäischen Gemeinschaft sollten in erster Linie der Verbesserung der Lage der Frauen im Arbeitsleben dienen.

B - Deutsches Recht

7. Das Hessische Gesetz über die Gleichberechtigung von Frauen und Männern und zum Abbau von Diskriminierungen von Frauen in der öffentlichen Verwaltung (HGlG) wurde am 21. Dezember 1993 beschlossen (GVBl. I S. 729). Seine Geltung ist auf dreizehn Jahre ab seinem Inkrafttreten am 31. Dezember 1993 befristet.

8. Ziel des HGlG ist nach dessen § 1 der gleiche Zugang von Frauen und Männern zu öffentlichen Ämtern; dies soll durch Förderpläne mit verbindlichen Zielvorgaben für die Zugangs-, Arbeits- und Aufstiegsbedingungen der Frauen erreicht werden.

9. Wie dem Vorlagebeschluß zu entnehmen ist, lauten die übrigen im Ausgangsverfahren einschlägigen Bestimmungen des HGlG wie folgt:

§ 3 Grundsätze

(1) Die Dienststellen sind verpflichtet, durch Frauenförderpläne (§§ 4 bis 6) und sonstige Maßnahmen der Förderung (§§ 7 bis 14) auf die Gleichstellung von Frauen und Männern im öffentlichen Dienst sowie die Beseitigung von Unterrepräsentanz von Frauen hinzuwirken und Diskriminierungen wegen des Geschlechts und des Familienstandes zu beseitigen.

(2) Frauen sind unterrepräsentiert, wenn innerhalb des Geltungsbereichs eines Frauenförderplanes (§ 4) in einer Lohngruppe, Vergütungsgruppe oder Besoldungsgruppe einer Laufbahn weniger Frauen als Männer beschäftigt sind. In den Eingangsämtern der Laufbahnen gelten Frauen als unterrepräsentiert, wenn in der gesamten Laufbahn weniger Frauen als Männer beschäftigt sind. Satz 2 gilt entsprechend für das Eingangsamt des richterlichen und staatsanwaltschaftlichen Dienstes. Innerhalb des Geltungsbereichs eines Frauenförderplanes bilden jede Besoldungsgruppe einer Laufbahn, jede Lohngruppe und jede Vergütungsgruppe einen Bereich. Die Stelle, die den Frauenförderplan aufstellt, kann weitere Unterteilungen vornehmen.

(3)Frauen und Männer dürfen wegen ihres Geschlechts oder ihres Familienstandes nicht diskriminiert werden. ...

§ 5 Inhalt des Frauenförderplanes ...

(3) Der Frauenförderplan enthält für jeweils zwei Jahre verbindliche Zielvorgaben bezogen auf den Anteil der Frauen bei Einstellungen und Beförderungen zur Erhöhung des Frauenanteils in Bereichen, in denen Frauen unterrepräsentiert sind. Für die Festlegung der Zielvorgaben sind die Besonderheiten in den jeweiligen Bereichen und Dienststellen maßgebend.

(4) In jedem Frauenförderplan sind jeweils mehr als die Hälfte der zu besetzenden Personalstellen eines Bereichs, in dem Frauen unterrepräsentiert sind, zur Besetzung durch Frauen vorzusehen. Dies gilt nicht, wenn ein bestimmtes Geschlecht unverzichtbare Voraussetzung für eine Tätigkeit ist. Ist glaubhaft dargelegt, daß

nicht genügend Frauen mit der notwendigen Qualifikation zu gewinnen sind, können entsprechend weniger Personalstellen zur Besetzung durch Frauen vorgesehen werden. Bei Beförderungen ohne Stellenbesetzungen in Bereichen, in denen Frauen unterrepräsentiert sind, ist ein Frauenanteil vorzusehen, der mindestens dem Anteil der Frauen an der nächstniedrigen Besoldungsgruppe in dem Bereich entspricht. Satz 3 gilt entsprechend. Wenn personalwirtschaftliche Maßnahmen vorgesehen sind, die Stellen sperren oder zum Wegfall bringen, ist durch den Frauenförderplan zu gewährleisten, daß der Frauenanteil in den betroffenen Bereichen mindestens gleich bleibt.

...

(7) Stellen des wissenschaftlichen Dienstes, die gemäß § 57a in Verbindung mit § 57b Abs. 2 Nr. 1 oder 3 des Hochschulrahmengesetzes befristet besetzt werden, sind mindestens mit dem Anteil an Frauen zu besetzen, den sie an den Absolventinnen und Absolventen des jeweiligen Fachbereichs stellen. Stellen des wissenschaftlichen Dienstes, die nach § 48 des Hochschulrahmengesetzes befristet besetzt werden, sind mindestens mit dem Anteil an Frauen zu besetzen, den sie an den an dem jeweiligen Fachbereich Promovierten stellen. Die zur Beschäftigung von wissenschaftlichen Hilfskräften ohne Abschluß angesetzten Mittel müssen mindestens mit dem Anteil für Frauen verwendet werden, den sie an den Studierenden des jeweiligen Fachbereiches stellen.

§ 7 Vergabe von Ausbildungsplätzen

(1) In Ausbildungsberufen, in denen Frauen unterrepräsentiert sind, sind sie bei der Vergabe von Ausbildungsplätzen mindestens zur Hälfte zu berücksichtigen. Satz 1 gilt nicht für Ausbildungsgänge, in denen der Staat ausschließlich ausbildet.

(2)Es sind geeignete Maßnahmen zu ergreifen, um Frauen auf freie Ausbildungsplätze in Berufen im Sinne von Abs. 1 Satz 1 aufmerksam zu machen und sie zur Bewerbung zu veranlassen. Liegen trotz solcher Maßnahmen nicht genügend Bewerbungen von Frauen vor, können entgegen Abs. 1 Satz 1 mehr als die Hälfte der Ausbildungsplätze mit Männern besetzt werden.

§ 9 Vorstellungsgespräch

(1) In Bereichen, in denen Frauen unterrepräsentiert sind, werden mindestens ebenso viele Frauen wie Männer oder alle Bewerberinnen zum Vorstellungsgespräch eingeladen, soweit ein solches durchgeführt wird, wenn sie die gesetzlich oder sonst vorgesehenen Voraussetzungen für die Besetzung der Personalstelle oder des zu vergebenden Amtes erfüllen.

...

§ 10 Auswahlentscheidungen

(1) Um die Gleichberechtigung von Frauen und Männern bei Einstellung und Beförderung sowie die Erfüllung der Frauenförderpläne zu gewährleisten, sind Eignung, Befähigung und fachliche Leistung (Qualifikation) entsprechend den Anforderungen der zu besetzenden Stelle oder des zu vergebenden Amtes zu beurteilen. Bei der Qualifikationsbeurteilung sind Fähigkeiten und Erfahrungen, die durch die Betreuung von Kindern oder Pflegebedürftigen im häuslichen Bereich (Familienarbeit) erworben wurden, zu berücksichtigen, soweit ihnen für die Eignung, Leistung und Befähigung der Bewerberinnen und Bewerber Bedeutung zukommt. Dies gilt auch, wenn Familienarbeit neben der Erwerbsarbeit geleistet wurde.

(2) Dienstalter, Lebensalter und der Zeitpunkt der letzten Beförderung dürfen nur insoweit Berücksichtigung finden, als ihnen für die Eignung, Leistung und Befähigung der Bewerberinnen und Bewerber Bedeutung zukommt.

(3) Familienstand oder Einkommen des Partners oder der Partnerin dürfen nicht berücksichtigt werden. Teilzeitbeschäftigungen, Beurlaubungen und Verzögerungen beim Abschluß der Ausbildung auf Grund der Betreuung von Kindern oder von nach ärztlichem Zeugnis pflegebedürftigen Angehörigen dürfen sich nicht nachteilig auf die dienstliche Beurteilung auswirken und das berufliche Fortkommen nicht beeinträchtigen. Eine regelmäßige Gleichbehandlung von Beurlaubungen mit Beschäftigung ist damit nicht verbunden.

(4) Werden die Zielvorgaben des Frauenförderplanes für jeweils zwei Jahre nicht erfüllt, bedarf bis zu ihrer Erfüllung jede weitere Einstellung oder Beförderung

eines Mannes in einem Bereich, in dem Frauen unterrepräsentiert sind, der Zustimmung der Stelle, die dem Frauenförderplan zugestimmt hat, im Geltungsbereich der bei den Ministerien, der Staatskanzlei und beim Landespersonalamt aufgestellten Frauenförderpläne der Zustimmung der Landesregierung. ... Satz 1 findet keine Anwendung in Fällen des Art. 127 Abs. 3 der Hessischen Verfassung.

(5) Solange kein Frauenförderplan aufgestellt ist, dürfen in Bereichen, in denen Frauen unterrepräsentiert sind, keine Einstellungen und Beförderungen vorgenommen werden. Ist der Frauenförderplan wegen eines Verfahrens nach den §§ 70 oder 71 des Hessischen Personalvertretungsgesetzes noch nicht in Kraft, dürfen keine Einstellungen und Beförderungen vorgenommen werden, die dem bereits aufgestellten Frauenförderplan zuwiderlaufen.

...

§ 14 Gremien

Bei der Besetzung von Kommissionen, Beiräten, Verwaltungs- und Aufsichtsräten sowie sonstigen Gremien sollen mindestens die Hälfte der Mitglieder Frauen sein.

Das Ausgangsverfahren

10. Am 28. November 1994 stellten 46 Abgeordnete des Hessischen Landtags beim Staatsgerichtshof des Landes Hessen den Antrag, im Wege der Normenkontrolle festzustellen, daß das HGlG, insbesondere in seinen §§ 3, 5, 7, 8 bis 11, 14, 16 und 18, mit der Verfassung des Landes Hessen unvereinbar sei.

11. Die Antragsteller sind der Ansicht, das HGlG verstoße gegen den Verfassungsgrundsatz der Bestenauslese, da es zur Folge habe, daß Bewerber nicht aufgrund ihrer Verdienste, sondern aufgrund ihres Geschlechts den Vorrang erhielten, und gegen den Grundsatz der Gleichbehandlung, der nicht nur die Privilegierung einer bestimmten Gruppe verbiete, sondern auch ein Grundrecht jedes einzelnen darstelle, das den Bürgern gleiche Ausgangschancen garantiere und nicht die Schaffung vollendeter Tatsachen, die für eine bestimmte Personengrup-

pe vorteilhaft seien. Das HGlG verstoße zudem gegen die Richtlinie in ihrer Auslegung durch den Gerichtshof im Urteil vom 17. Oktober 1995 in der Rechtssache C-450/93 (Kalanke, Slg. 1995, I-3051).

Die Vorlagefrage

12. Der Staatsgerichtshof des Landes Hessen hat beschlossen, das Verfahren auszusetzen und dem Gerichtshof folgende Frage zur Vorabentscheidung vorzulegen:

Steht Artikel 2 Absatz 1 und Absatz 4 der Richtlinie 76/207/EWG des Rates der Europäischen Gemeinschaften vom 9. Februar 1976 zur Verwirklichung des Grundsatzes der Gleichbehandlung von Männern und Frauen hinsichtlich desZugangs zur Beschäftigung, zur Berufsbildung und zum beruflichen Aufstieg sowie in bezug auf die Arbeitsbedingungen (ABl. L 39, S. 40) nationalen Regelungen entgegen, nach denen

1. in Fällen der Unterrepräsentanz gemäß § 3 Absätze 1 und 2 HGlG Auswahlentscheidungen nach § 10 HGlG im Einzelfall bei gleicher Qualifikation einer Bewerberin und eines Bewerbers wegen der Verbindlichkeit der Zielvorgaben des Frauenförderplans nach § 5 Absätze 3 und 4 HGlG jedenfalls dann zugunsten der Bewerberin ausfallen müssen, wenn dies zur Erfüllung der Zielvorgaben erforderlich ist und keine Gründe von größerem rechtlichen Gewicht entgegenstehen;

2. die verbindlichen Zielvorgaben des Frauenförderplans für befristet zu besetzende Stellen des wissenschaftlichen Dienstes und für wissenschaftliche Hilfskräfte gemäß § 5 Absatz 7 HGlG mindestens den Anteil an Frauen vorzusehen haben, den diese an den Absolventinnen und Absolventen (Absatz 7 Satz 1), Promovierten (Absatz 7 Satz 2) und Studierenden (Absatz 7 Satz 3) des jeweiligen Fachbereichs stellen;

3. Frauen in Ausbildungsberufen, in denen sie unterrepräsentiert sind, nach § 7 Absatz 1 HGlG bei der Vergabe von Ausbildungsplätzen mindestens zur Hälfte

zu berücksichtigen sind, es sei denn, es handele sich um Ausbildungsgänge, in denen der Staat ausschließlich ausbildet;

4. in Bereichen, in denen Frauen unterrepräsentiert sind, gemäß § 9 Absatz 1 HGlG zu einem Vorstellungsgespräch mindestens ebenso viele Frauen wie Männer oder alle Bewerberinnen einzuladen sind, wenn sie die gesetzlich oder sonst vorgesehenen Voraussetzungen für die Besetzung der Personalstelle oder des zu vergebenden Amtes erfüllen;

5. bei der Besetzung von Kommissionen, Beiräten, Verwaltungs- und Aufsichtsräten sowie sonstigen Gremien gemäß § 14 HGlG mindestens die Hälfte der Mitglieder Frauen sein sollen?

Vorbemerkungen

13. Die Vorlagefrage betrifft die Vereinbarkeit verschiedener positiver Maßnahmen des hessischen Gesetzgebers für Frauen mit Artikel 2 Absätze 1 und 4 der Richtlinie.

14. Eine Auslegung von Artikel 141 Absatz 4 EG, der solche Maßnahmen betrifft, wäre daher für die Entscheidung des Ausgangsverfahrens nur dann erforderlich, wenn der Gerichtshof zu dem Ergebnis käme, daß Artikel 2 einer nationalen Regelung wie der hier zu prüfenden entgegensteht.

15. Die Richtlinie hat gemäß Artikel 1 Absatz 1 zum Ziel, daß in den Mitgliedstaaten der Grundsatz der Gleichbehandlung von Männern und Frauen u. a. hinsichtlich des Zugangs zur Beschäftigung, einschließlich des Aufstiegs, und des Zugangs zur Berufsbildung verwirklicht wird. Dieser Grundsatz der Gleichbehandlung beinhaltet, daß keine unmittelbare oder mittelbare Diskriminierung auf Grund des Geschlechts ... erfolgen darf.

16. Nach Artikel 2 Absatz 4 steht die Richtlinie nicht den Maßnahmen zur Förderung der Chancengleichheit für Männer und Frauen, insbesondere durch Beseiti-

gung der tatsächlich bestehenden Ungleichheiten, die die Chancen der Frauen in den in Artikel 1 Absatz 1 genannten Bereichen beeinträchtigen, entgegen.

17. In Randnummer 16 des Urteils Kalanke hat der Gerichtshof festgestellt, daß eine nationale Regelung, nach der weiblichen Bewerbern, die die gleiche Qualifikation wie ihre männlichen Mitbewerber besitzen, in Tätigkeitsbereichen, in denen im jeweiligen Beförderungsamt weniger Frauen als Männer beschäftigt sind, bei einer Beförderung automatisch der Vorrang eingeräumt wird, eine Diskriminierung der Männer aufgrund des Geschlechts bewirkt.

18. Im Urteil vom 11. November 1997 in der Rechtssache C-409/95 (Marschall, Slg. 1997, I-6363) hatte der Gerichtshof über die Frage zu entscheiden, ob eine nationale Regelung, die eine Klausel enthält, nach der Frauen nicht vorrangig befördert werden müssen, sofern in der Person eines männlichen Mitbewerbers liegende Gründe überwiegen (Öffnungsklausel), der Förderung der Chancengleichheit für Männer und Frauen im Sinne von Artikel 2 Absatz 4 der Richtlinie dient.

19. Dazu führte er zunächst aus, daß diese Vorschrift, die den bestimmten und begrenzten Zweck habe, Maßnahmen zuzulassen, die zwar dem Anschein nach diskriminierend seien, tatsächlich aber in der sozialen Wirklichkeit bestehende faktische Ungleichheiten beseitigen oder verringern sollten, nationale Maßnahmen im Bereich des Zugangs zur Beschäftigung einschließlich des Aufstiegs zulasse, die Frauen spezifisch begünstigten und ihre Fähigkeit verbessern sollten, auf dem Arbeitsmarkt mit anderen zu konkurrieren und unter den gleichen Bedingungen wie Männer eine berufliche Laufbahn zu verwirklichen (Urteil Marschall, Randnrn. 26 und 27).

20. Sodann verwies er auf die in Randnummer 4 des vorliegenden Urteils erwähnte dritte Begründungserwägung der Empfehlung 84/635 (Urteil Marschall, Randnr. 28).

21. Schließlich stellte er fest, daß selbst bei gleicher Qualifikation die Tendenz bestehe, männliche Bewerber vorrangig vor weiblichen Bewerbern zu befördern, was vor allem mit einer Reihe von Vorurteilen und stereotypen Vorstellungen über die Rolle und die Fähigkeiten der Frau im Erwerbsleben zusammenhänge, und daß deshalb allein die Tatsache, daß zwei Bewerber unterschiedlichen Geschlechtsgleich qualifiziert seien, nicht bedeute, daß sie gleiche Chancen hätten (Urteil Marschall, Randnrn. 29 und 30).

22. Im Licht dieser Erwägungen entschied der Gerichtshof in Randnummer 33 des Urteils Marschall, daß im Gegensatz zu der Regelung, die Gegenstand der Rechtssache Kalanke war, eine nationale Regelung, die eine Öffnungsklausel enthalte, die Grenzen der in Artikel 2 Absatz 4 der Richtlinie vorgesehenen Ausnahme nicht überschreite, wenn sie den männlichen Bewerbern, die die gleiche Qualifikation wie die weiblichen Bewerber besäßen, in jedem Einzelfall garantiere, daß die Bewerbungen Gegenstand einer objektiven Beurteilung seien, bei der alle die Person der Bewerber betreffenden Kriterien berücksichtigt würden und der den weiblichen Bewerbern eingeräumte Vorrang entfalle, wenn eines oder mehrere dieser Kriterien zugunsten des männlichen Bewerbers überwögen.

23. Folglich ist eine Maßnahme, nach der weibliche Bewerber in Bereichen des öffentlichen Dienstes, in denen Frauen unterrepräsentiert sind, vorrangig befördert werden sollen, mit dem Gemeinschaftsrecht vereinbar,

-wenn sie weiblichen Bewerbern, die die gleiche Qualifikation wie ihre männlichen Mitbewerber besitzen, keinen automatischen und unbedingten Vorrang einräumt und
-wenn die Bewerbungen Gegenstand einer objektiven Beurteilung sind, bei der die besondere persönliche Lage aller Bewerber berücksichtigt wird.

24. Es ist Sache des vorlegenden Gerichts, auf der Grundlage einer Prüfung der streitigen Regelung festzustellen, ob diese Voraussetzungen erfüllt sind.

25. Nach der Rechtsprechung ist der Gerichtshof jedoch befugt, dem vorlegenden Gericht alle die Hinweise zur Auslegung des Gemeinschaftsrechts an die Hand zu geben, die diesem in dem bei ihm anhängigen Verfahren für die Beurteilung dieser Vereinbarkeit dienlich sind (vgl. u. a. Urteile vom 12. Juli 1979 in der Rechtssache 223/78, Grosoli, Slg. 1979, 2621, Randnr. 3, und vom 25. Juni 1997 in den Rechtssachen C-304/94, C-330/94, C-342/94 und C-224/95, Tombesi u. a., Slg. 1997, I-3561, Randnr. 36).

Zum ersten Teil der Vorlagefrage

26. Der erste Teil der Frage des vorlegenden Gerichts geht dahin, ob Artikel 2 Absätze 1 und 4 der Richtlinie einer nationalen Regelung entgegensteht, die in Bereichen des öffentlichen Dienstes, in denen Frauen unterrepräsentiert sind, bei gleicher Qualifikation der in die Auswahl einbezogenen Bewerberinnen und Bewerber den Bewerberinnen Vorrang einräumt, wenn dies zur Erfüllung der verbindlichen Zielvorgaben des Frauenförderplans erforderlich ist und keine Gründe von größerem rechtlichen Gewicht entgegenstehen.

27. Die Antragsteller und der Landesanwalt sind der Ansicht, daß Artikel 2 Absätze 1 und 4 der Richtlinie einer nationalen Regelung, die Frauen den Vorrang einräume, dann entgegenstehe, wenn diese absolut und unbedingt sei.

28. Nach dem Vorlagebeschluß hat sich der hessische Gesetzgeber für eine sogenannte flexible Ergebnisquote entschieden. Ihre Merkmale bestehen zum einen darin, daß das HGlG die Quote nicht einheitlich für alle betroffenen Bereiche und Dienststellen festlegt, sondern daß deren Besonderheiten für die Zielvorgaben maßgebend sein sollen. Zum anderen gibt das HGlG nicht notwendigerweise ohne weiteres - automatisch - das Ergebnis jeder einzelnen Auswahlentscheidung in einer qualifikatorischen Pattsituation zugunsten der Bewerberin zwingend vor.

29. Im Vorlagebeschluß heißt es, dieses System gewährleiste, daß für das Ergebnis einer Auswahlentscheidung jedenfalls dann nicht das Geschlecht des Bewerbers ausschlaggebend sei, wenn in einer bestimmten Situation hierfür gar keine

Notwendigkeit bestehe. Das sei insbesondere dann der Fall, wenn die durch den Umstand der Unterrepräsentanz begründete Indizwirkung für eine Benachteiligung von Frauen widerlegt sei.

30. Eine zweckdienliche Antwort muß davon ausgehen, daß gemäß § 10 Absätze 1 bis 3 HGlG im Verfahren zur Auswahl der Bewerberinnen und Bewerber zunächst deren Eignung, Befähigung und fachliche Leistung (Qualifikation) im Hinblick auf die Anforderungen der zu besetzenden Stelle oder des auszuübenden Amtes beurteilt werden.

31. Bei dieser Beurteilung sind bestimmte positive und negative Kriterien heranzuziehen. So sind Fähigkeiten und Erfahrungen, die durch Familienarbeit erworben wurden, zu berücksichtigen, soweit ihnen für die Eignung, Leistung und Befähigung der Bewerberinnen und Bewerber Bedeutung zukommt, während Dienstalter, Lebensalter und der Zeitpunkt der letzten Beförderung nur insoweit Berücksichtigung finden dürfen, als ihnen für diese drei Gesichtspunkte Bedeutung zukommt. Ferner sind Familienstand oder Einkommen des Partners oder der Partnerin unerheblich, und Teilzeitbeschäftigungen, Beurlaubungen und Verzögerungen beim Abschluß der Ausbildung auf Grund der Betreuung von Kindern oder Angehörigen dürfen sich nicht nachteilig auswirken.

32. Solche Kriterien begünstigen im allgemeinen Frauen, obwohl sie geschlechtsneutral formuliert sind und sich somit auch zugunsten von Männern auswirken können. Sie sollen offenkundig eine materielle und nicht nur formale Gleichheit herbeiführen, indem sie in der sozialen Wirklichkeit auftretende faktische Ungleichheiten verringern. Ihre Zulässigkeit ist im Ausgangsverfahren im übrigen nicht bestritten worden.

33. Wie das vorlegende Gericht ausführt, muß nur bei einem qualifikatorischen Patt zwischen einer Bewerberin und einem Bewerber dann zugunsten der Bewerberin entschieden werden, wenn dies zur Erfüllung der Zielvorgaben desFrauenförderplans erforderlich ist und keine Gründe von größerem rechtlichen Gewicht entgegenstehen.

34. Der Ministerpräsident hat auf eine schriftliche Frage des Gerichtshofes geantwortet, daß diese Gründe von größerem rechtlichen Gewicht mehrere normative, teils gesetzlich und teils im Erlaßweg geregelte Gesichtspunkte beträfen, die geschlechtsneutral formuliert seien und häufig als soziale Gesichtspunkte zusammengefaßt würden. Diese sozialen Gesichtspunkte seien verfassungsrechtlich teils im Sozialstaatsprinzip (Artikel 20 Absatz 1 und 28 Absatz 1 des Grundgesetzes - GG), teils im Grundrechtsschutz von Ehe und Familie (Artikel 6 GG) verankert.

35. In diesem Zusammenhang führt der Ministerpräsident fünf Regelungen an, die zu einem Zurücktreten des Grundsatzes der Frauenförderung führen könnten. Es handele sich erstens um die bevorzugte Berücksichtigung früherer Angehöriger des öffentlichen Dienstes, die wegen Familienarbeit im Sinne von § 10 Absatz 1 HGlG aus dem Dienst ausgeschieden seien oder die aus demselben Grund nach ihrem Vorbereitungsdienst keinen Antrag auf endgültige Übernahme in den öffentlichen Dienst hätten stellen können.
Zweitens genössen Personen, die aufgrund von Familienarbeit nur in Teilzeit tätig gewesen seien und wieder in Vollzeit beschäftigt werden wollten, Vorrang gegenüber Neueinstellungen. Drittens handele es sich um ehemalige Soldaten auf Zeit, d. h. um Soldaten, die aufgrund freiwilliger Verpflichtung länger als Wehrpflichtige (und mindestens zwölf Jahre) Wehrdienst geleistet hätten. Viertens gebe es erleichterte Beförderungsmöglichkeiten für Schwerbehinderte. Die Pflicht zur Förderung von Schwerbehinderten gehe der Frauenförderung vor. Schließlich bestehe die Möglichkeit, durch die Einstellung eine langanhaltende Arbeitslosigkeit zu beseitigen.

36. Entgegen der Auffassung der Antragsteller und des Landesanwalts ist die durch das HGlG geschaffene Vorrangnorm folglich nicht absolut und unbedingt im Sinne von Randnummer 16 des Urteils Kalanke.

37. Es ist Sache des vorlegenden Gerichts, im Licht der vorstehenden Erwägungen zu beurteilen, ob die im Ausgangsverfahren in Rede stehende Regelung si-

cherstellt, daß die Bewerbungen Gegenstand einer objektiven Beurteilung sind, bei der die besondere persönliche Lage aller Bewerberinnen und Bewerber berücksichtigt wird.

38. Daher ist zu antworten, daß Artikel 2 Absätze 1 und 4 der Richtlinie einer nationalen Regelung nicht entgegensteht, die in Bereichen des öffentlichen Dienstes, in denen Frauen unterrepräsentiert sind, bei gleicher Qualifikation von Bewerberinnen und Bewerbern den Bewerberinnen Vorrang einräumt, wenn dies zur Erfüllung der Zielvorgaben des Frauenförderplans erforderlich ist und keine Gründe von größerem rechtlichen Gewicht entgegenstehen, sofern diese Regelung gewährleistet, daß die Bewerbungen Gegenstand einer objektiven Beurteilung sind,bei der die besondere persönliche Lage aller Bewerberinnen und Bewerber berücksichtigt wird.

Zum zweiten Teil der Vorlagefrage

39. Der zweite Teil der Frage des vorlegenden Gerichts geht dahin, ob Artikel 2 Absätze 1 und 4 der Richtlinie einer nationalen Regelung entgegensteht, nach der die verbindlichen Zielvorgaben des Frauenförderplans für befristete Stellen des wissenschaftlichen Dienstes und für wissenschaftliche Hilfskräfte mindestens den Anteil an Frauen vorzusehen haben, den diese an den Absolventinnen und Absolventen, Promovierten und Studierenden des jeweiligen Fachbereichs stellen.

40. Nach Ansicht der Antragsteller steht Artikel 2 Absätze 1 und 4 der Richtlinie einem solchen System entgegen, da er der Erzielung eines bestimmten Ergebnisses hinsichtlich des Geschlechterproporzes und nicht der Beseitigung bestimmter Hindernisse für die Chancengleichheit von Frauen diene. Auch der Landesanwalt sieht im System der Mindestquote einen Verstoß gegen den Grundsatz der Gleichheit der Geschlechter und der Chancengleichheit von Männern und Frauen, da die fraglichen Maßnahmen keine individuelle Zielrichtung hätten und nicht an eine konkrete Benachteiligung der weiblichen Arbeitnehmer in Beruf und Gesellschaft anknüpften.

41. Hierzu heißt es im Vorlagebeschluß, § 5 Absatz 7 HGlG schränke die Geltung des Grundsatzes der Bestenauslese bei Auswahlentscheidungen ebensowenig ein, wie dies für alle Auswahlentscheidungen gelte, die unter Berücksichtigung der Zielvorgaben eines Frauenförderplans getroffen würden. Diese Bestimmung könne die Auswahlentscheidung ebenfalls nur bei gleicher Qualifikation der Bewerberinnen und Bewerber beeinflussen. Insofern gelte das zur Verbindlichkeit der Zielvorgaben eines Frauenförderplans generell Gesagte.

42. Wie der Generalanwalt in Nummer 39 seiner Schlußanträge ausgeführt hat, sieht die im Ausgangsverfahren in Rede stehende Sonderregelung für den Wissenschaftsbereich keinen absoluten Höchstsatz vor; dieser richtet sich vielmehr nach der Zahl der Personen, die eine entsprechende Berufsausbildung absolviert haben, so daß als zahlenmäßiger Parameter eine tatsächliche Größe Verwendung findet, in deren Rahmen Frauen der Vorrang eingeräumt wird.

43. Gegen eine solche Sonderregelung für den Wissenschaftsbereich bestehen aus gemeinschaftsrechtlicher Sicht keine Bedenken.

44. Daher ist zu antworten, daß Artikel 2 Absätze 1 und 4 der Richtlinie einer nationalen Regelung nicht entgegensteht, nach der die verbindlichen Zielvorgaben des Frauenförderplans für befristete Stellen des wissenschaftlichen Dienstes und für wissenschaftliche Hilfskräfte mindestens den Anteil an Frauen vorzusehen haben, den diese an den Absolventinnen und Absolventen, Promovierten und Studierenden des jeweiligen Fachbereichs stellen.

Zum dritten Teil der Vorlagefrage

45. Der dritte Teil der Frage des vorlegenden Gerichts geht dahin, ob Artikel 2 Absätze 1 und 4 der Richtlinie einer nationalen Regelung für den öffentlichen Dienst entgegensteht, nach der in Ausbildungsberufen, in denen Frauen unterrepräsentiert sind und in denen nicht ausschließlich der Staat ausbildet, Frauen mindestens die Hälfte der Ausbildungsplätze erhalten müssen.

46. Nach Ansicht der Antragsteller steht Artikel 2 Absätze 1 und 4 der Richtlinie einer Regelung der in § 7 Absatz 1 HGlG vorgesehenen Art entgegen. Aus § 7 Absatz 1 gehe ebenso wie aus § 5 Absatz 7 HGlG klar hervor, daß das HGlG nicht zur Beseitigung bestimmter Hindernisse für die Chancengleichheit von Frauen diene, sondern nur ein bestimmtes Ergebnis hinsichtlich des Geschlechterproporzes sicherstellen solle, was nach dem Gemeinschaftsrecht und insbesondere dem Urteil Kalanke unzulässig sei. Das HGlG ziele nicht auf die Schaffung gleicher Ausgangsbedingungen ab, sondern nehme unmittelbar Einfluß auf das Ergebnis der Vergabe von Ausbildungsplätzen. Die fragliche Bestimmung stelle folglich eine unmittelbare Diskriminierung im Sinne von Artikel 2 Absatz 1 der Richtlinie dar, die durch die Ausnahme in Artikel 2 Absatz 4 nicht gedeckt sei.

47. Der Landesanwalt führt aus, Fördermaßnahmen zur Verwirklichung der Chancengleichheit von Frauen müßten eine individuelle Zielrichtung haben und an konkrete Lebens- und Berufssituationen anknüpfen, die typischerweise eine Frau benachteiligten oder benachteiligen könnten. Die gemäß § 7 Absatz 1 HGlG für Ausbildungsplätze geltende Mindestquote sei insofern fest vorgegeben, als sie für bestimmte Bereiche einen Mindestanteil an Frauen verbindlich festlege. Eine solche Mindestquote für Frauen könne nicht als Maßnahme zur Förderung der Chancengleichheit im Sinne von Artikel 2 Absatz 4 der Richtlinie angesehen werden, da sie an die Stelle der Förderung der Chancengleichheit das Ergebnis setze, zu dem allein die Verwirklichung einer solchen Chancengleichheit führen könnte.

48. Hierzu hat das vorlegende Gericht festgestellt, daß eine qualifizierte Ausbildung Voraussetzung für eine erfolgreiche Teilnahme am Arbeitsmarkt sei. Der Gesetzesauftrag, geschlechtsspezifische Benachteiligungen von Frauen in diesem Bereich auszugleichen, sei daher möglicherweise durch das Gleichberechtigungsgebot gerechtfertigt.

49. Dem Vorlagebeschluß ist ferner zu entnehmen, daß der hessische Gesetzgeber beim Erlaß des HGlG der Auffassung war, daß [t]rotz grundgesetzlicher Verankerung des Gebotes der Gleichberechtigung von Frauen und Männern und des Ver-

bots der Diskriminierung aufgrund des Geschlechts in Artikel 3 GG ... Frauen in der gesellschaftlichen Realität weiterhin gegenüber Männern benachteiligt würden und daß sie trotz formaler Rechtsgleichheit [b]esonders im Erwerbsleben ... keinen gleichberechtigten Zugang zu qualifizierten ... Positionen hätten. Dies sah der hessische Gesetzgeber in Anbetracht der neueren, aber konstanten Entwicklung, daß junge Frauen in der Schule erfolgreicher sind als junge Männer, als untragbare Ungerechtigkeit an.

50. Wie aus der Gesetzesbegründung zu § 7 Absatz 1 HGlG hervorgeht, wollte der hessische Gesetzgeber durch die Einführung einer starren Ergebnisquote im Bereich der Berufsausbildung, die einen solchen Zugang eröffnet, wenigstens im öffentlichen Dienst für eine gleichgewichtige Verteilung von Ausbildungsplätzen sorgen.

51. Diese Absicht führt jedoch nicht zu einer absolut starren Quote. § 7 Absatz 2 sieht nämlich für den Fall, daß nicht genügend Bewerbungen von Frauen um freie Ausbildungsplätze vorliegen, obwohl diese durch geeignete Maßnahmen darauf aufmerksam gemacht wurden, eindeutig vor, daß mehr als die Hälfte dieser Plätze mit Männern besetzt werden können.

52. Die fragliche Bestimmung ist Teil eines begrenzten Konzepts zur Verwirklichung der Chancengleichheit. Den Frauen sind keine Arbeitsplätze, sondern Ausbildungsplätze vorbehalten, die zur Erlangung einer Qualifikation dienen, welche später den Zugang zu qualifizierten Tätigkeiten im öffentlichen Dienst eröffnen kann.

53. Da die Quote nur für Ausbildungsplätze gilt, für die kein staatliches Monopol besteht, und da es sich somit um Ausbildungen handelt, für die es auch im Privatsektor Plätze gibt, wird kein männlicher Bewerber definitiv von einer Ausbildung ausgeschlossen. Bei einer Gesamtbetrachtung der Ausbildung (öffentlicher und privater Sektor) beschränkt sich die fragliche Bestimmung daher auf die Verbesserung der Chancen weiblicher Bewerber im öffentlichen Sektor.

54. Die vorgesehenen Maßnahmen gehören somit zu denen, die die Ursachen der geringeren Zugangschancen der Frauen zum Arbeitsmarkt und zur beruflichen Laufbahn beseitigen sollen, und setzen überdies bei der Berufswahl und -ausbildung an. Derartige Maßnahmen sind nach Artikel 2 Absatz 4 der Richtlinie zulässig, da sie den Frauen dazu verhelfen sollen, im Wettbewerb auf dem Arbeitsmarkt besser zu bestehen und unter den gleichen Bedingungen wie Männer eine berufliche Laufbahn zu verfolgen.

55. Daher ist zu antworten, daß Artikel 2 Absätze 1 und 4 der Richtlinie einer nationalen Regelung nicht entgegensteht, mit der eine Unterrepräsentation von Frauen beseitigt werden soll, indem in Ausbildungsberufen, in denen Frauen unterrepräsentiert sind und in denen nicht ausschließlich der Staat ausbildet, Frauen mindestens die Hälfte der Ausbildungsplätze erhalten müssen, es sei denn, daß nicht genügend Bewerbungen von Frauen um freie Ausbildungsplätze vorliegen, obwohl diese durch geeignete Maßnahmen darauf aufmerksam gemacht wurden.

Zum vierten Teil der Vorlagefrage

56. Der vierte Teil der Frage des vorlegenden Gerichts geht dahin, ob Artikel 2 Absätze 1 und 4 der Richtlinie einer nationalen Regelung entgegensteht, die in Bereichen, in denen Frauen unterrepräsentiert sind, bei gleicher Qualifikation von Bewerberinnen und Bewerbern sicherstellt, daß qualifizierte Frauen zu Vorstellungsgesprächen eingeladen werden.

57. Nach der fraglichen Bestimmung gibt es zwei verschiedene Vorgehensweisen. Bei der ersten werden alle qualifizierten Bewerberinnen eingeladen, die die in der Ausschreibung vorgesehenen Voraussetzungen erfüllen. In diesem Fall kann die Zahl der einzuladenden Bewerber sowohl der Zahl der Bewerberinnen entsprechen als auch größer oder geringer sein. Bei der zweiten wird nur ein Teil der qualifizierten Bewerberinnen eingeladen. In diesem Fall dürfen höchstens ebenso viele Bewerber eingeladen werden.

58. Nach Ansicht der Antragsteller steht Artikel 2 Absätze 1 und 4 der Richtlinie einer solchen Regelung entgegen. Es handele sich um eine unmittelbare Diskriminierung im Sinne von Artikel 2 Absatz 1 der Richtlinie, die durch die Ausnahme in dessen Absatz 4 nicht gedeckt sei.

59. Nach Ansicht des Landesanwalts enthält die fragliche Bestimmung eine starre Quote, die vorschreibe, wieviele Frauen zu einem Vorstellungsgespräch einzuladen seien. Wenn nicht alle Bewerberinnen und Bewerber eingeladen werden könnten, seien mindestens ebenso viele Frauen wie Männer einzuladen. Damit könnten Männer benachteiligt und daher aufgrund ihres Geschlechtsdiskriminiert werden. Dies verstoße gegen den Grundsatz der Gleichberechtigung der Geschlechter und der Chancengleichheit von Männern und Frauen.

60. Wie der Generalanwalt in Nummer 41 seiner Schlußanträge ausgeführt hat, wird mit der fraglichen Bestimmung kein bestimmtes Resultat - Einstellung oder Beförderung - angestrebt, sondern qualifizierten Frauen werden zusätzliche Chancen geboten, die ihnen den Eintritt in die Arbeitswelt und den Aufstieg erleichtern sollen.

61. Ferner ergibt sich aus dem Vorlagebeschluß, daß diese Bestimmung zwar Regeln für die Zahl der Vorstellungsgespräche aufstellt, die mit Frauen zu führen sind, aber auch vorsieht, daß die Bewerbungen vorab geprüft werden und daß nur qualifizierte Bewerberinnen und Bewerber, die alle gesetzlich oder sonst vorgesehenen Voraussetzungen erfüllen, eine Einladung erhalten.

62. Es handelt sich folglich um eine Bestimmung, die dadurch, daß sie bei gleicher Qualifikation sicherstellt, daß qualifizierte Frauen zu Vorstellungsgesprächen eingeladen werden, die Chancengleichheit von Männern und Frauen im Sinne von Artikel 2 Absatz 4 der Richtlinie fördern soll.

63. Daher ist zu antworten, daß Artikel 2 Absätze 1 und 4 der Richtlinie einer nationalen Regelung nicht entgegensteht, die in Bereichen, in denen Frauen unterrepräsentiert sind, bei gleicher Qualifikation von Bewerberinnen und Bewerbern

sicherstellt, daß qualifizierte Frauen, die alle gesetzlich oder sonst vorgesehenen Voraussetzungen erfüllen, zu Vorstellungsgesprächen eingeladen werden.

Zum fünften Teil der Vorlagefrage

64. Der fünfte Teil der Frage des vorlegenden Gerichts geht dahin, ob Artikel 2 Absätze 1 und 4 der Richtlinie einer nationalen Regelung entgegensteht, nach der bei der Besetzung von Vertretungsorganen der Arbeitnehmer sowie der Verwaltungs- und Aufsichtsräte mindestens die Hälfte der Mitglieder Frauen sein sollen.

65. Nach den Angaben im Vorlagebeschluß und in der Gesetzesbegründung handelt es sich bei § 14 HGlG, der die Besetzung von Gremien betrifft, nicht um eine zwingende, sondern um eine Sollvorschrift, die anerkennt, daß viele Gremien auf gesetzlicher Grundlage gebildet werden und daß eine volle Durchsetzung der gleichberechtigten Mitwirkung von Frauen in diesen Gremien ohnehin eine Änderung des jeweiligen Gesetzes erfordern würde. Außerdem kann sie auf Positionen, die durch Wahlen vergeben werden, nicht angewandt werden. Auch hierfür bedürfte es vielmehr der Änderung der einschlägigen gesetzlichen Grundlagen. Schließlich läßt die Vorschrift als Sollbestimmung Raum für die Einbeziehung sonstiger Gesichtspunkte.

66. Daher ist zu antworten, daß Artikel 2 Absätze 1 und 4 der Richtlinie einer nationalen Regelung über die Besetzung von Vertretungsorganen der Arbeitnehmer sowie der Verwaltungs- und Aufsichtsräte nicht entgegensteht, nach der bei den Rechtsvorschriften zu ihrer Durchführung das Ziel einer zumindest hälftigen Beteiligung von Frauen an diesen Organen berücksichtigt werden soll.

67. In Anbetracht dessen braucht über die Auslegung von Artikel 141 Absatz 4 EG nicht entschieden zu werden.

Kosten

68. Die Auslagen der niederländischen und der finnischen Regierung sowie der Kommission, die vor dem Gerichtshof Erklärungen abgegeben haben, sind nicht erstattungsfähig. Für die Beteiligten des Ausgangsverfahrens ist das Verfahren ein Zwischenstreit in dem bei dem vorlegenden Gericht anhängigen Rechtsstreit; die Kostenentscheidung ist daher Sache dieses Gerichts.

Aus diesen Gründen

hat

DER GERICHTSHOF

auf die ihm vom Staatsgerichtshof des Landes Hessen mit Beschluß vom 16. April 1997 vorgelegte Frage für Recht erkannt:

Artikel 2 Absätze 1 und 4 der Richtlinie 76/207/EWG des Rates vom 9. Februar 1976 zur Verwirklichung des Grundsatzes der Gleichbehandlung von Männern und Frauen hinsichtlich des Zugangs zur Beschäftigung, zur Berufsbildung und zum beruflichen Aufstieg sowie in bezug auf die Arbeitsbedingungen steht einer nationalen Regelung nicht entgegen,-die in Bereichen des öffentlichen Dienstes, in denen Frauen unterrepräsentiert sind, bei gleicher Qualifikation von Bewerberinnen und Bewerbern den Bewerberinnen Vorrang einräumt, wenn dies zur Erfüllung der Zielvorgaben des Frauenförderplans erforderlich ist und keine Gründe von größerem rechtlichen Gewicht entgegenstehen, sofern diese Regelung gewährleistet, daß die Bewerbungen Gegenstand einer objektiven Beurteilung sind, bei der die besondere persönliche Lage aller Bewerberinnen und Bewerber berücksichtigt wird;

-nach der die verbindlichen Zielvorgaben des Frauenförderplans für befristete Stellen des wissenschaftlichen Dienstes und für wissenschaftliche Hilfskräfte mindestens den Anteil an Frauen vorzusehen haben, den diese an den Absolventinnen und Absolventen, Promovierten und Studierenden des jeweiligen Fachbereichs stellen;

Europäischer Gerichtshof (EGH) - Pressemitteilung Nr. 22/2000, 22.3.2000

Urteil des Gerichtshofes in der Rechtssache C-158/97

Georg Badeck u. a.

NATIONALE RECHTSVORSCHRIFTEN ZUR FÖRDERUNG DER EINSTELLUNG UND DES AUFSTIEGS VON FRAUEN IM ÖFFENTLICHEN DIENST, DIE EINE OBJEKTIVE BEURTEILUNG DER BEWERBUNGEN GEWÄHRLEISTEN, SIND MIT DEM GEMEINSCHAFTSRECHT VEREINBAR

Der Gerichtshof prüft die Vereinbarkeit des Hessischen Gesetzes über die Gleichberechtigung von Frauen und Männern und zum Abbau von Diskriminierungen von Frauen in der öffentlichen Verwaltung mit der Richtlinie 76/207/EWG

Am 28. November 1994 stellten Herr Badeck und 45 weitere Abgeordnete des Hessischen Landtags beim Staatsgerichtshof des Landes Hessen den Antrag, im Wege der Normenkontrolle ein 1993 erlassenes Gesetz dieses Landes über die Gleichberechtigung von Frauen und Männern zu überprüfen.

Nach diesem Gesetz sind die Dienststellen des Landes Hessen verpflichtet, durch Frauenförderpläne auf die Gleichstellung von Frauen und Männern im öffentlichen Dienst und insbesondere auf die Beseitigung einer Unterrepräsentanz von Frauen hinzuwirken. In jedem Frauenförderplan sind jeweils mehr als die Hälfte der (durch Einstellung oder Beförderung) zu besetzenden Personalstellen eines Bereichs, in dem Frauen unterrepräsentiert sind, zur Besetzung durch Frauen vorzusehen. Im Gesetz sind nähere Einzelheiten, die Auswahlkriterien und die Ausnahmen geregelt.

Die Abgeordneten halten dieses Gesetz für unvereinbar mit dem Grundsatz der Gleichbehandlung und insbesondere mit der Richtlinie der Gemeinschaft zur Verwirklichung des Grundsatzes der Gleichbehandlung von Männern und Frauen hinsichtlich des Zugangs zur Beschäftigung, zur Berufsbildung und zum beruflichen Aufstieg sowie in bezug auf die Arbeitsbedingungen, weil es Männer benachteilige.

Der Staatsgerichtshof des Landes Hessen beschloß, das Verfahren auszusetzen und dem Gerichtshof der Europäischen Gemeinschaften eine Frage nach der Vereinbarkeit des Gesetzes mit der Richtlinie zur Vorabentscheidung vorzulegen.

Der Gerichtshof weist darauf hin, daß gemäß seinen früheren Urteilen in den Rechtssachen Kalanke (17. Oktober 1995) und Marschall (11. November 1997) eine Maßnahme, nach der weibliche Bewerber in Bereichen des öffentlichen Dienstes, in denen Frauen unterrepräsentiert seien, vorrangig befördert werden sollten, mit dem Gemeinschaftsrecht vereinbar sei, wenn sie weiblichen Bewerbern, die die gleiche Qualifikation wie ihre männlichen Mitbewerber besäßen, keinen automatischen und unbedingten Vorrang einräume und wenn die Bewerbungen Gegenstand einer objektiven Beurteilung seien, bei der die besondere persönliche Lage aller Bewerber berücksichtigt werde.

In dem betreffenden Gesetz, das eine „flexible Ergebnisquote" vorsehe, werde die Quote nicht einheitlich für alle betroffenen Bereiche und Dienststellen festgelegt, sondern deren Besonderheiten sollten für die Zielvorgaben maßgebend sein. Zum anderen gebe dieses Gesetz nicht notwendigerweise ohne weiteres - automatisch - das Ergebnis jeder einzelnen Auswahlentscheidung in einer "qualifikatorischen Pattsituation" zugunsten der Bewerberin zwingend vor.

Nach dem dort vorgesehenen Verfahren zur Auswahl der Bewerberinnen und Bewerber werde zunächst deren Eignung, Befähigung und fachliche Leistung im

Hinblick auf die Anforderungen der zu besetzenden Stelle oder des auszuübenden Amtes beurteilt.

Die im Gesetz enthaltenen Auswahlkriterien begünstigten im allgemeinen Frauen, obwohl sie geschlechtsneutral formuliert seien und sich somit auch zugunsten von Männern auswirken könnten. Sie sollten offenkundig eine materielle und nicht nur formale Gleichheit herbeiführen, indem sie in der sozialen Wirklichkeit auftretende faktische Ungleichheiten verringerten.

Die durch das Gesetz geschaffene Vorrangnorm sei jedoch nicht absolut und unbedingt im Sinne des Urteils Kalanke, denn Gründe von größerem rechtlichen Gewicht (wie z. B. die bevorzugte Berücksichtigung von Schwerbehinderten oder die Beendigung einer lang anhaltenden Arbeitslosigkeit) könnten zu einem Zurücktreten des Grundsatzes der Frauenförderung führen. Es sei Sache des vorlegenden Gerichts, zu beurteilen, ob die Regelung sicherstelle, daß die Bewerbungen Gegenstand einer objektiven Beurteilung seien, bei der die besondere persönliche Lage aller Bewerberinnen und Bewerber berücksichtigt werde.

Unter diesen Umständen steht die Richtlinie der Gemeinschaft nach Ansicht des Gerichtshofes der fraglichen Regelung nicht entgegen.

Der Gerichtshof führt weiter aus, daß auch die Sonderregelung für die Besetzung befristeter Stellen des wissenschaftlichen Dienstes und für wissenschaftliche Hilfskräfte mit dem Gemeinschaftsrecht vereinbar sei, da sie keinen festen Höchstsatz vorsehe, sondern auf den Anteil an Frauen abstelle, den diese an den Absolventinnen und Absolventen, Promovierten und Studierenden des jeweiligen Fachbereichs stellten.

Das Gesetz sieht vor, daß Frauen in Ausbildungsberufen, in denen nicht ausschließlich der Staat ausbildet, mindestens die Hälfte der Ausbildungsplätze erhalten müssen, um ihnen Zugang zu qualifizierten Tätigkeiten zu verschaffen, in denen sie unterrepräsentiert sind. Der Gerichtshof hält diese Regelung ebenfalls für vereinbar mit dem Gemeinschaftsrecht, da sie Männer nicht daran hindere, auf vergleichbare Ausbildungen im Privatsektor zurückzugreifen.

Der Gerichtshof stellt schließlich fest, daß die Richtlinie der Gemeinschaft einer nationalen Regelung über die Besetzung von Vertretungsorganen der Arbeitnehmer sowie der Verwaltungs- und Aufsichtsräte nicht entgegenstehe, nach der bei den Rechtsvorschriften zu ihrer Durchführung das Ziel einer zumindest hälftigen Beteiligung von Frauen an diesen Organen berücksichtigt werden solle.

Zur Verwendung durch die Medien bestimmtes nichtamtliches Dokument, das den Gerichtshof nicht bindet. Dieses Dokument liegt in deutscher, englischer, französischer und italienischer Sprache vor.

Der vollständige Wortlaut des Urteils wird heute ab etwa 15.00 Uhr über unsere Homepage im Internet www.curia.eu.int verfügbar sein.

Für weitere Auskünfte wenden Sie sich bitte an Frau Dr. Ulrike Städtler, Tel.: (00352) 4303-3255, Fax: (00352) 4303-2734.

[Gerichtshof]

Literaturverzeichnis

Adomeit, Klaus „Die Mauerschützenprozesse – rechtsphilosophisch“ S.2915, in: Neue Juristische Wochenschrift (Zs) H.45/1993, S.2914ff

Adomeit, Klaus „Rechts- und Staatsphilosophie“ Bd II “Rechtsdenker der Neuzeit“ Heidelberg/1995

Alder, Doris „Die Wurzel der Polaritäten“ Frankfurt a.M/1992

Antiphon „Fragmente“ 44/A1 in Diels, Hermann (ed.) „Die Fragmente der Vorsokratiker“ Bd.2 Berlin/1952, S.346.

Aristoteles "Politik" (Übs. u. ed. Gigon, Olaf) München/1978

Aristoteles „Die Nikomachische Ethik“ (Übs. Gigon, Olaf) Fuhrmann, Manfred (ed.) München/1991.

Arnim, Gabriele (u.a.eds.) „Jahrbuch Menschenrechte“ Frankfurt a.M./1999.

Baier, Anette „Hume, the Women’s Moral Theorist?“ in Kitay, Eva (u.a.eds.) „Women and Moral Theory“ Towota N.J./1987.

Baier, Anette „Moral Prejudices“ Cambridge, Mass./1994

Ballestrem, Karl Graf von „Die Idee des impliziten Vertrages“ S.35ff in Kern, Lucian „Gerechtigkeit, Diskurs oder Markt“ Opladen/1986

Baruzzi, Arnold. Einführung in die politische Philosophie der Neuzeit“ Darmstadt/1983

Beck-Gernsheim, Elisabeth "Auf dem Weg in die postfamiliale Gesellschaft", insb. S.5ff, in Aus Politik und Zeitgeschichte B 29-30/1994, S.3ff.

Beer, Ursula „Theorie geschlechtlicher Arbeitsteilung“ Frankfurt a.M./1984

Benhabib, Seyla (u.a.eds.) „Der Streit um Differenz“ Frankfurt a.M./1993

Benhabib, Seyla „Feminismus und Postmoderne. Ein prekäres Bündnis“ S.9ff in: diess. „Der Streit um Differenz“ Frankfurt a.M./1993

Benhabib, Seylah „ Ein Blick zurück auf die Debatte über ‘Frauen und Moraltheorie“ 192ff in: diess. „Selbst im Kontext“ Frankfurt a.M./1995

Berghahn, Sabine „Die Verrechtlichung des Privaten“ S.258 in: Leviathan (Zs) 1996, S.241ff

Berghahn, Sabine „Die Verrechtlichung des Privaten“S.241ff in „Leviathan“ (Zs) 3/1996

Bielefeldt, Heiner "Zum Ethos der menschenrechtlichen Demokratie" Würzburg/1991

Bielefeldt, Heiner „Zwischen laizistischem Kulturkampf und religiösem Integralismus“, S.474ff in: ders. (ed.) „Politisierte Religion“ Frankfurt a.M./1998

Birke, Adolf „Das Problem der Menschenrechte“ S.9ff in: Odersky, Walter (ed.) „Die Menschenrechte“ Düsseldorf/1994.

Böckenförde, Ernst-Wolfgang „Die Entstehung des Staates als Vorgang der Säkularisation“, S.75ff in: Erbracher Studien „Säkuarisation und Utopie“ Stuttgart/1967

Böckenförde, Ernst-Wolfgang „Die Rechtsauffassung im kommunistischen Staat“ München/1967

Boethius „Contra eutychen et Nestorium“ c III in: ders. „Die Theologischen Traktakte“, Elsässer, M. ed., München/1988

Bonhoeffer, Dietrich „Ethik“ (1949) Gütersloh/1984

Braun, Eberhard „Aristoteles ‚Politik‘ in: ders. U. ed. „Politische Philosophie“ Reinbek b. Hamburg/1984

Breuer, Thomas „Sozialgeschichte des Naturrechts“ Opladen/1983

Brieskorn, Norbert „Menschenrechte" Stuttgart/1997

Broekman, Jan „Recht und Anthropologie“ München/1979

Brunkhorst, Hauke. „Solidarität unter Fremden“ Frankfurt a.M./1999

Brunssen, Frank „Die Revolution in der DDR“ S. 2ff in: „Aus Politik und Zeitgeschichte B 45/99 (Beilage „Das Parlament)

Chimelli, Rudolph „Menschenrechte, Menschenpflichten“ in: „Süddeutsche Zeitung“ Nr.138, S.III, 19./20. 6.1999

Christadler, Marieluise „Freiheit, Gleichheit, Weiblichkeit“ Opladen/1990

Cicero, Marcus Tullius „Der Staat“ Reinbek b. Hamburg/1965

Cicero, Marcus Tullius. „Die Gesetze“ Reinbek b. Hamburg/1969

Conze, Werner (ed.) Sozialgeschichte der Familie in der Neuzeit Europas“ Stuttgart/1976

Cornell, Drucilla „Gender, Geschlecht und gleichwertige Rechte“ S.83 in: Benhabib, Seyla (u.a.eds.) „Der Streit um Differenz“ Frankfurt a.M./1993

Czempiel, Ernst-Otto „Zwischen Idealität und Realität: die Menschenrechte“ S.905ff in: Merkur (Zs) Sonderheft „Moral und Macht“ 50/1996

De Gouges, Olympe "Erklärung der Menschen und Bürgerrechte" vom 26.8.1789 S.263ff in: **Gerhard**, Ute "Gleichheit ohne Angleichung" München/1990

De Zayas, Alfred-Maurice „Der Nürnberger Prozeß vor dem internationalen Militär-Tribunal (1945-1946)“ S.311ff in: Demandt, Alexander „Macht und Recht. Große Prozesse in der Geschichte“ München/1996

Demandt, Alexander „Macht und Recht. Große Prozesse in der Geschichte“ München/1996

Dietzen, Agnes „Soziales Geschlecht“ Opladen/1990

Dreier, Ralf „Theorien der Gerechtigkeit“, S.23 in: Frankfurter Allgemeine Zeitung (3.9.1989)

Druwe, Ulrich „Politische Theorie“ Neuried/1995

Dworkin, Ronald „Bürgerrechte ernstgenommen“ Frankfurt a.M./1986

Eckertz, Rainer "Die Kompetenz des Bundesverfassungsgerichts und die Eigenheit des Politischen" S.201ff in: Der Staat (Zs) 1978/17

Eckertz, Rainer „Die Kompetenz des Bundesverfassungsgerichts und die Eigenheit des Politischen“ in „Der Staat“ (Zs) 17/1978, S.183ff.

Eifert, Christiane (ed.) „Was sind Frauen, was sind Männer? – Geschlechterkonstruktionen im historischen Wandel“ Einleitung, S.8ff Frank-furt a.M./1996

Ellscheid, Günther "Das Naturrechtsproblem. Eine systematische Orientierung" S.143ff in: Kaufmann, Arthur "Einführung in die Rechtsphilosophie und Rechtstheorie der Gegenwart" Heidelberg,/1989

Fahrenbach, Helmut „Ein programmatischer Aufriß der Probleme und systematischen Ansatzmöglichkeiten praktischer Philosophie“ in: Riedel, Manfred (ed.) „Rehabilitierung der praktischen Philosophie“ Freiburg i.Br./1972, S.15ff.

"Familienreport 1994" Präambel, Geschäftsstelle der Deutschen Nationalkommision für das Internationale Jahr der Familie 1994 (ed.), Trier/1994

Fichte, Johann G. „Grundlage des Naturrechts nach den Prinzipien der Wissenschaftslehre“ (1796) Hamburg/1961

Fisch, Jörg "Menschenrechte als Politikersatz" in: Süddeutsche Zeitung (Zs) Nr. 138 (19./20.6.1993)

Flückinger, Felix „Geschichte des Naturrechts“ Basel/1951

Forschner, Maximilian "Rousseau" München/1977

Forschner, Maximilian „Die stoische Ethik“ Stuttgart/1981

Frevert, Ute „Frauengeschichte – Zwischen bürgerlicher Verbesserung und neuer Weiblichkeit“ Frankfurt a.M./1986.

Fritze, Lothar „Innenansichten eines Ruins“ München/1993

Gehlen, Arnold "Der Mensch, seine Natur und seine Stellung in der Welt" Frankfurt a.M./1962

Geismann, Georg „Kant als der Vollender von Hobbes und Rousseau“ S.161ff in: „Der Staat“ (Zs) 21/1982

Gerhard, Ute "Gleichheit ohne Angleichung" München/1990

Gerhard, Ute (u.a.eds.) "Differenz und Gleichheit - Menschenrechte haben (k)ein Geschlecht" Frankfurt a.M./1990

Gerhard, Ute „Die Rechtsstellung der Frau in der bürgerlichen Gesellschaft des 19. Jahrhunderts. Frankreich und Deutschland im Vergleich“ S.439ff in: Kocka, Jürgen „Bürgertum im 19. Jahrhundert“ Bd.1 München/1988

Gerhard, Ute „Frauenrechte, Männerrechte, Menschenrechte“ S.35 in: „Dialektik – Enzyklopädische Zeitschrift für Philosophie und Wissenschaften“ (Zs) 1994/1, S.31ff

Gerhard, Ute „Gleichheit ohne Angleichung“ München/1990

Gilligan, Carol ”Die andere Stimme” München/1988.

Grafe, Roman „Aufspüren, festnehmen oder vernichten“ S.10 in: Süddeutsche Zeitung 26./27.10.1996

Grahler, Martin "Verrechtlichung der Politik durch die Rechtsprechung des Bundesverfassungsgerichts" S. 218ff in: Voigt, Rüdiger (ed.) "Verrechtlichung" Königstein Ts./1980

Grasemann, Hans-Jürgen „Wenn die Partei Weisung gibt, folgen die Richter“ S.23ff in Weber, Jürgen (ed.) „Der SED-Staat“ München/1994

Grawert, Rolf „Die Entfaltung des Rechts aus dem Geist der Geschichte“ S.437ff in „Rechtstheorie“ 18/1987

Gruntowski, Jana „Wir rannten um unser Leben“, S.93ff in: Grabner, Sigrid (u.a.eds.) „Widerstand in Potsdam“ Berlin/1999

Habermas, Jürgen „Bestialität und Humanität“ in: „Die Zeit“(Zs) 29.4.99

Habermas, Jürgen „Erläuterungen zur Diskursethik“ Frankfurt a.M./1991

Habermas, Jürgen „Kants Idee des ewigen Friedens – aus dem Abstand von 200 Jahren“ S.192ff in: ders. „Die Einbeziehung des Anderen“ Frankfurt a.M./1996

Habermas, Jürgen „Recht und Moral (Tanner Lectures 1986)“ S.541ff in: ders. „Faktizität und Geltung“ Frankfurt a.M./1992

Habermas, Jürgen „Zur Legitimation durch Menschenrechte“ in: ders. „Posttraditionale Konstellation“ S.170ff, Frankfurt a.M./1998

Hadot, Ilsetraut „Seneca und die griechisch-römische Tradition der Seelenleitung“ Berlin/1969

Hart, L. A. „Der Positivismus und die Trennung von Moral und Recht“ S.34ff in: ders. „Recht und Moral“ Göttingen/1981

Hart, L.A. „Recht und Moral“ Göttingen/1981

Hartung, Fritz "Die Entwicklung der Menschen und Bürgerrechte von 1776 bis zur Gegenwart" Göttingen/1964.

Hartung, Gerald „Die Naturrechtsdebatte“ München/1998

Hassauer, Friederike "Weiblichkeit - der blinde Fleck der Menschenrechte?" S.320ff in Gerhard, Ute (u.a.eds.) "Differenz und Gleichheit - Menschenrechte haben (k)ein Geschlecht" Frankfurt a.M./1990.

Hausen, Karin „Die ‚Polarisierung der Geschlechtscharaktere“ S. 363ff in: Conze, Werner (ed.) Sozialgeschichte der Familie in der Neuzeit Europas“ Stuttgart/1976.

Hegel, Georg W.F. „Philosophie des Rechts“, Vorlesungen von 1819/1820

Hegel, Georg W.F. „Über die wissenschaftlichen Behandlungsarten des Naturrechts" Buchner, Hartmut (u.a.eds.) Hamburg/1968

Heins, Volker "Strategien der Legitimation" Münster/1990

Heinzelmann, Richard „Thomas von Aquin“, Stuttgart/1994

Herder, Johann Gottfried „Der Ursprung der Sprache“ Hamburg/1960

Herzog, Dagmar „Wo liegt der Unterschied?“ S.82 in: Schissler, Hannah ed. „Geschlechterverhältnisse im historischen Wandel“ s.o. S.80ff

Hobbes, Thomas "De Cive" (eingel., übs. Gaslick, G.) Hamburg/1977

Hobbes, Thomas "Leviathan oder Stoff, Form und Gewalt eines bürgerlichen und kirchlichen Staates" (Fetscher, Irving ed.) Frankfurt a.M./1976

Höffe, Otfried "Den Staat braucht selbst ein Volk von Teufeln" Stuttgart/1988

Höffe, Otfried "Naturrecht ohne naturalistischen Fehlschluß" S.33ff in: ders. (ed.) "Den Staat braucht selbst ein Volk von Teufeln" Stuttgart/1988

Höffe, Otfried „Demokratie im Zeitalter der Globalisierung“ München/1999

Höffe, Otfried „Die Menschenrechte im interkulturellen Diskurs“ S.119ff in: Odersky, Walter „Die Menschenrechte“ Düsseldorf/1994

Höffe, Otfried „Die Vereinten Nationen im Lichte Kants“ S.245ff in: ders. (ed.) „Immanuel Kant. Zum ewigen Frieden“ Berlin/1995

Höffe, Otfried „Kategorische Rechtsprinzipien“ Frankfurt a.M./1991

Höffe, Otfried „Recht und Moral – Ein kantischer Problemaufriß“ S.1ff in: Neue Hefte für Philosophie (Zs) 17/1987

Höffe, Otfried „Soll der Philosoph König sein?“ S.8ff in ders.„Den Staat braucht selbst ein Volk von Teufeln“ Stuttgart/1988

Hoffmann, Hasso „Zur Lehre vom Naturzustand in der Rechtsphilosophie“ insb. S.12ff in: Brandt, Reinhard (ed.) „Rechtsphilosophie der Aufklärung“ Berlin/1982

Hondrich, Karl Otto/Koch-Arzberger, Claudia „Solidarität in der modernen Gesellschaft“ Frankfurt a.M./1992

Honecker, Martin „Einführung in die theologische Ethik“ Berlin/1990

Honnefelder, Ludger „Person und Menschenwürde“ in: ders. (u.a.eds.) „Philosophische Propädeutik“ Paderborn/1996

Horkheimer, Max / Theodor W. „Dialektik der Aufklärung“ S.62/63 in: Horkheimer, Max „Gesammelte Schriften“ Bd. 5, S.25ff (Schmid Noerr, Gunzelin ed.) Frankfurt a.M./1987

Horster, Detlev „Der Apfel fällt nicht weit vom Stamm“ Frankfurt a.M./1996

Hübsch, Stefan „Philosophie und Gewissen“ Göttingen/1995

Huhle, Rainer. „Menschenrechtsverbrechen vor Gericht“ S.11ff in: Nürnberger Menschenrechtszentrum (u.a.eds.) „Von Nürnberg nach den Haag“ Hamburg/1996

Hume, David "Treatise of Human Nature", insb. III, 1,1. Hamburg/1972

Huntington, Samuel „Wohin die Macht driftet“ in: Süddeutsche Zeitung (Zs) Nr.66, S.I, 20./21.3.1999

Hutter, Franz-Josef (u.a.eds.) "Menschenrechte in Deutschland" München/1997

Ilting, Karl-Heinz „Naturrecht und Sittlichkeit“ Stuttgart/1983

Irigeray, Luce „Über die Notwendigkeit geschlechtsdifferenzierter Rechte“ S.340ff in: Gerhard, Ute (ed.) „Differenz und Gleichheit“ 1994

Isensee, Josef (ed.) „Vergangenheitsbewältigung durch Recht“ Berlin/1992

Isensee, Josef "Nachwort: Solidarität – sozialethische Substanz eines Blankett-begriffs" in ders. (ed.) „Solidarität in Knappheit“ Berlin/1998

Isensee, Josef „Nachwort. Der deutsche Rechtsstaat vor seinem unrechtsstaatlichen Erbe“ S.91ff in: ders. ed. „Vergangenheitsbewältigung durch Recht“ Berlin/1996

Jaeger, Renate „Noch einmal: Rechtsstaat und Gerechtigkeit“ Berlin/1996

Jakobs, Günter „Vergangenheitsbewältigung durch Strafrecht?“ S.37ff in: Isensee, Josef (ed.) „Vergangenheitsbewältigung durch Recht“ Berlin/1992

Jarausch, Konrad „Realer Sozialismus als Fürsorgediktatur. Zur begrifflichen Einordnung der DDR“ S.33ff in: Aus Politik und Zeitgeschichte (Beilage zu Das Parlament) B20/98, 8.5.1998

Jellinek, Georg "Erklärung der Menschen- und Bürgerrechte" in: Schnur, R. ed. "Zur Geschichte der Erklärung der Menschenrechte", Darmstadt/1964, S.3ff

Jellinek, Georg „Die sozialethische Bedeutung von Recht, Unrecht und Strafe“ 1908

Kallikles in: Diels,. Hermann (ed.) „Die Fragmente der Vorsokratiker“ Bd.2, Berlin/1952, 483/484ff, S.377ff.

Kant, Immanuel "Idee zu einer allgemeinen Geschichte in weltbürgerlicher Absicht" S.31ff in: Weischedel, Wilhelm (ed.) "Immanuel Kant. Schriften zur Anthropologie, Geschichtsphilosophie, Politik und Pädagogik I" Frankfurt a.M./1977

Kant, Immanuel „Der Streit der Fakultäten“, 2.Abschnin in: Kant, Immanuel „Schriften zur Anthropologie, Geschichtsphilosophie, Politik und Pädagogik“ Frankfurt a.M./1996

Kant, Immanuel „Idee zu einer allgemeinen Geschichte in weltbürgerlicher Absicht“ (A 393/394), S. 38 in Weischedel, Wilhelm (ed.) "Immanuel Kant. Schriften zu Anthropologie, Geschichtsphilosophie, Politik und Pädagogik“ Frankfurt a.M./1996

Kant, Immanuel „Zum ewigen Frieden“ Anhang, 1: „Über die Mißhelligkeit zwischen der Moral und der Politik, in Absicht auf den ewigen Frieden“ S.228ff in: Weischedel, Wilhelm (ed.) "Immanuel Kant. Schriften zur Anthropologie, Geschichtsphilosophie, Politik und Pädagogik“ Frankfurt a.M./1996

Kaufmann, Arthur "Einführung in die Rechtsphilosophie und Rechtstheorie der Gegenwart" Heidelberg,/1989

Kaufmann, Arthur „Die Naturrechtsdiskussion in der Rechts- und Staatsphilosophie der Nachkriegszeit", S.1ff in: „Aus Politik und Zeitgeschichte" Beilage zu „Das Parlament") B33/91

Kaufmann, Arthur „Rechtsphilosophie im Wandel" Frankfurt a.M./1972

Kelsen, Hans "Staat und Naturrecht" München/1989

Kelsen, Hans „Reine Rechtslehre" Wien/1960. Erstauflage 1934

Kelsen, Hans „Staat und Naturrecht" S.79, München/1989

Kersting, Wolfgang „Die bürgerliche Verfassung in jedem Staate soll republikanisch sein", S. 88ff in: Höffe, Otfried (ed.) "Immanuel Kant – Zum ewigen Frieden" Berlin/1995

Kierkegaard, Sören „Der Liebe Tun" Düsseldorf/1966

Kirchheimer, Otto „Politische Justiz" Frankfurt a.M./1985

Kittsteiner, Heinz „Die Entstehung des modernen Gewissens" München/1991,

Klein, Ernst F. „Muß das weibliche Geschlecht mit dem männlichen durchgehends gleiche Rechte haben?" S.202ff in: Klein, Ernst F. (ed.) „Annalen der Gesetzgebung und Rechtsgelehrsamkeit in den Preußischen Staaten" Berlin/1789

Kobusch, Theo „Die Entdeckung der Person" Darmstadt/1997

Kocka, Jürgen „Bürgertum im 19. Jahrhundert" Bd.1 München/1988

Kohlberg, Lawrence "Moral Stages and Moralization. The Cognitive-Developmental Approach" in: Lickona, Thomas (ua.eds.) „Moral Development and Behaviour" New York/1976

Koller, Peter „Theorien des Sozialkontrakts" S.7ff in: Kern, Lucian „Gerechtigkeit, Diskurs oder Markt" Opladen/1986.

Kondylis, Panajotis „Die Aufklärung im Rahmen des neuzeitlichen Rationalismus" Stuttgart/1986

König, Siegfried „Zur Begründung der Menschenrechte: Hobbes – Locke - Kant" Freiburg i.Br./1994

Kuhn, Anette „Der Wahn des Weibes, dem Manne gleich zu sein" S.37ff in: Christadler, Marieluise „Freiheit, Gleichheit, Weiblichkeit" Opladen/1990

Kühnhardt, Ludger "Die Universalität der Menschenrechte" Bonn/1991

Küng, Hans „Fürchtet euch nicht vor dem Ethos" S.15 in: Die Zeit (Zs) Nr.45, 31.10.999

Küng, Hans „Weltethos für Weltpolitik und Weltwirtschaft“ München/1997

Küpper, Mechthild „Im Als-Ob-Recht-verheddert“ in: Süddeutsche Zeitung, Nr. 275, 29.10.1997, S.10

Landshut, Siegfried "Der Begriff des Ökonomischen" in: ders. "Kritik der Soziologie und andere Schriften zu Politik"Darmstadt/1969, S.131ff.

Leicht, Robert „Augsburger Religionsfrieden“ S.11 in: Die Zeit (Zs) Nr. 45, 4.11.1999

Limbach, Jutta „Die Entwicklung des Familienrechts seit 1949“ in: Nave-Herz, Rosemarie (ed.) „Wandel und Kontinuität der Familie in der Bundesrepublik Deutschland“ Stuttgart/1988, S.11ff

Lobkowics, Nikolaus „Einleitung“, S.9ff in: Dahm, Helmut (u.a.eds.) „Die Technik der Macht“ Freiburg i.Br./1965, S.9ff.).

Lorenz, Kuno „Einführung in die Philosophische Anthropologie“ Darmstadt/1992

Lucke, Doris „Das Geschlechterverhältnis im rechtspolitischen Diskurs“ Bremen/1991

Ludwig, Bernd „Neuzeitliche Staatsphilosophie und das Erbe des Christlichen Naturrechts“ München/1997

Luhmann, Niklas „Legitimation durch Verfahren“ Darmstadt/1969

Lukacs, Georg „Legalität und Illegalität“ S.261ff in: ders. „Geschichte und Klassenbewußtsein“ Darmstadt/1968

Lüscher, Kurt "Familie und Familienpolitik im Übergang zur Postmoderne" S.15ff in: ders. u.a.eds. "Die postmoderne Familie", Konstanz/1988

Luther, Martin „Von der Freiheit des Christenmenschen“ Gütersloh/1983

Maaz, Hans „Der Gefühlsstau. Ein Psychogramm der Angst“ München/1992

Maier, Hans „Christentum und Menschenrechte“ S.63 in: Odersky, Walter s.o. S.49ff.

Maihofer, Andrea „Gleichheit nur für Gleiche“ S.352ff in: Gerhard, Ute „Gleichheit und Differenz“ 1990

Maihofer, Andrea „Gleichheit und/oder Differenz. Zum Verlauf einer Debatte“ S.155ff in: Kreisky, Eva/Sauer, Birgit (eds.) „Geschlechterverhältnis im Kontext politischer Transformation“ Opladen/1997 (Sonderheft 28 Politische Vierteljahresschrift)

Maihofer, Werner „Naturrecht oder Rechtspositivismus“ Darmstadt/1972

Maluschke, Günther „Philosophische Grundlagen des demokratischen Verfassungsstaates“ München/1982

Marx, Karl "Zur Kritik der Politischen Ökonomie" S.LV (Kautsky, Karl ed.), Leipzig/1919

Marxen, Klaus/**Werle**, Gerhard „Die strafrechtliche Aufarbeitung von DDR-Unrecht“ Berlin/1999

Mau, Rudolf „Eingebunden in den Realsozialismus?“ Göttingen/1994

Mock, Erhard „Gewissen und Gewissensfreiheit“ Berlin/1983

Mokrosch, Reinhold „Das religiöse Gewissen“ Stuttgart/1979

Mommsen, Hans "Widerstandsrecht und totalitäre Diktatur" S.134ff in: Hutter, Franz-Josef (u.a.eds.) "Menschenrechte in Deutschland" München/1997

Montesquieu, Charles Louis „“De l'esprit de lois“ Ouevres completes Bd. II, Challois, Roger (ed.) Paris/1951

Münch, Reinhard „Theorie des Handelns“ Frankfurt a.M./1982

Nagl-Docekal, Herta ”Jenseits der Geschlechtermoral” S.3ff in: diess. (u. a. ebs.) „Jenseits der Geschlechtermoral” Frankfurt a. M./1993

Naucke, Wolfgang "Rechtsphilosophische Grundbegriffe" Frankfurt a.M./1982

Nave-Herz, Rosemarie (ed.) „Wandel und Kontinuität der Familie in der Bundesrepublik Deutschland“ Stuttgart/1988

Neschke-Hentschke, Ada "Politischer Platonismus und die Theorie des Naturrechts" S.55ff in: Rudolph, Enno (ed.) "Polis und Kosmos" Darm-stadt/1996

Nordhofen, Eckhard „Die Farbe Bunt“ in: Die Zeit (Zs) Nr.29/11.7.1997

Oestreich, Gerhard "Die Idee der Menschenrechte" Berlin/1963

Orentlicher, Diane „Adressing Gross Human Rhights Abuses“, S.34 in: Henkin, L. (u.a. eds.) „Human Rights“ Washington/1994

Patzelt, Werner ”Einführung in die Politikwissenschaft” Passau/1992.

Pawlik, Michael „Das positive Recht und seine Grenzen“ S. 95 ff in: Orsi, Giuseppe u.a.eds. „Gerechtigkeit“ Frankfurt a.M./1993

Petersen, Thieß "Anthropologie und Ökonomie" Frankfurt a.M./1997

Peyer, Klemens „Das Recht als Herrschaftsinstrument in der DDR“ S.71ff in: Timmermann, Heiner „Diktaturen in Europa im 20. Jahrhundert – der Fall DDR“ Berlin/1996

Phillips, Anne "Geschlecht und Demokratie" Hamburg/1995

Platon „Gorgias" Platon Werke Bd.II, Darmstadt/1973

Platon „Politieia" (Der Staat) 476a (Übs. Schleiermacher, Friedrich), Hülser, Karlheinz (ed.) Frankfurt/1991

Plessner, Helmuth „Homo absconditus", S.43 in: Rocek, Roman (u.a.eds. „Philosophische Anthropologie heute" München/1972, S.37ff.

Programm der Sozialistischen Einheitspartei Deutschlands (IX. Parteitag der SED, Berlin 18.-22.5.1976, Berlin/1976

Radbruch, Gustav „Die Erneuerung des Rechts" in: Maihofer, Werner „Naturrecht oder Rechtspositivismus" Darmstadt/1972

Radbruch, Gustav „Gesetzliches Unrecht und übergesetzliches Recht" Heidelberg/1946

Raes, Jean „Die Säkularisierung" S.15ff in: Kerber, Walter (ed.) „Säkularisierung und Wertewandel" München/1986

Rawls, John „Theorie der Gerechtigkeit" Frankfurt a.M./1983

Rehbock, Theda "Warum und wozu Anthropologie in der Ethik" S.64ff in Jean-Pierre Wils "Anthropologie und Ethik" Tübingen/1997

Reich, Jens „ Am wichtigsten ist die Befreiung von der Angst" S.27ff in Rein, Gerhard (ed.) „Die Opposition in der DDR" Berlin/1989

Rhode, Deborah „Prinzipien und Prioritäten" in: Nagl-Docekal, H. (u.a.eds.) „Politische Theorie, Differenz und Lebensqualität" S.281ff FaM/1995

Riedel, Joachim „Schießbefehl und Verjährung" in: Deutsch-Deutsche Rechtszeitschrift (Zs) 1992, S.162ff.

Ritter, Gerhard „Ursprung und Wesen der Menschenrechte" S.202ff in: Schnur, Roman „Zur Geschichte der Erklärung der Menschenrechte" Darmstadt/1964.

Ritter, Joachim „Das Naturrecht bei Aristoteles" Stuttgart/1961

Robinson, Mary „Die Allgemeine Erklärung der Menschenrechte – ein lebendiges Dokument" S.29ff in: Von Arnim, Gabriele u.a.eds. „Jahrbuch Menschenrechte 1999" Frankfurt a.M./1999

Rode, Karlheinz „Geschichte der europäischen Rechtsphilosophie" Düsseldorf/1974

Roggemann, Hervig „Die strafrechtliche Aufarbeitung der Vergangenheit der DDR“ S.111ff in: Dobring, Ulrich (ed.) „Die Strafrechtsjustiz der DDR im Systemwechsel“ Berlin/1998

Röhrich, Wilfried „Denker der Politik“ Opladen/1989

Rorty, Richard "Menschenrechte, Rationalität und Gefühl" S.144ff in: Shute, Stephen "Die Idee der Menschenrechte" Frankfurt a.M./1996

Rosenbaum, Wolf „Naturrecht und positives Recht“ Darmstadt/1978

Rousseau, Jean-Jacques "Über den Ursprung der Ungleichheit unter den Menschen", S.61ff in: Weigand, Kurt (ed.) "Schriften zur Kulturkritik" Hamburg/1971

Rousseau, Jean-Jacques „Contrat Social“, I. Buch, Stuttgart/1977

Rousseau, Jean-Jacques „Diskurs über die Ungleichheit“ (Meier, Heinrich ed.) Paderborn/1984.

Rousseau, Jean-Jacques „Emile oder über die Erziehung“ Paderborn/1987

Saage, Richard ed. „Das Scheitern diktatorischer Legitimationsmuster und die Zukunftsfähigkeit der Demokratie“ Berlin/1995

Sauter, Johannes „Die philosophischen Grundlagen des Naturrechts“ Frankfurt a.M./1966

Schelauske, Hans-Dieter "Die Naturrechtsdiskussion in Deutschland" Köln/1968

Schissler, Hannah „Natur oder Konstrukt?“ S.155ff in: Christadler, Marieliuse (ed.) „Freiheit, Gleichheit, Weiblichkeit – Aufklärung, Revolution und die Frauen in Europa“ Opladen/1990

Schmidinger, Heinrich „Das Problem des Interesses und die Philosophie Sören Kierkegaards“ München/1983

Schmidt, Helmut „Zeit, von den Pflichten zu sprechen!“, S.16 in: Die Zeit (Zs) Nr.41/3.10.1997

Schmitt, Carl „Das Problem der Legalität“, S.446 in: ders. „Verfassungsrechtliche Aufsätze“ Berlin/1958

Schneider, Jens „Täter hinter den Schützen“, S.3 in: Süddeutsche Zeitung (Zs) Nr.259, 9.11.1999

Schockenhoff, Eberhard „Naturrecht und Menschenwürde“ Mainz/1996.

Scholler, Heinrich „Anknüpfungspunkte für eine Rezeption der abendländischen Menschenrechte in der afrikanischen Tradition“ S.117ff in: Kerber, Walter (ed.) „Menschenrechte und kulturelle Identität“ München/1991

Schöllgen, Gregor „Handlungsfreiheit und Zweckrationalität“ Tübingen /1984

Schulte, Christoph „Böses und Psyche. Immoralität in psychologischen Diskursen“ S.300ff in: Colpe, Carsten (u.a.eds). „Das Böse“ Frankfurt a.M./1993

Schulte, Christoph „Radikal Böse“ München/1989

Schwan, Gesine „Politik und Schuld“ Frankfurt a.M./1997

Schwinger, Elke „Der kulturelle Bedarf an Fürsorglichkeit“ S.1005 ff in: „Deutsche Zeitschrift für Philosophie“ (Zs) 6/1995

Schwinger, Elke (ehem. Beck) „Identität der Person – Sozialphilosophische Studien zu Kierkegaard, Adorno und Habermas“ Würzburg/1991

Shute, Stephen (u.a.eds.) „Die Idee der Menschenrechte“ Frankfurt a.M./1996

Siegel, Achim „Die Konjunkturen des Totalitarismuskonzeptes in der Kommunismusforschung“ S.31ff in: Aus Politik und Zeitgeschichte (Beilage zu Das Parlament) B20/98

Simon, Helmut „Zur universellen Geltung und Durchsetzung der Menschenrechte“ S.57ff in: Arnim, Gabriele (u.a.eds.) „Jahrbuch Menschenrechte 1999“ Frankfurt a.M./1999

Soyinka, Wolec „Kulturelle Ansprüche und globale Rechte“, S.37ff in: Arnim, Gabriele (u.a.eds.) „Jahrbuch Menschenrechte 1999“ Frankfurt a.M./1999

Stopczyk, Annegret „Muse, Mutter, Megäre“ Berlin/1997.

Strömholm, Stig „Kurze Geschichte der abendländischen Rechtsphilosophie“ Göttingen/1991

Thomas von Aquin „Quaestiones disputatae de veritate“ 17,4, Zimmermann, Albert (ed.) Hamburg/1986.

Thomas von Aquin „Summa theologica“ I-II, London/1964.

Timmermann, Heiner (ed.) „Diktaturen in Europa im 20.Jahrhundert – der Fall DDR“ Berlin/1996

Troeltsch, „Die Soziallehren der christlichen Kirchen und Gruppen“ Bd.1 (1912) Tübingen/1994

Tugendhat, Ernst "Vorlesungen über Ethik" Frankfurt a.M./1993

Vogel, Ursula „Gleichheit und Herrschaft in der ehelichen Vertragsgesellschaft – Widersprüche der Aufklärung“ S.265ff in: Gerhard, Ute (ed.) „Frauen in der Geschichte des Rechts“ München/1997

Voigt, Rüdiger (ed.) „Verrechtlichung“ Königstein Ts./1980

Waldstein, Wolfgang "Zur Frage des Naturrechts im Grundgesetz und in der Europäischen Menschenrechtskonvention", S.31 in: "Aus Politik und Zeitgeschichte" (Beilage zur Zeitschrift "Das Parlament") B 33, 9.8.1991, S.31ff.

Wassermann, Rudolph „Zur Bewertung der strafrechtlichen Aufarbeitung des DDR-Unrechts“, S.404 in: Neue Juristische Wochenschrift, Zs, H.6, 2000, S.403ff

Weber, Jürgen (ed.) „Der SED-Staat“ München/1994

Weber, Jürgen “Sinn und Problematik der Nürnberger Kriegsverbrecherprozesse” S.13 in Aus Parlament und Zeitgeschichte B48/68 (30.11.1968).

Weber, Max "Soziologische Grundbegriffe" Tübingen/1984

Weinke, Anette „Strukturen und Funktionen politischer Strafjustiz in der DDR“, S.81ff in Timmermann, Heiner (ed.) „Diktaturen in Europa im 20.Jahrhundert – der Fall DDR“ Berlin/1996

Wildt, Andreas ”Zur Begriffs- und Ideengeschichte von Solidarität” S.37ff in: Orsi, Giuseppe (ed.) „Solidarität“ Frankfurt a.M./1995

Wils, Jean-Pierre „Anmerkungen zur Wiederkehr der Anthropologie“, S.23 in ders. ed. „Anthropologie und Ethik“ Tübingen/1997

Wisser, Bernd "Nachwort" zu den "Principia Ethica" der Ausgabe Stuttgart/1970

Yeatman, Anna „Jenseits des Naturrechts – Die Bedingungen für einen universalen Staatsbürgerstatus“ S.315ff in: Nagl-Docekal, Herta (u.a.eds.) „Politische Theorie - Differenz und Lebensqualität“ Frankfurt a.M./1996

Zimmermann, Stefan „Die strafrechtliche ‚Bewältigung‘ der deutschen Diktaturen“ S. 865ff in: Juristische Schulung (Zs) 1996, H.10

Zwick, Elisabeth „Der Mensch als personale Existenz“ St. Ottilien/1992

Sachregister

www.ingramcontent.com/pod-product-compliance
Lightning Source LLC
LaVergne TN
LVHW060624300926
849162LV00008B/1706

* 9 7 8 3 4 8 6 2 4 5 5 3 0 *